LES

ROIS DE L'OCÉAN

SCEAUX. — IMPRIMERIE CHARAIRE ET FILS

LES

ROIS DE L'OCÉAN

PAR

GUSTAVE AIMARD

PREMIER VOLUME

L'OLONNAIS

PARIS
F. ROY, LIBRAIRE-ÉDITEUR
222, BOULEVARD SAINT-GERMAIN, 222

1891

F. ROY, éditeur, 222, boulevard Saint-Germain, PARIS.

LES
ROIS DE L'OCÉAN

PROLOGUE
UNE SOMBRE HISTOIRE

I

LES MASQUES NOIRS

Le 24 mars de l'an de grâce 1648, le veilleur de nuit, après avoir agité sa crécelle, achevait d'annoncer, d'une voix enrouée et chevrotante, aux bons bourgeois de la petite ville des Sables-d'Olonne, qu'il était dix heures du soir, que le vent soufflait en foudre, que la mer était grosse, qu'il gelait à pierre fendre, mais que tout était tranquille, et que, par conséquent, ils pouvaient continuer à reposer plus ou moins paisiblement jusqu'au matin, auprès de leurs femmes; renseignements au reste d'une exactitude rigoureuse, lorsque tout à coup un grand bruit s'éleva du côté de la porte de Talmont, et une troupe de cavaliers fit à l'improviste irruption dans la ville, et se dirigea, avec la rapidité d'une trombe, vers la plage.

Ces cavaliers, au nombre de six, montés sur des chevaux de race, mais semblant avoir fourni une longue course, étaient armés jusqu'aux dents, et portaient de riches et élégants costumes de gentilshommes; ils paraissaient peu soucieux d'être reconnus, car, bien que les larges ailes de leurs chapeaux fussent soigneusement rabaissées sur leurs yeux et qu'il régnât une obscurité profonde, par surcroît de précaution, ils avaient tous des masques de velours noir appliqués sur le visage.

En apercevant ces sinistres fantômes, aux allures étranges, le pauvre diable de veilleur fut saisi de crainte; il laissa choir sa lanterne qui, heureusement ou malheureusement, ne s'éteignit point, et se mit à trembler de tous ses membres en jetant autour de lui des regards effarés, comme pour demander un secours sur lequel cependant il n'était guère en droit de compter; seul, de toute la population, il était éveillé à cette heure avancée de la nuit.

Mais sans lui laisser le temps de faire un geste ou de pousser un cri, les inconnus s'emparèrent de lui, le roulèrent dans un manteau, et, après l'avoir solidement ficelé, ils le jetèrent, sans plus de cérémonie, dans l'allée d'une maison, dont la porte était ouverte par hasard; puis, après avoir relevé la lanterne, ils continuèrent à se diriger vers la plage.

L'enlèvement du veilleur de nuit avait été exécuté avec une adresse et une rapidité réellement prodigieuses, sans qu'un mot fût prononcé.

A la même heure, presque à la même minute où ceci se passait à l'entrée de la ville, une embarcation de vingt-cinq à trente tonneaux, pontée et gréée en lougre, sans tenir compte de l'état de la mer, de l'obscurité et de la force du vent qui la faisait se balancer comme une plume au sommet de vagues monstrueuses, doublait résolument la pointe de la petite baie au fond de laquelle la ville s'abrite, et mettait le cap sur la plage, au risque de se briser contre les rochers, que la mer balayait sans cesse avec furie.

Cette barque portait un fanal allumé à son avant; rougeâtre étoile qui s'élevait et s'abaissait à chaque seconde, pour échanger des signaux mystérieux avec une maison isolée, derrière les fenêtres de laquelle brillaient et s'éteignaient tour à tour des lumières de différentes couleurs.

Malgré les difficultés presque insurmontables d'un atterrissage de nuit dans des conditions aussi mauvaises, le lougre, manœuvré sans doute par un marin intrépide et surtout habile, réussit à atteindre une espèce de quai de quelques toises de long, construit en pierres sèches et en quartiers de roches, servant de débarcadère; il l'élongea doucement, s'y amarra, et demeura enfin immobile dans ce refuge où il ne courait plus aucun danger.

L'équipage du lougre paraissait être assez nombreux; il achevait cette manœuvre délicate au moment où les cavaliers dont nous avons parlé plus haut débouchaient sur la plage.

Les cavaliers s'arrêtèrent à portée de pistolet du quai; celui qui avait ramassé la lanterne l'éleva deux fois au-dessus de sa tête; une lanterne fut aussitôt levée deux fois sur le pont du lougre; le même signal fut répété par les fenêtres de la maison isolée.

Alors, sur un geste muet de celui qui semblait être leur chef, quatre des cavaliers tournèrent bride; ils allèrent, le pistolet au poing, se placer à l'entrée des deux rues qui, à cette époque, débouchaient sur la plage.

Les deux derniers mirent pied à terre, attachèrent leurs chevaux aux contrevents d'une maison qui se trouvait à leur portée, puis ils se dirigèrent à grands pas vers le navire mystérieux.

Les gens de l'équipage du lougre avaient, eux aussi, des masques sur le visage, et la ceinture garnie d'armes.

Deux hommes quittèrent le navire et firent quelques pas à la rencontre des cavaliers, qu'ils saluèrent silencieusement.

— Avez-vous la femme? demanda un des cavaliers à demi-voix.

— Avez-vous le médecin? répondit un des marins sur le même ton.

— Voici le médecin, reprit le cavalier en désignant son compagnon.

— Bien! tout est fait, alors?

— Tout; il accepte nos conditions.

— Est-ce vrai, monsieur?
— C'est vrai, répondit le médecin en s'inclinant.
— Songez qu'il ne s'agit pas ici d'un jeu d'enfant; dès ce moment, vous nous appartenez.
— Je le sais.
— Vous acceptez la responsabilité du secret dont vous allez bientôt porter une partie?
— Je l'accepte.
— Vous avez bien calculé les terribles conséquences qu'une trahison aurait pour vous?
— J'ai tout calculé, monsieur.
— Et vous persistez à nous servir?
— Je persiste.
— C'est bien, docteur, je n'insisterai pas davantage ; j'ai confiance en votre loyauté; soyez-nous fidèle, et votre fortune est faite dès ce moment.

Le médecin s'inclina silencieusement.

— Entrez dans la maison, voyez si tout est convenablement préparé, reprit le marin; dans quelques minutes, je vous rejoindrai. Allez, messieurs!

Les deux hommes saluèrent, et, sans échanger un mot entre eux, ils se dirigèrent vers la maison isolée, dont la porte s'ouvrit à leur approche, comme s'ils eussent été attendus. Ils entrèrent; la porte se referma aussitôt derrière eux.

Cette maison n'avait, à l'extérieur, rien qui la distinguât de ses voisines, dont l'apparence était assez misérable; à l'intérieur, il n'en était pas ainsi : la disposition des appartements avait été faite avec un luxe de précautions tel, que si grand bruit qu'on y menât, rien ne s'entendait au dehors; quant à l'ameublement, il était somptueux.

Isolée sur le bord de la mer, cette maison, qui presque toujours était close, dont on ne connaissait pas les habitants, inspirait un effroi instinctif à ses voisins; sans pouvoir articuler des griefs certains, on racontait tout bas de sinistres histoires sur cette demeure, dont parfois on voyait dans la nuit flamboyer les fenêtres comme de lugubres phares; aussitôt le soleil couché, les passants attardés s'en écartaient avec terreur; même pendant le jour, hommes ou femmes, ceux contraints de s'en approcher doublaient le pas et se signaient craintivement, en frôlant ces murailles redoutées.

La porte, mue sans doute par un ressort secret, s'était ouverte, puis refermée sur les visiteurs sans que personne se présentât pour les recevoir.

Ceux-ci probablement s'y attendaient, car ils ne témoignèrent aucune surprise; après avoir traversé un long corridor, bien éclairé, et dont le sol était garni d'un tapis moelleux étouffant complètement le bruit des pas, ils se trouvèrent devant un escalier de pierre, à rampe de fer ciselé, sur les marches duquel se continuait le tapis du corridor; une lampe, à globe dépoli, placée dans une niche, éclairait suffisamment, bien que d'une lumière assez faible; les deux hommes gravirent l'escalier, et, arrivés au premier étage, le cavalier poussa une porte, souleva une lourde portière en tapisserie, et introduisit son compagnon dans une espèce d'antichambre où, pour tous meubles, il n'y avait que des bancs en chêne, sans dossiers.

Ils traversèrent sans s'arrêter plusieurs pièces meublées avec la plus grande recherche et un luxe du meilleur goût; ils parvinrent enfin à une chambre à coucher, à droite et à gauche de laquelle se trouvaient des cabinets de toilette, paraissant préparée pour recevoir un malade.

Un bon feu brûlait dans l'âtre et répandait une douce chaleur dans toute la pièce; les lumières étaient voilées de façon à ce que leur éclat ne blessât pas la vue; sur une table se groupaient des bouteilles de formes étranges, des instruments de chirurgie à demi dissimulés sous une serviette; enfin on avait réuni là, avec une prévoyance témoignant d'un vif intérêt ou d'une prudence très inquiète, ces mille objets indispensables pour hâter la guérison d'une personne atteinte par une maladie sérieuse.

— Voyez, docteur! dit laconiquement le cavalier, en indiquant la table d'un geste.

Le médecin examina alors les fioles et les instruments de chirurgie avec une sérieuse attention, puis il se tourna vers son compagnon, qui le suivait du regard.

— Tout est parfait, rien ne manque, dit-il, avec un accent de satisfaction auquel il était impossible de se tromper ; je n'ai plus qu'une observation à faire.

— Voyons l'observation.

— Peut-être aurai-je besoin d'un aide.

— Le cas est prévu, docteur; si vous en reconnaissez la nécessité, sur un mot, un signe de vous, cet aide paraîtra aussitôt. Avez-vous autre chose à demander?

— Non, monsieur, rien absolument,

— Alors, je vous laisse; souvenez-vous de ce que l'on vous a dit, et ayez bon courage, docteur; la personne en question ne tardera pas à arriver; surtout, ne quittez pas cette chambre.

— Je vous le promets, monsieur.

Le cavalier fit un léger salut et se retira.

Demeuré seul, le médecin resta un moment immobile, le corps jeté en avant et les regards fixés sur la porte, en proie en apparence à une sérieuse préoccupation; mais, au bout de quelques secondes, n'entendant aucun bruit, il se redressa, jeta un regard interrogateur autour de lui, et, certain que nul n'épiait ses mouvements :

— Il le faut, murmura-t-il; il n'y a pas à hésiter plus longtemps !

Il marcha alors droit à la table sur laquelle se trouvaient entassées les fioles remplies de médicaments de toutes sortes et de toutes couleurs, feignit d'examiner minutieusement les diverses étiquettes de ces fioles, promena un dernier regard autour de lui, et, retirant doucement une petite bouteille en cristal de la poche de côté de son habit, il la glissa au milieu des autres.

Au même moment, un léger bruit se fit entendre au dehors.

— Il était temps! grommela le médecin à part lui.

Sans autrement s'émouvoir, et surtout sans retourner la tête, ce qui aurait pu donner des soupçons, le médecin prit une tasse et commença à préparer une potion avec tout le soin et toute l'attention que les médecins de cette époque, qui ressemblaient beaucoup à ceux de la nôtre, apportaient à cette délicate opération, afin de bien doser les drogues et les substances dont ils faisaient la mixtion.

En ce moment la portière fut soulevée par le marin qui, précédemment, avait procédé à l'interrogatoire du docteur, lors de leur rencontre sur le quai : cet homme inspecta la chambre d'un coup d'œil, puis il fit un geste de la main, et quatre matelots entrèrent, portant sur une civière une femme enveloppée dans des mantes et des couvertures, pour la garantir du froid, car elle était en costume de nuit.

Autant qu'il était possible d'en juger à cause du loup de velours noir qui couvrait son visage et faisait ressortir la blancheur laiteuse de sa peau, d'une finesse et d'une transparence remarquables, cette femme devait être fort jeune ; une forêt de cheveux blonds et soyeux inondaient en boucles parfumées ses épaules et sa poitrine qu'ils voilaient complètement ; ses mains, d'un modèle exquis, d'une blancheur éclatante, sur lesquelles couraient des réseaux de veines bleues, étaient nonchalamment posées sur les bords de la civière ; cette femme semblait être évanouie ; aucun souffle perceptible ne s'échappait de sa bouche mignonne, dont les lèvres pâlies, légèrement entr'ouvertes, laissaient apercevoir une double rangée de dents d'une blancheur nacrée.

Sur un geste du marin, les quatre porteurs s'arrêtèrent près de la cheminée, posèrent doucement la civière sur le tapis ; puis ils sortirent sans prononcer une parole ; derrière eux la porte se referma.

Alors, le marin enleva, comme une enfant, la femme dans ses bras nerveux, et il la plaça dans le lit, où il la coucha avec les plus grandes précautions ; ce devoir accompli, il se chargea de la civière, ouvrit la porte, la remit à un individu qui, sans doute, attendait au dehors ; puis il revint auprès du médecin.

Celui-ci était occupé à donner des soins à la malade.

— Eh bien? lui demanda le marin au bout d'un instant, avec une anxiété qu'il essayait vainement de dissimuler.

— Eh bien! elle dort, répondit le médecin, en le regardant fixement.

— Elle dort?... elle n'est donc pas évanouie?

— Pas le moins du monde; vous devez le savoir mieux que personne, je suppose?

— Pourquoi supposez-vous cela?

— Parce que c'est vous probablement qui lui avez fait boire le breuvage qui la devait endormir.

Le marin secoua négativement la tête.

— Non, ce n'est pas moi, dit-il; cela a été fait à mon insu; si l'on m'en avait parlé, je ne l'aurais pas souffert; y a-t-il du danger?

— Aucun, quoique la dose soit forte... Vous avez des amis zélés : ils savent prévenir vos désirs.

— Je ne vous comprends pas, docteur; veuillez vous expliquer, je vous prie! je ne suis pas accoutumé à deviner des énigmes, répondit le marin, avec un accent de hauteur, peu en rapport avec le costume qu'il portait.

— Il n'y a pas la moindre énigme dans mes paroles; l'explication sera brève, dit froidement le médecin. Pour certaines raisons, vous avez sans doute intérêt à ce que cette jeune femme donne le jour à un enfant sans qu'elle-même puisse le savoir positivement. Eh bien! soyez satisfait, monsieur, elle accouchera pendant son sommeil; de ce côté-là, du moins, ajouta-t-il d'une voix légèrement railleuse, votre secret sera bien gardé.

Le marin, ou soi-disant tel, était en proie à une trop vive préoccupation intérieure, pour remarquer le ton dont ces dernières paroles furent prononcées.

— Ainsi, vous croyez, docteur?... murmura-t-il, sans même savoir ce qu'il disait.

— Je ne crois pas, monsieur, je suis certain de ce que j'avance, répondit sévèrement le médecin. Du reste, voici ce qui s'est passé : la grossesse de cette jeune femme est parvenue à sa dernière période; les douleurs l'ont prise, ce soir, vers sept heures environ; le roulis et le tangage du léger bâtiment sur lequel elle se trouvait, l'ont beaucoup fatiguée, et ont hâté l'instant de sa délivrance; les douleurs ont commencé à se succéder avec des redoublements terribles et des crises effrayantes; alors, un de vos amis, qui probablement s'occupe de médecine, a déclaré que la malade ne pourrait pas résister à ses souffrances, si l'on ne lui procurait pas un peu de repos; en conséquence, cet ami lui fit prendre une liqueur que, sans doute, il s'était procurée à l'avance, et il la lui versa, par cuillerées, dans la bouche; la malade se calma en effet, car elle tomba aussitôt dans un sommeil, ou plutôt dans une léthargie si profonde, que tout autre qu'un médecin expérimenté s'y tromperait et la croirait morte.

— C'est vrai! murmura le marin avec accablement, tout cela est vrai; je chercherais vainement à le nier; votre science me confond... Ainsi, la pauvre enfant?...

— Elle accouchera pendant sa léthargie.

— Cette nuit même?

— Avant une heure.

— Et elle ne court aucun danger sérieux?

— Aucun, je vous l'affirme; seulement, croyez-moi, réprimez le zèle de vos amis, et ne recommencez pas une semblable expérience, elle pourrait être mortelle.

— Ainsi, vous supposez?

— Je ne suppose rien, Dieu m'en garde! je ne connais pas vos amis, moi! Vous seul pouvez savoir si quelques-uns d'entre eux ont intérêt à faire disparaître du même coup la mère et l'enfant. Quelques gouttes de plus de cette liqueur, la chose était faite aujourd'hui. Vous voilà averti; c'est à vous à faire bonne garde, si vous voulez éviter un malheur.

— Oh! c'est affreux! murmura le marin, en cachant son visage dans ses mains.

Il y eut un assez long silence.

Les inconnus s'emparèrent de lui et le roulèrent dans un manteau. (Page 4.)

Le médecin était retourné au chevet de la malade, dont il interrogeait le pouls avec anxiété.

Le marin, en proie à une vive agitation, marchait de long en large dans la chambre.

— Monsieur, dit-il enfin, en s'approchant du médecin, voulez-vous m'accorder quelques minutes d'entretien?

— Je suis à vos ordres, monsieur; la délivrance n'aura pas lieu avant minuit, et il est à peine onze heures.

Ils prirent des sièges, le médecin se plaça de façon à pouvoir surveiller constamment la malade.

— Parlez, je vous écoute, monsieur, dit-il en s'inclinant devant son interlocuteur.

— Monsieur, répondit celui-ci avec une nuance d'hésitation dans la voix, vous savez, n'est-ce pas, que les médecins sont comme les confesseurs?

— Je le sais, oui, monsieur; comme eux, nous exerçons un sacerdoce; nous guérissons autant de plaies morales que d'affections physiques; aussi peut-on tout confier à notre honneur.

— Eh bien! docteur, puisque nous avons une heure devant nous, ainsi que vous me l'avez affirmé...

— Je vous l'affirme encore, monsieur.

— Soit, je profiterai de ce répit qui m'est accordé, pour avoir avec vous, si vous y consentez, une explication franche et loyale.

— A votre aise, monsieur; je vous ferai remarquer cependant que je ne vous demande rien; que je ne cherche en aucune façon à provoquer vos confidences.

— Je le reconnais et je vous en remercie, monsieur; mais mon cœur se brise, les remords me poignent; je veux tout vous dire. Ma conscience me reproche non seulement les fautes que j'ai commises; mais, vous le dirai-je, les crimes que peut-être je me laisserai entraîner à commettre.

— Prenez garde, monsieur, ces dernières paroles sont graves; je ne sais si je dois vous laisser aller plus loin.

— Que voulez-vous dire, monsieur?

— Cette confidence que vous vous préparez à me faire me constituera presque votre complice.

— Ne l'êtes-vous pas déjà, monsieur?

— Nullement, monsieur.

— Comment, nullement? N'avez-vous pas accepté toutes les conditions que nous vous avons posées?

— Certes, mais permettez, monsieur; ces conditions n'ont rien que de très honorable pour moi; si vous les avez oubliées, je vous les rappellerai en deux mots : un homme masqué m'est venu trouver à Talmont, au milieu de la nuit; il m'a proposé de donner mes soins à une jeune femme sur le point d'accoucher, m'avertissant que, pour des raisons intéressant l'honneur de deux familles, cet accouchement devait demeurer ignoré de tout le monde, me promettant, si je consentais à le suivre et à garder un secret inviolable, qu'une somme considérable me serait comptée.

— Vous avez accepté et vous êtes venu.

— J'ai accepté et je suis venu, oui, monsieur, parce que nous autres, médecins, nous nous devons à l'humanité, notre profession nous en fait un devoir. Souvent on requiert notre secours dans des cas semblables à celui-ci; nous nous rendons sans hésiter à l'appel qui nous est fait, parce que notre présence est non seulement une garantie, mais encore une consolation pour la malheureuse femme à laquelle nous donnons nos soins; elle sait que nous protégerons l'enfant qu'elle aura mis au monde; aussi, je vous le repète, avec ou sans récompense, n'hésitons-nous jamais à nous dévouer.

— Que prétendez-vous conclure de tout ceci, monsieur, s'il vous plaît? dit le marin d'une voix nerveuse.

— Ma conclusion, la voici, monsieur; elle est nette et claire : jamais un crime ne sera commis sur une femme à laquelle j'aurai, dans une pareille circonstance, donné mes soins; son enfant, si son père l'abandonne, sera par moi enlevé et mis en lieu sûr; voici, monsieur, ce que j'avais, et surtout ce que je tenais à vous dire, afin de vous faire bien comprendre que je ne suis pas et que je ne serai jamais votre complice.

Le marin se leva et fit deux ou trois tours avec agitation à travers la chambre.

— Enfin, monsieur, dit-il en revenant prendre sa place sur le fauteuil, qui vous fait supposer qu'on veut vous proposer un crime?

— Je ne suppose rien, monsieur; j'établis nettement ma position vis-à-vis de vous, afin que, plus tard, il n'y ait pas de malentendus entre nous; voilà tout; maintenant, j'attends votre confidence.

— Je n'en ai plus à vous faire ! s'écria-t-il avec violence.

— Comme il vous plaira, monsieur, cela m'est indifférent ; mais, comme il nous reste encore environ une demi-heure, si vous me le permettez, je vous raconterai, moi, une anecdote à l'appui de ce que je vous ai dit ; cette anecdote est courte ; elle vous intéressera, j'en suis convaincu.

— Pourquoi cette anecdote, ainsi que vous la nommez, m'intéresserait-elle, monsieur ?

— Tout simplement parce qu'elle a un rapport singulier avec ce qui se passe en ce moment ici.

— Ah ! fit le marin, en lançant à travers les trous de son masque un regard étincelant au médecin ; une histoire faite à plaisir, sans doute ?

— Pas le moins du monde, monsieur ; elle est vraie, au contraire, depuis A jusqu'à Z ; d'ailleurs, vous en jugerez si vous me permettez de vous la narrer, d'autant plus qu'elle a le grand avantage d'être courte.

— Parlez, si cela vous plaît, monsieur, je ne vous en empêche pas, puisque nous n'avons rien de mieux à faire.

— Je profite de votre gracieuse autorisation, monsieur, et je commence mon récit.

— Comme vous voudrez, fit le marin, en se renversant sur le dossier du fauteuil et en fermant les yeux.

— Bon ! reprit le médecin, d'un ton légèrement goguenard, avant cinq minutes, vous serez si intéressé que vous ouvrirez, malgré vous, les yeux.

— Je ne le crois pas.

— Moi, j'en suis certain ; donc, je commence...

Le marin haussa légèrement les épaules, mais ses yeux restèrent fermés.

II

OU LES EXPLICATIONS DU DOCTEUR SONT BRUSQUEMENT INTERROMPUES

La situation dans laquelle se trouvaient placés ces deux hommes, inconnus peut-être l'un à l'autre, dissimulant leurs traits sous un masque et échangeant de mordantes railleries au chevet de cette malade, plongée dans un sommeil si profond qu'il ressemblait presque à la mort, avait quelque chose d'étrange et de sinistre, qui aurait fait courir un frisson de terreur dans les veines de quiconque aurait pu les voir.

Non seulement ils se sentaient adversaires, mais ils se pressentaient ennemis.

Tous deux, sans doute, avaient pris leur parti, peut-être même leurs précautions à l'avance ; dans leur for intérieur, ils se croyaient, l'un et l'autre, certains de sortir à leur avantage de ce singulier tournoi.

Mais cette lutte ne pouvait se prolonger encore longtemps ; l'heure approchait où le médecin se verrait contraint de donner tous ses soins à la malade ; de son côté, le marin, sous son apparente indifférence, cachait un effroi réel. Comment se débarrasser de ce témoin incommode qui semblait avoir percé à jour son incognito et être le maître de son secret ?

Rompre brusquement l'entretien ? passer de la parole aux actes ? obtenir par la force ce que son adversaire n'avait pas voulu accorder à la conciliation et aux offres brillantes qui lui avaient été faites ?

Le marin roulait toutes ces pensées dans sa tête avec une ardeur fébrile, attendant, pour prendre une décision, que son adversaire se fût enfin résolu à lui donner le mot de cette énigme indéchiffrable, et à laisser échapper sa pensée tout entière.

Alors, connaissant la portée du danger dont, jusque-là, il n'avait été menacé que d'une façon ambiguë, il pourrait prendre d'énergiques dispositions et employer même, s'il le fallait, les moyens les plus extrêmes pour échapper à ce danger.

Arrivé à un certain degré de surexcitation morale, l'homme ne recule plus devant rien ; quelles que soient les barrières qu'on lui oppose, il les brise, ou meurt.

Telle était, en ce moment, la situation d'esprit du marin ; cependant par un effort suprême de volonté, il renfermait toute émotion en lui-même ; avant tout, il voulait savoir ; cette raison suffisait pour maintenir sa colère et l'empêcher d'éclater au dehors.

Le médecin semblait être très sérieusement occupé à tisonner ; après s'être acquitté, à sa satisfaction, de cet important devoir, il se redressa, consulta sa montre, jeta un regard sur la malade, se tourna vers le marin, toujours renversé, les yeux fermés, sur le dossier de son fauteuil, dans la position d'un homme endormi, toussota deux ou trois fois, sans doute afin de s'éclaircir la voix, et, tous ces préliminaires terminés, il entama enfin son récit :

— Monsieur, dit-il d'une voix mielleuse, dans laquelle cependant perçait une fine pointe d'ironie, je n'abuserai pas longtemps de votre patience. Pour qu'une anecdote soit bonne, elle doit, avant tout, être courte ; celle que vous allez entendre remplit complètement cette condition : en apparence, ce n'est que l'histoire assez vulgaire d'une jeune fille séduite, trompée et peut-être pis, par l'homme auquel elle avait donné son cœur : événement ordinaire, presque banal, tant il est fréquent de nos jours, et dont je ne voudrais pas vous ennuyer, si l'histoire dont il est question ne sortait pas de la vulgarité de toutes ces intrigues de ruelles, à cause de la sagesse, du dévouement de la pauvre enfant, d'une part, et de l'autre, par la déloyauté de son lâche séducteur.

— Hein ? qu'avez-vous dit ? s'écria le marin d'une voix menaçante, en se redressant brusquement.

— J'ai dit la déloyauté de son lâche séducteur, reprit le médecin d'un ton paterne.

— Continuez.

— Cela vous intéresse déjà?

— Peut-être ; vous avez un but, en me racontant cette soi-disant histoire...

— Pardon, monsieur, véridique histoire, s'il vous plaît.

— Soit ! je vous le répète, vous avez un but ?

— Oui, monsieur.

— Quel est-il ?

— Je vous laisse, monsieur, le soin de le comprendre ; du reste, voici le fait en deux mots : vous m'arrêterez, lorsque vous le jugerez à propos.

— Pourquoi supposez-vous que je puisse vous interrompre ?

— Qui sait ? Peut-être ce récit n'aura-t-il pas le bonheur de vous plaire ; d'ailleurs, rien ne m'est plus facile que de me taire.

— Pardon, monsieur, vous avez voulu parler, malgré mon désir de ne pas entendre ce récit ; vous avez commencé, il faut finir ; c'est moi, maintenant, qui exige que vous terminiez cette histoire ; vous avez prononcé deux mots dont je veux avoir l'explication.

— J'y consens, monsieur, d'autant plus que ces deux mots qui vous semblent si forts, me paraissent trop doux, à moi, pour qualifier le crime dont le héros de cette malheureuse histoire s'est rendu coupable. Un jeune homme vivement poursuivi par la maréchaussée, blessé de deux coups de feu, n'ayant plus à la main que le tronçon de son épée, sentant ses forces l'abandonner, car tout son sang s'échapppe en bouillonnant de ses blessures ; près de succomber ; sans autre espoir que la mort, s'il tombe aux mains de ceux qui le pressent et qui ne lui feront pas grâce, car, tout en fuyant, il a tué trois des leurs, et grièvement blessé un quatrième ; cet homme est providentiellement sauvé par un inconnu qui s'élance d'un taillis, bondit sur les archers et les met en fuite, après une lutte opiniâtre qui ne dure pas moins d'un quart d'heure, et dont il ne sort vainqueur qu'au prix d'une blessure profonde au bras droit; ce jeune homme, étendu sur la route, presque sans vie, est relevé par l'inconnu qui, malgré sa blessure, le charge sur ses épaules, et, après avoir fait des efforts gigantesques, et failli tomber épuisé lui aussi, le transporte dans un château voisin, château habité par sa mère, sa jeune sœur et quelques domestiques. Là, les soins les plus délicats sont prodigués au jeune homme; on lui offre l'hospitalité la plus grande, et pour le soustraire aux recherches, on l'établit dans la chambre secrète du château. Deux jours après ces événements, la maréchaussée se présente. Le jeune homme si noblement recueilli est un criminel d'État; sa tête est mise à prix. Son sauveur apprend alors son nom, qu'il n'a pas voulu lui demander : une haine implacable sépare les deux familles; elles sont ennemies irréconciliables. La pensée d'une vengeance facile et d'une trahison ne traverse pas, une seconde, l'esprit de l'homme qui a reçu son ennemi sous son toit. Les archers fouillent le château du haut en bas, et se retirent enfin désappointés parce qu'ils n'ont rien découvert. Comment le héros de cette histoire a-t-il reconnu la grandeur d'âme de son sauveur? Par une lâche et infâme trahison, en séduisant la sœur de l'homme auquel il devait la vie. Cette jeune fille pure, innocente, dévouée, était chargée, avec sa mère, de veiller sur le blessé, de le soigner. Car on n'osait mettre personne dans la confidence. Tour à tour, jamais ensemble, de crainte d'éveiller les soupçons, la mère ou la fille se rendaient dans la chambre secrète, et portaient des consolations au blessé. Ce fut pendant ces entrevues que cet homme, dont l'âme, flétrie par la débauche, ne possède plus un sentiment généreux, s'empara traîtreusement du cœur de la jeune fille, et lui fit oublier ce qu'elle se devait à elle-même et à ceux dont elle porte le nom, jusque-là sans tache. Cette action fut d'autant plus lâche, ce crime plus infâme, que la malheureuse enfant était seule avec sa mère, sans protecteur, sans appui. Son frère avait été contraint de quitter la France à l'improviste, douze jours à peine après avoir donné l'hospitalité à l'homme qui devait porter la honte et le déshonneur sous son toit; et il le savait, le misérable, car, avant de partir, son généreux sauveur avait pris congé de lui en lui disant ces nobles paroles : « Nos familles ont été longtemps ennemies; après ce qui s'est passé, nous ne pouvons plus nous haïr, nous sommes frères; je vous confie ma mère et ma sœur. Adieu! »

— Monsieur! s'écria le marin avec violence, en se levant brusquement, prenez garde!

— Que je prenne garde!... à quoi, s'il vous plaît, monsieur? répondit paisiblement le médecin. Douteriez-vous, par hasard, de l'authenticité de cette histoire? Cela vous serait difficile, monsieur, car toutes les preuves sont entre mes mains, ou à peu près, ajouta-t-il d'un ton sarcastique.

Le marin se dressa, comme poussé par un ressort; il lança un regard étincelant à son impassible interlocuteur, et, mettant sa main sous sa jaquette comme pour y prendre une arme cachée :

— Non, monsieur, dit-il avec un accent glacé, je n'ai pas le plus léger doute sur l'authenticité de l'histoire qu'il vous a plu de me raconter, et la preuve...

— C'est que si je n'y prends pas garde, interrompit froidement le médecin, vous allez m'assassiner.

— Monsieur ! fit le marin, avec un geste de dénégation indignée.

— Pas de cris, monsieur ; songez à l'infortunée qui repose sur ce lit de douleur, reprit le docteur toujours ironiquement bonhomme ; cessez de tourmenter votre poignard dont vous ne vous servirez pas contre moi ; reprenez votre place sur ce fauteuil, et écoutez-moi. Croyez-moi, cela avancera plus vos affaires que le sanguinaire projet qu'en ce moment vous roulez dans votre tête.

— Assez d'insultes comme cela, monsieur ! Je n'ai qu'un mot à dire, qu'un geste à faire...

— Je le sais ; mais ce mot, vous ne le direz pas ; ce geste, vous n'oserez point le faire.

— Vive Dieu ! c'est ce que nous allons voir !

Il se détourna et s'élança vers la porte.

— Vous préférez que, devant vos complices, j'enlève mon masque ? A votre aise, monsieur.

— Que m'importe que vous enleviez votre masque devant mes gens ? Avez-vous la prétention de m'effrayer par cette sotte menace ?

— Non, certes ; mais peut-être regretterez-vous bientôt d'avoir mis vos gens, ainsi que vous les nommez, dans le secret d'une affaire que, par considération pour deux nobles races, par amitié pour votre père, j'aurais voulu terminer sans éclat et avec vous seul.

— Mon père ! vous me parlez de mon père, vous, monsieur !

— Pourquoi ne vous en parlerais-je pas, puisque je suis un de ses plus anciens et de ses plus fidèles amis ? répondit le médecin avec une nuance de tristesse.

— Monsieur, dit le marin d'une voix que la colère faisait trembler, je vous somme de me montrer votre visage, afin que je sache qui vous êtes. Oh ! vous ne vous jouerez pas plus longtemps de moi !

— Ce n'est pas mon intention, et la preuve, la voici ! ajouta-t-il, en ôtant vivement son masque. Maintenant, regardez-moi, monsieur le prince de Montlaur !

— Le docteur Guénaud, le médecin de la reine mère et de monsieur le cardinal ! s'écria avec épouvante celui auquel on venait de donner le titre de prince.

— Oui, monsieur, reprit le médecin, un peu pâle peut-être, car l'assaut avait été rude, mais toujours froid et digne.

— Vous ici vous ! oh ! mon Dieu ! s'écria-t-il en se laissant tomber avec abattement sur son siège ; que venez-vous faire dans cet antre ?

— Vous empêcher de commettre un crime.

— Mon Dieu ! mon Dieu ! répétait-il, sans même savoir ce qu'il disait, je suis perdu !

— Non, vous êtes sauvé, au contraire. Suis-je donc votre ennemi, moi qui vous ai vu naître, qui vous ai reçu dans mes bras, quand votre mère vous mit au monde ?

— Que faire?... reprit-il en arrachant violemment son masque et recommençant à marcher avec égarement à travers la chambre.

— M'écouter, et surtout vous calmer, mon enfant, répondit le médecin avec une indicible expression de bonté.

— Que pourrez-vous me dire, docteur? Vos consolations, si affectueuses qu'elles soient, car je sais que vous m'aimez, cent fois vous me l'avez prouvé ; vos consolations n'atteindront pas le but que sans doute vous vous proposez ; mon crédit à la cour est à tout jamais perdu maintenant ; je suis déshonoré ; je me suis laissé entraîner au fond d'un gouffre dont je ne puis sortir que par la mort.

— Vous divaguez, Gaston. Votre crédit est aussi fort que jamais ; la reine et le cardinal ignorent tout ; quant à votre honneur, il est sauf, puisque ce crime qu'on vous poussait à commettre, maintenant...

— Oh! je vous le jure! s'écria-t-il avec exaltation. Pauvre cher ange ! je la défendrai contre tous, même...

— Contre votre frère... C'est bien, Gaston ; je retiens votre parole et j'y compte.

— Mais dites-vous vrai ?... mon crédit à la cour...

— Ai-je jamais menti ?

— Pardonnez-moi, mon vieil ami, je suis fou.

— Maintenant, voulez-vous m'écouter !

— Oui, car j'ai hâte de savoir par quel hasard, ou plutôt quelle fatalité, vous vous trouvez mêlé à tout ceci.

— Il n'y a ni hasard, ni fatalité, mon ami. Ainsi qu'on vous l'a dit, sans doute, je suis originaire de cette province, où je possède quelques propriétés. Une de ces propriétés, où je me rends, chaque fois que les devoirs de ma charge me laissent quelques jours de liberté, est située aux environs de Luçon, à deux portées de fusil au plus du château héréditaire des comtes de Manfredi-Labaume, qui, ainsi que vous le savez mieux que personne, vous, leur ennemi implacable, ont suivi la reine Catherine de Médicis lorsqu'elle vint en France

— Cette haine est ancienne, docteur ; elle date de la Saint-Barthélemy.

— Je le sais ; vous étiez huguenots alors, tandis que les Manfredi-Labaume, alliés de très près à la reine, étaient, ce qu'ils sont encore, de zélés catholiques. Mais laissons cela, quant à présent ; aujourd'hui vos deux familles sont de la même religion ; depuis longtemps déjà cette haine devrait être éteinte.

— Quant à moi, je vous assure, docteur...

— Oui, oui, dit celui-ci avec ironie ; mais vous avez, convenez-en, une singulière façon de renouer les relations. Je vous le répète, laissons cela. Je suis l'ami intime de cette famille, le parrain de la pauvre Sancia ; c'est elle qui m'a tout confié ; ce secret, je l'ai précieusement conservé dans mon cœur ; moi seul le possède...

— Vous vous trompez, docteur, dit une voix rude et menaçante ; ce secret, je le sais aussi, moi !

Les deux hommes frissonnèrent comme s'ils eussent été piqués par un serpent, et ils se tournèrent vivement vers le fond de la chambre où un homme se tenait immobile, soulevant de la main gauche un pan de la tapisserie.

— Vous vous trompez, docteur, dit une voix rude et menaçante; ce secret, je le sais aussi, moi.

— Oh! voilà ce que je redoutais! murmura le docteur avec une expression de douleur navrante.

— Ludovic de Manfredi-Labaume! s'écria le prince avec stupeur. Ah! vous m'avez trahi, docteur!

— Personne ne vous a trahi, monsieur le prince de Montlaur, dit sévèrement l'homme qui était apparu d'une façon si étrange. Sancia m'a écrit, à moi; ne suis-je pas son frère, le chef de la famille, responsable de son honneur?

Il laissa alors retomber le pan de la tapisserie devant l'entrée secrète qui lui avait livré passage, traversa la chambre d'un pas de statue, et poussa les verrous de la porte.

— Je prends mes précautions pour que nous ne soyons pas interrompus pendant notre explication, dit-il froidement aux deux hommes, qui le regardaient faire avec une surprise mêlée d'épouvante.

— Je suis à vos ordres, monsieur le comte, dit le prince en se levant,

Les deux ennemis se toisèrent un instant, sans prononcer une parole ; mais les regards fauves qu'ils échangeaient montraient clairement la haine implacable qui dévorait leur cœur.

Henri-Charles-Louis-Gaston de la Ferté, comte de Chalus et prince-duc de Montlaur, appartenait à une des plus nobles et des plus anciennes familles du Poitou : celle des princes de Talmont, dont, en sa qualité de premier-né, il était l'héritier direct, famille alliée à tout ce que la France possédait alors de plus grand et de plus justement renommé en fait de noblesse, jouissant d'une fortune incalculable et d'une influence immense dans les provinces de Poitou et d'Anjou, où elle avait toujours joué un rôle important.

Le prince de Montlaur était un élégant gentilhomme, de vingt-quatre à vingt-cinq ans, aux traits mâles, au teint blanc et pur comme celui d'une femme; ses yeux noirs, bien ouverts, dont les longs cils faisaient ombre sur ses joues, avaient le regard doux et caressant, mais qui prenait un éclat terrible sous l'impression de la colère; sa chevelure brune, naturellement bouclée, s'éparpillait en touffes parfumées sur ses épaules, sa moustache, coquettement retroussée, imprimait à sa physionomie un cachet de crânerie qui lui donnait un charme extrême.

Le costume grossier qu'il portait en ce moment, loin de lui être désavantageux, faisait, au contraire, ressortir ses formes réellement exquises et la noblesse innée de ses moindres gestes.

Le comte Ludovic de Manfredi-Labaume, par ses allures et sa prestance, était l'opposé le plus complet du prince de Montlaur: soigneusement enveloppé d'un caban de marin, sans doute pour se garantir des atteintes glaciales de la brise qui, au dehors, soufflait en foudre, il avait la tête abritée par un de ces chapeaux de toile goudronnée auxquels les matelots donnent le nom de *Surouest* et dont les ailes retombent par derrière jusqu'au milieu du dos; de larges hauts-de-chausses, serrés aux hanches par une ceinture en cuir jaune, dans laquelle étaient passés deux pistolets, une hache et un poignard, complétaient son costume.

Le comte, ainsi que nous l'avons dit, était d'origine italienne; mais il appartenait à cette race blonde, si belle et si appréciée par delà les monts, que Raphaël, à qui elle parut presque divine, fit toutes ses vierges blondes; il paraissait doué d'une vigueur extraordinaire ; c'était un homme d'une taille un peu au-dessus de la moyenne, trapu et solidement charpenté; en entrant dans la chambre, il avait jeté son surouest sur un meuble, par un mouvement machinal ; ce qui permettait de voir sa tête, grosse, couverte d'une forêt de cheveux d'un blond fauve, dont les boucles épaisses tombaient sur ses épaules et se confondaient avec sa barbe, de même couleur, qu'il portait entière et longue ; ses yeux gris, bien ouverts, pétillaient d'intelligence et de finesse, quoique son regard fût droit et franc; son front découvert, son nez un peu recourbé, aux narines mobiles, sa bouche grande, aux lèvres rouges, sensuelles et aux dents bien rangées et d'une blancheur éclatante, lui composaient une physionomie qui aurait été extrêmement sympathique, sans l'expression de dureté et d'énergie froide répandue sur ses traits, et qui donnait à son visage quelque chose de sévère et de sombre; bien que la pluie, le soleil, le froid et le chaud eussent parcheminé sa peau, creusé sur son front des rides précoces et donné à son teint presque la couleur de la brique, cependant il était facile de reconnaître qu'il était jeune encore, et ne devait pas avoir plus de vingt-sept ou vingt-huit ans; il avait cette vigueur de formes particulière aux marins : des épaules légèrement voûtées d'une largeur peu commune, des bras longs, cerclés de muscles entrecroisés, durs comme des cordes et terminés par des mains épaisses et nerveuses.

De même que tous les marins de profession, il marchait la tête un peu inclinée sur la poitrine, les jambes écartées, en se dandinant à droite et à gauche, par un mouvement cadencé, comme si, bien qu'en ce moment il fût à terre, le roulis de son navire continuât à se faire sentir pour lui.

— J'ai entendu toute votre conversation, dit-il d'une voix calme ; depuis deux heures, je me tiens embusqué, comme un tigre qui guette, derrière cette tapisserie; je n'ai, à la vérité, rien appris que je ne susse déjà ; mais je vous avertis, afin que nous venions vite au fait, et que nous ne perdions pas notre temps en paroles oiseuses ; vous devez avoir autant que moi hâte d'en finir, n'est-ce pas, monsieur de Montlaur ?

— En effet, monsieur, c'est mon plus vif désir, répondit froidement le prince.

— Ne craignez rien, nous irons vite en besogne ; afin que vous ne vous trompiez pas à la portée de la démarche que je fais en ce moment, je dois encore vous avertir de ceci: le vénérable abbé de Saint-Maur-lès-Paris, marquis de la Roche-Taillée, et votre frère, a eu, avec moi, une discussion un peu vive, à la suite de laquelle je lui ai passé mon épée à travers le corps.

— Monsieur! s'écria le prince.

— Ne vous inquiétez donc pas de lui, continua le comte dont le sang-froid, en ce moment, semblait d'autant plus effrayant qu'il cachait une fureur terrible ; ce sera, dans quelques instants, l'affaire du docteur, je désire qu'il le guérisse, bien que je redoute le contraire.

— Monsieur le comte, interrompit le jeune homme avec colère, finissez, je vous prie, ces sarcasmes de mauvais goût ; je suis prêt à faire votre partie.

— Patience, mon gentilhomme, cela viendra bientôt, n'ayez peur ! reprit le comte, sans rien perdre de son impassibilité; mais il nous faut procéder dans les règles : il me reste à vous avertir que vous n'avez à compter sur aucun de vos gens ; ils sont tous mes prisonniers ; votre lougre même est en mon pouvoir.

— A ce qu'il paraît, dit le jeune homme avec une ironie méprisante, vous exercez la piraterie jusque sur les côtes de France ; c'est bon à savoir !

— On fait ce qu'on peut, monsieur ; quant à ce dont vous me menacez, il est probable que ce ne sera pas vous qui dénoncerez le métier plus ou moins lucratif auquel je me livre. Aussi n'ai-je aucune inquiétude à ce sujet. C'est par suite d'une vieille habitude de prudence que j'ai fermé la porte de cette chambre ; en vous disant ce que je vous ai dit, et en agissant ainsi que je l'ai fait, j'ai voulu simplement que vous comprissiez ceci : nous sommes bien seuls, en face l'un de l'autre, armés de notre haine, sans secours possible, d'où qu'il vienne ; maintenant, monsieur le prince de Montlaur, si vous y consentez, nous allons un peu causer comme deux anciens amis que nous sommes. Ces dernières paroles furent scandées avec une intonation effrayante. J'attends ce que vous avez à me répondre, ajouta-t-il.

— Je serai bref, monsieur le comte, répondit le jeune homme avec une hauteur dédaigneuse ; ainsi que vous-même l'avez dit, toute explication serait oiseuse entre nous ; c'est une réparation qu'il vous faut, soit ! je suis prêt à vous la donner, aussi entière et aussi éclatante que vous l'exigerez.

— Voilà de belles paroles, monsieur, malheureusement vos paroles ne répondent que rarement à vos actions ; je ne sais pourquoi j'ai la conviction intime que, lorsque je vous aurai dit ce que j'exige de vous, vous ne me répondrez que par un refus,

— J'en doute, monsieur, car je vous le dis encore, je suis déterminé à vous satisfaire, quoi que vous me demandiez, une seule chose exceptée cependant.

— Ah ! fit le comte avec un ricanement sinistre, une restriction !

— Oui, monsieur, mais une seule ; en tout ce qui m'appartient en propre, qui m'est personnel, en un mot, je vous reconnais le droit d'exiger de moi ce qui vous plaira.

— C'est heureux ! murmura le comte avec amertume,

— Mais, continua le jeune homme, il est un bien auquel je ne puis toucher en aucune façon, parce qu'il n'est pas seulement à moi, mais est la propriété de toute ma famille, et m'a été légué par une longue suite d'ancêtres, pur et sans tache ; ce bien, c'est mon nom, que je ne puis ni souiller, ni avilir, parce que je dois, à mon tour, le léguer à ceux qui me suivront tel que je l'ai reçu.

— Ah ! je le savais ! s'écria fiévreusement le comte ; l'honneur de votre nom ! et l'honneur du mien, ce n'est donc rien à vos yeux ? Ne suis-je pas d'aussi bonne race, d'aussi haute lignée que vous ? Avez-vous pu supposer un instant que cette flétrissure que vous ne voulez pas subir, vous, traître et lâche, je l'accepterais, moi ! moi, que vous avez froidement déshonoré ! Ah ! c'est trop d'outrecuidance, mon gentilhomme !

— Que prétendez-vous donc, monsieur !

— Ce que je prétends ! s'écria-t-il d'une voix vibrante, je vais vous le dire, monsieur le prince de Montlaur : je prétends vous rejeter à la face l'infamie dont vous avez osé couvrir mon nom, auquel je tiens, plus que vous ne tenez au vôtre, car toujours j'ai su le porter haut, devant tous ! Je prétends vous imprimer un stigmate indélébile qui, partout et toujours, vous sera reconnaître au premier regard pour ce que vous êtes réellement : un traître, un lâche et un farron d'honneur !

— Monsieur ! s'écria le jeune homme, pâle de colère, de telles insultes ne demeureront pas impunies !

— Non, certes, reprit-il en ricanant ; rapportez-vous-en à moi pour cela ; je suis de race italienne ; on dit là-bas, par-delà les monts, que la vengeance se mange froide et à petites bouchées ; ainsi ferais-je, sur mon âme ! je vous en donne ma foi de gentilhomme, et je ne me parjure jamais, vous le savez ; songez-y donc, monsieur, avant que de répondre par un refus à la proposition que je vais vous faire.

Ces paroles furent prononcées avec une telle véhémence ; les traits du comte avaient pris une telle expression de férocité que, malgré tout son courage, le jeune homme sentit son cœur se serrer douloureusement : une sueur froide inonda son front pâle ; il eut peur.

Cependant il se raidit contre cette émotion qui le maîtrisait et s'emparait de tout son être ; ce fut le visage serein et la voix calme qu'il répondit :

— Trêve de menaces, monsieur ! je ne suis pas un enfant ou une femme craintive que l'on effraie avec des mots. Expliquez-vous une fois pour toutes : Qu'exigez-vous de moi ?

En ce moment, le docteur Guénaud qui, depuis quelques instants était demeuré penché avec anxiété sur le lit où gisait, sans mouvement, la malheureuse jeune fille, se redressa brusquement, et, s'élançant entre les deux hommes :

— Silence, messieurs ! s'écria-t-il avec autorité, silence ! voici arrivée l'heure où cette infortunée va devenir mère ; cessez ces cris et ces débats ; laissez-moi toute ma liberté d'esprit pour accomplir le pénible devoir qui m'incombe, je vous l'ordonne au nom de l'humanité !

— Soit ! murmura le comte d'une voix sourde, venez, monsieur.

— Où me conduisez-vous ? demanda le jeune homme avec une appréhension secrète.

— Oh ! ne craignez rien, monsieur, reprit le comte avec un sourire ironique ; nous ne quitterons pas cette pièce. Nous nous dissimulerons seulement derrière les épais rideaux de cette alcôve, afin de laisser au docteur Guénaud toute la liberté qu'il réclame de nous et dont il a besoin, pour mener à bonne fin la rude besogne dont vous l'avez si malencontreusement chargé.

Le prince de Montlaur ne fit aucune objection ; il se contenta de s'incliner et de suivre le comte, auprès duquel il se plaça, dans l'angle le plus obscur de la chambre.

Là, ils demeurèrent tous deux immobiles et silencieux, l'épaule appuyée au mur, les bras croisés sur la poitrine, la tête basse, et réfléchissant profondément.

Quelles sinistres pensées roulaient ces deux implacables ennemis dans leur cerveau en feu, tandis que la sœur de l'un, qui était la maîtresse de l'autre, se tordait, sans en avoir conscience, dans les douleurs de l'enfantement ?

Quant au docteur Guénaud, il avait complètement oublié les deux jeunes gens ; l'homme avait disparu pour faire place au médecin ; il ne songeait plus qu'à la malade.

. . . .

Au dehors, la mer mugissait et se brisait avec fureur contre les rochers du rivage; la pluie tombait et fouettait violemment les vitres; le vent sifflait avec des plaintes sinistres : c'était une horrible nuit, qui remplissait l'âme de tristesse et de terreur !

III

DE QUELLE FAÇON LE COMTE DE MANFREDI-LABAUME COMPRENAIT LA VENGEANCE.

Les heures sombres de la nuit s'étaient lentement écoulées ; l'aube commençait à teinter les vitres d'une lueur grisâtre qui faisait pâlir les lumières, le feu s'éteignait tristement dans l'âtre; des bouffées d'un air froid et humide couraient sur les longues tapisseries qu'elles faisaient frissonner; un silence de mort planait sur la chambre de la malade.

Silence rendu plus farouche et plus significatif par l'immobilité marmoréenne des deux ennemis; toujours placés côte à côte, le cou tendu et le regard étincelant, à demi dissimulés dans les larges plis des lourds rideaux, comme deux tigres aux aguets, ils n'avaient pas échangé un mot, pas fait un geste, depuis que le docteur avait brusquement mis fin à leur débat.

Le docteur Guénaud, pâle, les sourcils froncés, les lèvres serrées, prodiguait à la malade les soins les plus intelligents et les plus affectueux; sans s'arrêter une seconde, luttant pied à pied contre la crise terrible qui, en se prolongeant, menaçait d'être fatale à la pauvre jeune fille, essuyant furtivement son front inondé de sueur, oubliant sa fatigue, sa douleur, pour ravir à la mort cette proie dont elle voulait s'emparer.

Il y avait quelque chose de grandiose et de terrible dans cette lutte acharnée de la science, que rien n'aidait dans ce corps inerte et que la vie semblait avoir abandonné, contre les affres terribles d'un enfantement laborieux; dans des circonstances aussi en dehors de toutes prévisions, soutenu seulement par un dévouement sans bornes et une énergie que rien ne pouvait abattre, pas même la certitude que la frêle créature qui allait naître était, à l'avance, vouée au malheur et à la honte.

Tout à coup, le médecin se redressa; il tenait un enfant dans les bras; son front s'éclaira et un éclair traversa son regard.

L'enfant jeta un cri.

Les deux hommes tressaillirent.

— Messieurs, dit le docteur d'une voix émue, c'est un garçon !

Le prince de Montlaur voulut s'élancer.

Une main de fer le cloua immobile à sa place, tandis que le comte lui disait avec un accent terrible :

— Vous n'êtes pas son père encore ?

— Ne puis-je donc l'embrasser ? demanda-t-il avec égarement.

Le premier cri de son enfant lui avait brisé le cœur, en lui révélant un sentiment qu'il ignorait, le sentiment le plus vrai, le plus doux de la nature : la Paternité.

— Peut-être l'embrasserez-vous, répondit froidement le comte, cela dépend de vous seul.

— Que faut-il faire pour cela?

Le comte le traîna, plutôt qu'il ne le conduisit, devant le lit où gisait, pâle, muette et pâmée, la jeune femme.

— Ce qu'il faut faire? reprit-il.

— Oui, murmura le prince avec anxiété.

— Il faut épouser sa mère ; dit lentement le comte, en le couvrant d'un regard brûlant.

Le jeune homme s'affaissa dans un fauteuil, cacha sa tête dans ses mains, et pleura.

— Vous ne répondez pas? reprit le comte toujours impassible.

— Hélas! s'écria-t-il, en relevant son visage inondé de larmes, le puis-je?

— Vous refusez?

— Je ne suis pas maître de ma volonté; je vous en supplie, laissez-moi donner un baiser à mon fils.

— Vous n'avez pas de fils.

— Un seul baiser, puis vous ferez ce que vous voudrez.

— Non! dit-il brutalement.

Au bout d'un instant, il reprit :

— Regardez cette pendule; la grande aiguille est sur le chiffre quatre; lorsque la demie sonnera, une fois encore je vous demanderai si vous consentez à rendre à ma sœur, en l'épousant, l'honneur que vous lui avez lâchement ravi. Vous avez dix minutes pour prendre votre résolution, c'est plus qu'il ne vous en faut. Dieu veuille que vous écoutiez votre cœur et non votre orgueil!

Le comte tourna alors le dos au jeune homme ; il s'approcha du docteur Guénaud; celui-ci, après avoir lavé l'enfant avec de l'eau tiède, l'enveloppait dans des langes préparés à l'avance, avec la délicatesse et le soin minutieux qu'y aurait mis une sage-femme.

— Merci, docteur, lui dit-il avec émotion ; vous avez été bon et dévoué comme toujours; l'accouchement a été pénible, n'est-ce pas ?

— J'ai craint vingt fois que la pauvre femme ne pût supporter les douleurs et qu'elle mourût entre mes bras.

— C'eût été peut-être plus heureux pour elle! murmura-t-il d'une voix sourde.

— Ne parlez pas ainsi de votre sœur, Ludovic, vous l'aimez !

— Oui, je l'aime! plus que ma vie! Pauvre Sancia!... cet homme est un lâche!

— Non, c'est une nature faible, atrophiée et orgueilleuse.

— Il refusera la réparation.

— C'est malheureusement probable; il n'osera pas lutter contre sa famille.

— Tant pis pour lui, alors ; ma sœur sera vengée, je vous le jure.
— Que voulez-vous faire ?
— Ceci me regarde seul, dit-il d'un ton qui n'admettait pas de réplique.
— Vous ne le tuerez pas ! s'écria le médecin.
— Le tuer ? fit-il avec un ricanement sinistre ; allons donc ! vous êtes fou, docteur ! Est-ce que la mort est un châtiment ? Non, je veux qu'il souffre longtemps, sa vie tout entière. Chaque seconde de souffrance de sa victime sera rachetée par des années de douleurs et de tortures incessantes.
— Vous me faites trembler, Ludovic. Quel sinistre projet avez-vous donc conçu ?
— Ne m'interrogez pas, docteur, je ne pourrais vous répondre ; ma résolution est prise, rien ne saurait la changer.

Le docteur Guénaud baissa tristement la tête ; il connaissait cette nature de fer, l'énergie terrible de ce cœur de lion ; il savait que toutes prières, toutes observations seraient inutiles, et viendraient se briser contre une inébranlable volonté.

Le comte reprit la parole après quelques secondes :
— En quel état se trouve ma sœur en ce moment ? demanda-t-il.
— Aussi bien qu'elle peut être...
— Il y a-t-il du danger à la transporter immédiatement ?
— Aucun, en usant de grandes précautions.
— Ceci est votre affaire, docteur ; vous savez ce dont nous sommes convenus ?
— Certes !
— Êtes-vous toujours disposé à me rendre le service que j'attends de vous ?
— Disposez de moi, Ludovic ; ce que je vous ai promis, je le ferai ; plus encore, s'il le faut.
— Merci, docteur ; vous n'avez plus rien à faire ici ?
— Plus rien, qu'à envelopper soigneusement la malade, de crainte que le froid ne la saisisse.
— Faites donc, et remettez votre masque ; il est inutile que les gens qui vont entrer vous connaissent.

Le docteur obéit ; le comte l'observait d'un air pensif.

Lorsque la jeune femme fut enveloppée dans des mantes et des couvertures, il s'approcha, se pencha sur elle, et la baisa sur le front, en essuyant une larme à la dérobée.

— Pauvre Sancia ! murmura-t-il. Cette parole était la seule qu'il trouvait pour exprimer sa douleur ; puis, sans même jeter un regard sur l'enfant, que le médecin lui présentait : La demie ! dit-il d'une voix vibrante.

En effet, en ce moment, la pendule sonna une fois.

Le comte prit un sifflet d'or, pendu à son cou par une chaîne de même métal, et il siffla.

Au même instant, toutes les portes s'ouvrirent à la fois, une trentaine d'hommes au moins, pénétrèrent dans la chambre à coucher ; parmi ces hommes, dix étaient armés ; ils semblaient servir de gardes aux vingt autres

— Que justice soit faite! dit-il.

dont les bras étaient liés au coude, par derrière, mais d'une façon assez lâche pour ne pas trop gêner leurs mouvements. Quatre hommes portaient une civière qu'ils déposèrent auprès du lit; tous ces individus avaient des masques sur le visage. Beaucoup d'autres, armés jusqu'aux dents, restèrent dans les autres pièces de la maison, prêts, selon toutes probabilités, à obéir au premier signal que leur donnerait le sifflet du comte. Ceux qui avaient réussi à pénétrer, ou plutôt, à trouver place dans la chambre à coucher, allèrent se ranger silencieusement contre la tapisserie et demeurèrent immobiles.

Depuis les quelques mots qu'il avait échangés avec son ennemi, le prince de Montlaur était demeuré morne, affaissé, la tête cachée dans les mains, indifférent, en apparence, à ce qui se passait devant lui, et ne semblant même pas s'en apercevoir.

Le docteur Guénaud enleva la jeune femme dans ses bras, la plaça doucement dans la litière, et, après l'avoir accommodée de manière à ce qu'elle ne souffrît point du froid, il se préparait à donner aux porteurs l'ordre du départ, lorsque le comte l'arrêta d'un geste.

— Un instant, docteur, s'il vous plaît, lui dit-il.

Le comte s'approcha alors du prince et lui posa légèrement la main sur l'épaule.

Le jeune homme releva la tête et fixa un regard interrogateur sur son ennemi.

— Monsieur le prince de Montlaur, dit alors celui-ci, d'une voix ferme, claire, accentuée et qui fut entendue même des personnes restées dans les pièces adjacentes à celle où il se trouvait, la demie est sonnée, j'attends votre réponse; et afin qu'il n'y ait pas de malentendu entre nous, je répéterai ma demande. Je tiens à ce que nul n'ignore ce qui s'est passé, et, quoi qu'il arrive, puisse témoigner de ce qui va avoir lieu ici.

— Je vous écoute, monsieur; parlez donc, je vous prie, répondit le jeune homme, en se levant et allant se placer près de la cheminée.

— Monsieur le prince de Montlaur, reprit le comte, n'est-il pas vrai que je vous ai, il y a deux ans à peine, sauvé la vie au risque de la mienne?

— C'est vrai, monsieur. Je le reconnais.

— N'est-il pas vrai que, moi votre ennemi personnel, je n'ai pas hésité à abjurer ma haine, en vous offrant dans mon château la plus large et la plus affectueuse hospitalité?

— Tout cela est rigoureusement exact, monsieur.

— Comment avez-vous reconnu les services que je vous ai rendus? Je vais vous le dire, monsieur le prince de Montlaur.

— C'est inutile, monsieur le comte, répondit le jeune homme avec noblesse. Puisque vous exigez de moi une confession publique, soit! j'y consens; cette confession, je la ferai franche et loyale. Séduit par la beauté et la candeur de l'ange que vous nommez votre sœur, j'ai méconnu les lois de l'honneur, j'ai oublié les devoirs de l'hospitalité, la reconnaissance que je vous devais, à vous, mon sauveur : j'ai aimé votre sœur, et je me suis fait aimer d'elle. Seul, j'ai été coupable; je reconnais et je déplore, non pas la faute, mais le crime où m'a entraîné une passion que je n'ai eu ni le courage, ni la force de vaincre; je vous l'ai dit et je vous le répète : je suis prêt à vous donner toutes les satisfactions que vous êtes en droit d'attendre de moi.

— Vous m'avez dit cela, oui, sans doute, monsieur, répondit le comte avec ironie; mais la seule satisfaction que je vous demande, vous refusez de me la donner?

— Parce que cela m'est impossible, monsieur; parce que, bien que vous soyez d'aussi bonne race que moi, que votre fortune soit au moins égale à la mienne, un abîme infranchissable nous sépare : la haine séculaire de nos deux familles.

— Il est un peu tard, il me semble, pour faire cette réflexion, avouez-le, monsieur.

Le jeune homme rougit et baissa la tête sans répondre.

— C'est bien ! reprit le comte ; ainsi, vous refusez de donner à ma sœur la seule satisfaction qui lui puisse rendre l'honneur que vous lui avez enlevé ; en un mot, vous ne voulez pas consentir à l'épouser ?

— Monsieur !

— Pas d'ambages ni de faux-fuyants, monsieur ; répondez-moi catégoriquement, comme je vous interroge, par oui ou par non ; il faut que tout le monde sache bien ici, par votre propre aveu, qui de vous ou de moi a commis une action indigne, a failli à l'honneur, et, étant gentilhomme, s'est conduit comme un croquant.

— Monsieur, de telles insultes !...

— Je ne vous insulte pas, je constate la vérité ; je veux que, quelle que soit ma vengeance, on soit contraint de reconnaître que j'ai été juste et que j'avais le droit d'agir comme je vais le faire.

— Je le reconnais moi-même, monsieur ; vous êtes donc absous à l'avance par celui que vous considérez à juste titre comme étant votre ennemi mortel : faites ce qu'il vous plaira ; je saurai souffrir, sans me plaindre, l'expiation que vous m'infligerez.

— Peut-être ? murmura le comte avec un sourire sinistre.

— Quant à l'union que vous me proposez, continua le prince, union qui comblerait tous mes vœux et laverait la tache dont mon honneur est souillé : cette union, bien que mon cœur se brise en vous parlant ainsi, je suis forcé de vous répondre qu'elle est impossible ; nulle puissance au monde ne me la fera jamais contracter, quelles que soient pour moi les suites de ce refus.

Un long frémissement de colère et de menace parcourut les rangs des spectres sinistres, témoins silencieux de cette scène étrange.

Le comte fit un geste, tout se tut.

Pendant deux ou trois minutes, le sombre jeune homme marcha d'un pas saccadé à travers la chambre.

Chaque fois qu'il passait devant la litière, il jetait un long regard à sa sœur qui dormait, calme et souriante, sans avoir conscience de ce drame terrible et dont seule elle était la cause.

Le comte, pas plus que le prince, n'avait remis son masque : il était donc facile de suivre sur ses traits, pâles et contractés, les sentiments qui tour à tour l'agitaient et venaient se refléter sur son visage comme sur un miroir. A un certain moment, sa physionomie prit une telle expression de sauvage férocité, que tous ces hommes, dont les regards étaient fixés sur lui, se sentirent frissonner de terreur, bien qu'ils ignorassent quelle pensée infernale avait tout à coup traversé son cerveau.

Seul, le prince de Montlaur demeurait calme et indifférent en apparence ; il connaissait l'implacable énergie de l'homme aux mains duquel il était tombé ;

il savait quelle haine furieuse gonflait son cœur; il comprenait que tout espoir était perdu pour lui; aussi, résolu à ne pas faire courber sa volonté devant la sienne, à ne pas transiger honteusement avec son orgueil, avait-il bravement fait le sacrifice de sa vie; peu lui importait la façon dont son ennemi lui donnerait la mort.

Enfin le comte s'arrêta; il sembla faire un violent effort sur lui-même, et, s'adressant d'une voix douce et triste au médecin, qui l'examinait avec une inquiétude secrète :

— Docteur, lui dit-il, je vous remercie sincèrement du dévouement que vous avez témoigné à ma famille dans cette malheureuse affaire. Je vous dois la vie de ma sœur, je ne l'oublierai pas. Votre présence, vous le voyez, n'est plus nécessaire ici : emmenez la pauvre enfant; je vous la confie, veillez sur elle : vous avez mes instructions; je suis certain qu'elles seront, par vous, exécutées à la lettre; merci encore une fois, docteur, merci et adieu !

— Ludovic, dit le médecin avec effort, en jetant à la dérobée un regard sur le prince de Montlaur, toujours immobile et accoudé à la cheminée, l'injure qui vous a été faite est terrible, mais la haine est mauvaise conseillère; ne vous laissez pas dominer par elle, soyez clément; souvenez-vous que nul n'a droit de se faire justice soi-même.

— Docteur, répondit le comte avec un sourire amer, je vous sais gré de ces bonnes paroles ; mais souvenez-vous, vous aussi, que je suis gentilhomme; le châtiment égalera la faute ; sachez seulement que la vie de cet homme me sera sacrée ; je ne rougirai pas mes mains de son sang; maintenant, allez, accomplissez votre tâche comme moi j'accomplirai la mienne.

Le docteur hocha douloureusement la tête, mais il n'osa pas insister; il fit un signe : les quatre porteurs enlevèrent la litière.

— Adieu ! dit-il.

— Adieu ! répondit froidement le comte ; et il ajouta, au moment où le médecin franchissait le seuil de la chambre : Vous me renverrez mes hommes à l'endroit convenu, aussitôt que vous n'aurez plus besoin d'eux.

Le docteur Guénaud s'inclina sans répondre et il sortit.

Pendant quelques instants, on entendit résonner sourdement sur les tapis les pas lourds et cadencés de ceux qui s'éloignaient, puis le bruit cessa, et le silence se rétablit.

Le comte avait recommencé sa promenade de bête fauve à travers la chambre ; les assistants attendaient, en proie à une anxiété extrême; ils comprenaient que quelque chose de terrible allait se passer,

— Il faut en finir ! murmurait le comte, tout en marchant, il faut en finir !

Mais malgré lui il hésitait : l'horrible vengeance qu'il méditait l'effrayait lui-même.

Enfin, il s'arrêta brusquement devant M. de Montlaur, et, après l'avoir regardé fixement pendant deux ou trois secondes :

— Êtes-vous prêt ? lui dit-il d'un ton de menace.

— Je suis prêt, répondit laconiquement le prince, tuez-moi !

Le comte hocha la tête à plusieurs reprises.

— Non, dit-il, vous ne mourrez pas ; la mort n'est pas une expiation, c'est une délivrance.

— Faites ce que vous voudrez, je suis entre vos mains, répondit le jeune homme avec une dignité froide.

— Allez ! dit le comte en faisant un geste.

Quatre hommes s'élancèrent à l'improviste sur le prince de Montlaur, le terrassèrent, sans qu'il essayât de se défendre, lui mirent le buste à nu, le garrottèrent de façon à ce qu'il lui fût impossible de faire le moindre mouvement, puis ils le bâillonnèrent avec un linge mouillé qu'ils lui attachèrent fortement sur la bouche.

— C'est bien, dit le comte ; et maintenant, écoutez-moi, vous tous qui m'entourez, amis ou ennemis, j'ai voulu vous rendre témoins du châtiment comme vous l'avez été de l'insulte. Cet homme s'est condamné lui-même en avouant son crime ; il n'a même pas essayé de l'amoindrir, tant la vérité et le cri de sa conscience le maîtrisaient et le contraignaient, malgré lui, à s'avouer coupable. Vous avez été témoins des efforts que j'ai tentés pour dompter son orgueil et l'obliger à m'accorder la seule réparation possible de l'insulte que j'ai reçue : menaces, prières, j'ai tout essayé en vain ; ses oreilles sont restées sourdes, son cœur fermé ; en ce moment même, où il se sent perdu, où ses chairs frémissent sous l'étreinte de la peur, il est aussi inflexible que s'il était libre au milieu de siens ; que sa volonté s'accomplisse donc, et que Dieu juge entre nous !

Après avoir prononcé ces paroles d'une voix nerveuse et saccadée, au milieu d'un silence de mort, le comte fit un signe.

Un homme pénétra alors dans la chambre et vint se placer près de la cheminée.

Cet homme portait un réchaud rempli de charbons ardents, au milieu duquel plongeait une longue tige de fer.

— Je suis de race princière, alliée à la maison de France ; mes ancêtres ont régné à Pise et à Florence, j'ai droit de haute justice sur mes terres, reprit le comte, dont les traits avaient pris la rigidité du marbre : cette justice, je prétends l'exercer contre cet homme qui m'a déshonoré : c'est mon droit. Quelqu'un d'entre vous prétend-il s'y opposer ?... qu'il parle, qu'il me prouve que le misérable qui se tord à mes pieds n'est pas coupable !... J'attends !

Pas une voix ne se fit entendre.

— Alors, continua le comte dont la voix se faisait plus ferme, l'accent plus sombre, vous reconnaissez la culpabilité de cet homme, la justice de ma vengeance ?

— Oui ! répondirent les assistants qui tous étaient les amis ou les affidés du comte.

Seuls, les prisonniers gardèrent un morne silence ; ils n'osaient absoudre, ils ne voulaient pas condamner.

Le comte s'empara vivement de la tige de fer.

— Que justice soit faite ! dit-il, et il appliqua vigoureusement cette tige terminée par une fleur de lys, sur l'épaule nue et frémissante de son ennemi.

Un crépitement de chairs brûlées se fit entendre ; le jeune homme poussa un hurlement d'agonie, en se tordant dans ses liens, puis ce fut tout : il retomba inerte sur le plancher; il avait perdu connaissance.

— Le prince de Montlaur n'existe plus, reprit le comte : il n'y a plus ici qu'un misérable que la justice humaine a flétri et que la société repousse. Si j'ai outrepassé mes droits en vengeant ainsi mon honneur perdu, je le répète, Dieu me jugera.

Sur un geste du comte, le jeune homme fut roulé dans un caban de marin et chargé sur les épaules d'un vigoureux matelot.

— Nous n'avons plus rien à faire ici, dit le féroce gentilhomme; la première partie de notre tâche est accomplie; à la seconde, maintenant : à bord, tous!

Il sortit le premier de la chambre; ses affidés le suivirent sans même se donner la peine de fermer les portes derrière eux.

Il était huit heures du matin, le jour était sombre, le froid vif; le vent s'était calmé; cependant, la mer était grosse encore, et des lames monstrueuses déferlaient avec fureur contre les rochers; les habitants des Sables, soit par crainte, soit pour tout autre motif, étaient encore renfermés dans leurs demeures. Il n'y avait sur la plage que quelques marins désœuvrés en apparence, mais qui, en reconnaissant le comte, se mirent aussitôt à sa suite.

Ludovic de Manfredi-Labaume monta sur le lougre, ainsi que tout son monde, y compris le prince et les autres prisonniers.

L'ordre d'appareillage fut aussitôt donné. Quelques minutes plus tard, le léger bâtiment tournait son avant vers le large, prenait le vent, et courait comme un alcyon sur la crête des lames.

Au moment où le lougre disparaissait en haute mer, une gerbe de flammes s'éleva de la maison isolée; deux heures plus tard, elle n'était plus qu'un monceau de cendres. Personne n'avait essayé d'éteindre l'incendie. Les dignes Olonnais, réunis sur le seuil de leurs portes, regardèrent, au contraire, avec une satisfaction visible brûler cette maison mystérieuse sur laquelle on racontait de si lugubres légendes.

A cinq ou six lieues des côtes, le lougre rallia un fort brick qui courait des bordées.

Les deux navires échangèrent quelques signaux, puis ils firent voile de conserve.

C'étaient deux bâtiments matelots.

Vers le soir, le comte descendit dans la cabine où il avait fait transporter le prince de Montlaur, et où déjà avait été placé son frère, le marquis de la Roche-Taillée, blessé par le comte d'un coup d'épée à travers la poitrine.

Les trois hommes demeurèrent enfermés pendant la nuit tout entière.

Que se passa-t-il? nul ne le sut jamais.

Lorsqu'au lever du soleil le comte remonta sur le pont, ses traits étaient plus sombres, son visage plus pâle.

A trois heures de l'après-dîner, les deux navires mirent sur le mât, à portée de pistolet; la mer était assez calme, la brise maniable, les communications faciles.

Plusieurs embarcations se détachèrent des flancs du brick et se dirigèrent vers le lougre qu'elles atteignirent en quelques coups d'avirons.

Les prisonniers, qui, jusqu'à ce moment, avaient été retenus dans la cale du lougre, montèrent sur le pont et reçurent l'ordre de s'embarquer dans les canots.

Ils obéirent; ils furent répartis dans trois embarcations qui retournèrent immédiatement au brick; ces prisonniers étaient au nombre de vingt-cinq.

Une dernière embarcation attendait encore; le comte y descendit, précédant le marquis de la Roche-Taillée que l'on fut contraint d'affaler dans une chaise, au moyen d'un faux-bras frappé sur l'extrémité d'une des voiles à bourcet du grand mât.

Le marquis, que la gravité de sa blessure rendait inconscient de ce qui se passait, ne s'aperçut pas de son transbordement.

Le comte demeura sur le brick en conférence avec le capitaine de ce bâtiment jusqu'au coucher du soleil, puis il regagna son bord.

Les deux navires orientèrent alors leurs voiles et, tandis que le lougre fuyait au plus près du vent dans la direction du détroit de Gibraltar, le brick hissait les perroquets, larguait ses ris et s'élançait grand largue vers la haute mer.

Deux heures plus tard on n'apercevait plus, du pont du lougre, que l'extrémité de sa mâture; bientôt il disparut tout à fait.

Pendant le reste de la traversée, qui dura encore dix-huit jours, le comte ne revit pas le prince de Montlaur, auquel il avait définitivement abandonné sa cabine.

Une sentinelle veillait jour et nuit à la porte de cette cabine, afin de prévenir toute tentative du malheureux jeune homme, non pas pour fuir, cela lui était impossible, mais pour se donner la mort dans un accès de rage ou de désespoir.

Le dix-huitième jour, au lever du soleil, la vigie signala à l'avant une longue ligne bleuâtre, c'était la terre!

Bientôt cette terre devint visible, avec ses échancrures : le lougre se trouvait sur la côte d'Afrique, en vue du cap Blanc.

Le comte ordonna d'orienter au plus près sous petite voilure, et le lougre commença à courir des bordées, à trois lieues environ des côtes.

Une heure à peine s'était écoulée depuis que le léger bâtiment avait pris cette nouvelle allure, lorsque le comte qui, au moyen d'une longue-vue, instrument inventé depuis peu, fouillait minutieusement l'horizon, donna l'ordre de laisser arriver sur la terre, manœuvre qui fut immédiatement exécutée.

Une demi-heure plus tard, on aperçut une longue felouque qui, sortie d'une des anses de la côte, où sans doute elle se tenait embusquée, se dirigeait vers le lougre, avec lequel elle commença bientôt à échanger des signaux, puis, arrivée à une encablure environ du lougre, elle mit sur le mât, exemple suivi aussitôt par le bâtiment français.

Une embarcation légère, montée par quatre hommes, se détacha alors de la felouque.

Le comte dit quelques mots à voix basse à un matelot qui se tenait près de lui; celui-ci s'inclina et quitta le pont; mais bientôt il reparut, suivi du prince de Montlaur.

Pâle, amaigri, le malheureux jeune homme n'était plus que l'ombre de lui-même; en quelques jours, il avait vieilli de vingt ans; sa mère ne l'eût pas reconnu; ses yeux brûlés de fièvre lançaient des lueurs fauves : une ride profonde s'était creusée entre ses deux sourcils; sa bouche, déformée par l'angoisse, avait un tic nerveux qui lui faisait grimacer un amer sourire, lorsqu'il était en proie à une vive émotion.

Bien qu'en ce moment il fût sous le coup d'une poignante douleur, cependant son visage était calme, froid, digne; il avait pris sans doute, lui aussi, une résolution terrible.

— Que me voulez-vous? demanda-t-il au comte.

— Vous dire que nous allons nous séparer pour toujours.

— Alors, je vais mourir? reprit-il avec indifférence.

— Non pas; j'ai promis de ne point attenter à votre vie; je fais mieux.

— Vous vous connaissez en tortures.

— Vous trouvez! Regardez là, tenez, voyez-vous ce canot?

— Je le vois, après?

— L'homme qui le monte est un corsaire barbaresque auquel je vous ai vendu.

— Et à qui vous allez me livrer?

— C'est cela même.

— Monsieur le comte, dit-il froidement, en regardant son ennemi bien en face, vous avez eu tort de ne pas me tuer.

— Ah! pourquoi donc cela, cher monsieur de Montlaur?

— Parce que vous avez dépassé le but : Vous m'avez marqué, c'était horrible; vous me vendez, c'est maladroit. Il n'y a que du tombeau que l'on ne peut s'échapper. Un jour, dans bien longtemps peut-être, je m'échapperai, et nous nous retrouverons face à face!... alors!

— Alors?...

— Ce sera mon tour; vous-même l'avez dit : la vengeance se mange froide. Je m'en souviendrai.

Le comte fronça le sourcil, fit un ou deux tours sur le pont, et, revenant à son prisonnier, toujours immobile et calme à la place où il l'avait laissé :

— Eh bien! soit! Vengez-vous si vous le pouvez, dit-il d'une voix sourde, mais prenez-y garde, je ne suis pas facile à surprendre!

— Le plus prudent s'endort, dit froidement le prince.

— Voici le canot qui accoste, monsieur, reprit le comte avec ironie; je suis contraint, à mon grand regret, de rompre notre conversation.

— En effet, monsieur, répondit le jeune homme sur le même ton; mon nouveau maître monte sur le pont de votre navire; ne vous gênez pas, nous reprendrons cette conversation peut-être plus tôt que vous ne le supposez.

— Quand on est esclave en Afrique, on ne s'échappe pas : on est mort.

— Souhaitez-le, monsieur, dit-il avec un sourire amer.

— Au revoir! monsieur le comte, répondit le jeune homme avec un accent de menace terrible.

Et il lui tourna le dos, en haussant dédaigneusement les épaules.

— Est-ce que je me serais trompé sur le caractère de cet homme? serait-il réellement à redouter? murmura le capitaine à part lui, tout en allant au-devant du capitaine barbaresque. Allons donc! je suis fou! Le diable m'emporte, il m'a fait presque peur avec son damné sang-froid!

Le capitaine musulman était un renégat Candiote, à la figure de fouine, aux traits grimaçants et aux petits yeux gris, brillants comme des escarboucles.

Le marché avait été fait à l'avance avec lui par le comte, marché singulier, par lequel le vendeur payait une grosse somme à l'acheteur. Aussi n'y eut-il aucune contestation, et tout fut bientôt réglé entre les deux parties; le comte, après avoir de nouveau recommandé la plus active surveillance au renégat, ce qui fit beaucoup rire celui-ci, tant il était certain que son esclave ne s'échapperait pas, donna l'ordre que le jeune homme fût descendu dans le canot; ce qui fut exécuté immédiatement; puis il prit congé du capitaine.

Pendant que l'embarcation débordait, le comte suivait d'un regard de triomphe son ennemi, auquel on avait mis de fortes chaînes, en l'attachant à un banc.

— Adieu, monsieur le prince de Montlaur! lui cria-t-il d'une voix stridente.

— Au revoir! monsieur le comte Ludovic de Manfredi-Labaume, répondit le jeune homme, avec un accent de menace terrible.

— Silence! cria le capitaine, en appliquant un coup de courbache sur les épaules du nouvel esclave.

— Merci! dit celui-ci avec un sourire d'une expression étrange.

Ce sourire fit courir un frisson dans les veines du comte; il pâlit et se rejeta en arrière.

Ce fut tout.

Une heure plus tard, la felouque avait disparu derrière une anfractuosité de la côte, et le lougre se dirigeait, toutes voiles dehors, vers le détroit de Gibraltar.

IV

LA LOI DU TALION

Plus de deux mois s'étaient écoulés depuis les événements que nous avons rapportés dans notre précédent chapitre; le 2 juin 1648, un étranger de haute mine, bien vêtu, monté sur un cheval de race et suivi par un domestique qui trottait derrière lui, à distance respectueuse, sur un vigoureux courtaud fleur de pêcher, se présenta entre sept et huit heures du matin à la porte Saint-Victor, une des portes de Paris.

Ce voyageur paraissait fort pressé. Après avoir échangé quelques paroles avec le commis du pied fourchu, préposé à la perception des droits dans la ville, et s'être renseigné sur la direction qu'il lui fallait prendre pour attteindre, le plus promptement possible, le quartier du Palais-Cardinal, maintenant royal, habité par la reine-régente, Anne d'Autriche, et le jeune roi Louis XIV, il fit légèrement sentir les éperons à son cheval, et s'enfonça résolument dans le dédale des rues étroites, tortueuses, sombres et encombrées d'immondices, qui s'ouvrait devant lui.

Cependant, tout en cheminant, si préoccupé que fût le voyageur de ses propres affaires, il ne laissa pas de remarquer avec surprise l'aspect singulier de la ville : nombre de boutiques étaient fermées ; les commères, réunies sur le pas des portes, causaient entre elles avec animation ; çà et là, sur les places et dans les carrefours, des bourgeois et des hommes du peuple, les traits sombres, les sourcils froncés, les regards étincelants, s'entretenaient à voix basse, en faisant des gestes de menace et en proférant, à mi-voix, des malédictions qui semblaient s'adresser à Son Éminence monseigneur le cardinal Mazarin, alors premier ministre, et tout-puissant sur l'esprit de la reine mère, régente du royaume.

Au fur et à mesure que le voyageur s'enfonçait dans le cœur de la ville, la fermentation devenait plus grande, les groupes plus nombreux et plus animés ; mais, chose singulière, l'étranger remarqua que ces groupes étaient plutôt railleurs et ironiques que menaçants et hostiles. On entendait bien, çà et là, quelques cris de : « A bas Mazarin ! » poussés au milieu des rires avec force quolibets plus ou moins mordants et désagréables, à l'adresse du cardinal-ministre ; mais les cris les plus nombreux étaient : « Vive Gondi ! vive le coadjuteur ! » et enfin : « Vive le duc de Beaufort ! » C'était ce dernier cri surtout qui plongeait l'étranger dans une stupéfaction extraordinaire.

Pourquoi « Vive Beaufort » ? à quel propos ce nom, qu'il croyait oublié, se trouvait-il ainsi dans toutes les bouches ?

Cela confondait le voyageur qui, fort au courant des affaires politiques de l'époque, savait parfaitement que le petit-fils du roi Henri IV, chef de la faction des *Importants*, avait, cinq ans auparavant, été arrêté en plein Louvre par Guitaut, le capitaine des gardes, qui lui avait demandé son épée par ordre de la reine, avec laquelle il avait été, le jour même, faire collation à Vincennes, dont Chavigny était gouverneur, et qui, pendant tout le temps que cette promenade avait duré, lui avait fait le plus charmant visage. L'étranger savait de plus que, depuis cette époque, le duc de Beaufort était étroitement gardé au donjon de Vincennes, par ordre du cardinal Mazarin, qui avait de lui une frayeur terrible.

L'étranger, ainsi que tout homme sensé aurait fait à sa place, jugea prudent, avant que d'aller plus loin, de prendre langue et de se renseigner, afin de ne pas commettre d'énormités, lorsqu'il se trouverait en présence de certaines personnes avec lesquelles il avait à traiter d'affaires très sérieuses.

A cette époque, plus encore qu'aujourd'hui, les cabarets étaient le rendez-vous habituel des oisifs, des nouvellistes, et surtout des *politiqueurs*, ainsi qu'on disait alors. L'inconnu avisa, près du Palais de Justice, un cabaret, à l'enseigne de la *Pomme de Pin*, très renommé, où se réunissaient presque tous les poëtes du temps, tous gens aimant fort à humer le piot, et dans lequel, parfois, certains membres du parlement eux-mêmes ne dédaignaient pas de s'introduire à la dérobée, pour boire d'un certain vin d'Arbois, auquel le digne cabaretier devait la grande réputation dont il jouissait.

Le voyageur jeta un regard autour de lui pour s'orienter ; mais il reconnut aussitôt la difficulté, sinon l'impossibilité, de traverser à cheval les groupes qui se pressaient aux abords du palais et sur la place, alors fort étroite. Son parti fut pris en une seconde. Il mit pied à terre, jeta la bride à son domestique, lui ordonna d'aller l'attendre avec les deux chevaux auprès de Pont-au-Change ; puis, serrant son manteau autour de son corps, baissant les ailes de son feutre sur ses yeux, il se glissa à travers la foule, en faisant jouer adroitement la poignée de sa rapière, et ses coudes pointus qu'il enfonçait sans pitié dans les côtes de ses voisins. Il parvint sans encombre, mais non pas sans avoir été salué par maintes malédictions, de la part de ceux qu'il poussait si rudement, à se frayer un passage jusqu'à la porte du cabaret.

Arrivé là, ce fut une seconde lutte, plus sérieuse et plus opiniâtre à soutenir ; le cabaret regorgeait littéralement de buveurs et de gens qui, assis ou debout, péroraient à qui mieux mieux, sans s'écouter les uns les autres, et s'en souciant fort peu, pour le simple plaisir de parler et de répandre leurs nouvelles vraies ou fausses, selon la coutume invariable des Parisiens de tous les temps, peuple badaud et gobe-mouche par excellence.

Cependant, à force de patience et d'efforts bien combinés, notre entêté voyageur réussit enfin à pénétrer dans la salle ; en un tour de main il eut saisi un garçon par l'oreille, et, en lui glissant une pistole dans la main pour conquérir ses bonnes grâces, il obtint un pichet de vin d'Arbois, un gobelet, et même place à une table occupée déjà par plusieurs bourgeois ; ceux-ci, après lui avoir lancé un regard de travers, se reculèrent en grognant tout bas pour lui faire place.

L'étranger, sans se préoccuper en aucune façon de la mauvaise humeur de ses voisins, prit ses aises le plus possible, se versa un plein gobelet de vin qu'il avala d'un trait, fit claquer sa langue avec une satisfaction évidente, et, posant un coude sur la table et sa tête dans sa main, promena un regard clair sur l'assistance.

A peine l'étranger avait-il depuis quatre ou cinq minutes pris cette position, qu'un homme d'un certain âge, bien vêtu et à mine débonnaire, vint s'asseoir en face de lui, et, après l'avoir salué, entama la conversation sans plus de préambules.

— Vous êtes étranger, monsieur? dit-il.

Le voyageur fronça le sourcil à cette question faite ainsi *ex abrupto* par un homme qu'il ne connaissait pas ; mais après avoir jeté un coup d'œil sur son singulier interlocuteur, sa grimace se changea en sourire, il rendit le salut qu'il avait reçu.

— Oui, monsieur ; et vous? répondit-il poliment.

— Oh! moi, fit l'autre avec un sourire de bonne humeur, je suis un Parisien de la vieille roche ; je me nomme Jérôme-Dieudonné Parizot ; ma famille est bien connue dans le quartier; nous sommes de père en fils, depuis six générations, établis peaussiers à deux pas d'ici, au coin de la rue de la Vieille-Pelleterie, à l'enseigne de la Bonne Foi.

— Diantre ! fit le voyageur avec un sourire légèrement ironique, voilà de véritables titres de noblesse!

— N'est-ce pas? fit l'autre en se rengorgeant.

— Certes, et je suis très honoré de vous connaître, maître Jérôme-Dieudonné Parizot.

— Croyez bien que tout l'honneur est pour moi, monsieur...?
— André ; je me nomme le capitaine André. Un autre pichet et un autre gobelet ! ajouta-t-il en happant un garçon par sa houppelande.
— Je me doutais que vous étiez soldat.
— Voyez-vous cela ! fit le capitaine en souriant.
— Oui ; le père de ma femme fait partie de la milice bourgeoise.
— Oh ! alors, vous devez vous y connaître !
En ce moment, le garçon mit sur la table le vin et le gobelet demandés.
Le soi-disant capitaine emplit les deux gobelets.
— A votre santé ! dit-il, maître Parizot.
— A la vôtre ! capitaine.
Ils trinquèrent et burent.
— Le vin est bon ici, fit le capitaine en reposant son gobelet vide.
— Oui, la *Pomme de Pin* est renommée.
— Ah çà ! maître Parizot, comment se fait-il que vous m'avez reconnu pour étranger ? Ai-je donc l'air d'être de province ?
— Nullement, capitaine, bien loin de là ! seulement, regardez votre chapeau.
— Eh bien ! je le regarde ; qu'a-t-il d'extraordinaire ?
— Eh ! eh ! fit le bourgeois en riant, vous ne voyez pas ?... c'est cependant bien facile à apercevoir.
— Ma foi ! je vous avoue.....
— Voyez le mien et celui de tous les gens qui sont ici.
— En effet, tous ont une tresse de paille en forme de fronde autour de la forme.
— C'est cela même.
— C'est donc un signe de reconnaissance ?
— Parfaitement.
— Tiens, tiens, tiens ; j'arrive bien, à ce qu'il paraît ?
— Vous arrivez très bien, capitaine.
— Contez-moi donc cela : je suis curieux de savoir ce qui se passe.
— Je ne demande pas mieux, capitaine ; mais d'abord pour qui êtes-vous ?
— Pour qui je suis ?
— Oui.
— Au diable ! Je suis pour le roi.
— Bon ! pour le roi et messieurs les princes, ou pour le roi et le cardinal ?
— Le cardinal est un cuistre, dont je me soucie, comme du fétu de paille que vous portez à votre chapeau.
— Très bien ! Alors vous êtes avec nous, capitaine.
— Tout ce qu'il y a de plus avec vous ; et vous êtes ?
— Pour le roi et messieurs les princes.
— Moi aussi, vive Dieu !
— Voilà qui est bien. Tenez, capitaine, acceptez cette fronde et mettez-la à votre chapeau.
— Je ne demande pas mieux, répondit-il en prenant la fronde et l'attachant autour de la forme de son feutre ; et maintenant vous me direz...

— Tout ce que vous voudrez.
— Bravo ! à votre santé, maître Parizot.
— A la vôtre, capitaine André.
— D'abord, l'histoire de la fronde.
— Ce sera bientôt fait.
— J'écoute.
— Je vous garantis d'autant plus l'exactitude de mon récit, que j'étais présent lorsque la phrase a été prononcée. Voici la chose en deux mots, mon cher capitaine : Je m'étais rendu au Palais à cause d'un procès que je soutiens contre un marchand de la rue de la Parcheminerie ; je me trouvais dans la salle des enquêtes quand le conseiller Bachaumont, qui parlait au milieu d'un groupe, sur l'observation qu'on lui fit, que le peuple était fort mécontent, et que si la cour n'y prenait pas garde, il pourrait y avoir du tapage, s'avisa de dire que les gens qui font des émeutes ressemblent à ces enfants qui frondent dans les fossés de Paris, et qui se sauvent et se dispersent, aussitôt qu'ils aperçoivent un lieutenant civil, pour se réunir dès qu'il est passé.
— Hum ! voilà qui est grave, dit le capitaine ; ce conseiller Bachaumont doit être une créature de Son Éminence.
— C'est un enragé cardinaliste. Aussi le mot ne fut pas perdu ; le nom que cherchaient les ennemis du Mazarin était trouvé : désormais ils étaient frondeurs ; depuis lors, tout est à la fronde, les chapeaux, les gants, les éventails, et même les pains...
— Diable ! et voilà longtemps que ce mot malencontreux a été prononcé ?
— Dix jours !
— Tant que cela ? Alors le cardinal n'a qu'à se bien tenir !
— N'est-ce pas ?
— Pardieu ! à votre santé, maître Parizot !
— A la vôtre, capitaine.
— Merci ! Maintenant renseignez-moi, je vous prie, monsieur Parizot, sur l'événement qui cause en ce moment une si forte émotion dans le populaire, et apprenez-moi surtout pourquoi l'on crie si haut : « Vive Beaufort ! »
— C'est que les deux choses n'en font qu'une, mon cher capitaine.
— Ah ! bah !
— C'est comme cela ; écoutez-moi bien.
— C'est-à-dire que je suis suspendu à vos lèvres ; que je bois vos paroles.
— Vous me flattez, capitaine.
— Nullement, je vous assure.
— Vous savez, n'est-ce pas, capitaine, de quelle façon fut arrêté le duc de Beaufort ?
— Parfaitement : au Palais-Cardinal, il y a cinq ans ; on le conduisit à Vincennes.
— Dans le donjon, oui, où il serait peut-être resté toute sa vie...
— Pardon, maître Parizot, pourquoi donc parlez-vous au passé de la captivité de ce pauvre duc ?
— Vous allez voir, capitaine.
— C'est juste, continuez.

— Le prisonnier était gardé à vue, par un officier et huit soldats, qui marchaient quand il marchait, s'arrêtaient quand il s'arrêtait, et par plus de sûreté couchaient dans sa chambre.

— Peste ! quel luxe de précautions ! le cardinal avait donc grand'peur qu'il s'évadât ?

— Une peur effroyable ! Mais rien n'y fit ; le dévouement d'un homme du peuple déjoua toutes les subtiles combinaisons du cardinal.

— Oh ! oh ! cela devient intéressant.

— Cet homme, arrêté pour avoir tué un lapin sur la chasse de son seigneur, avait été sauvé des galères et, peut-être, de la potence par le duc de Beaufort, alors tout-puissant. Le pauvre diable voua une reconnaissance sans bornes à son sauveur ; lorsque les amis du duc l'oubliaient, lui seul il se souvint et jura de rendre la liberté à celui qui lui avait conservé la sienne.

— Pardieu ! voilà qui est beau ! Et comment s'y prit ce brave garçon ?

— Le duc n'avait pu obtenir un seul de ses domestiques ; M. de Chavigny, le gouverneur du château, était son ennemi personnel ; toute évasion paraissait donc impossible. L'homme dont nous parlons ne se rebuta pas. Après s'être entendu avec quelques amis du duc, il se fit recommander à l'officier spécialement chargé de la garde du prisonnier et dont le nom est La Ramée ; il réussit à se faire agréer par lui. Bientôt La Ramée ne vit plus que par ses yeux, tant il sut se rendre indispensable. Il se chargeait des travaux les plus pénibles ; avait toute la morgue insolente, toute la stupide brutalité des porte-clés de prisons d'État ; de plus, il affectait la plus vive antipathie pour le duc, qui de son côté paraissait le détester cordialement.

— Le drôle était adroit !

— Plus encore que vous ne le croyez ; malgré ce grand étalage de haine, le duc et son geôlier étaient, ainsi que vous le pensez, parfaitement d'accord, sans qu'on eût le moindre soupçon de leur intelligence ; leur plan fut combiné avec une patience et une habileté remarquables ; ils ne commirent pas une seule faute, n'oublièrent pas leur rôle un instant.

— Voilà qui est très fort !

— L'exécution de leur complot fut fixée au 1ᵉʳ juin.

— Hier par conséquent.

— Hier, oui, capitaine. Ce jour-là, M. de Chavigny devait aller et alla en effet passer la journée au couvent des chartreux. A l'heure où les soldats quittèrent la chambre pour dîner, le duc demanda à La Ramée de lui permettre de se promener dans une galerie basse au-dessous de son logement ; l'officier y consentit et l'accompagna ; le geôlier, prétextant une légère indisposition, n'avait pris qu'un doigt de vin à la table de ses camarades, et en se retirant, il les avait enfermés. Parvenu à la galerie, il en ferma les portes et réuni au duc, il garrotta La Ramée, lui lia les pieds et les mains, lui introduisit une poire d'angoisse dans la bouche, et le réduisit ainsi à l'impossibilité de s'opposer à leur évasion. Le duc de Beaufort pouvait tuer cet homme ; mais il lui répugnait de verser le sang, il préféra lui laisser la vie ; cependant les cordes dont s'étaient muni les prisonniers étaient trop courtes ; ils firent une rude chute dans le fossé, le duc s'évanouit ; le geôlier, revenu de son étourdissement, se releva sans avoir rien perdu de son courage; il chargea le duc sur ses épaules et le porta jusqu'à un endroit où se tenaient cinq hommes apostés qui lui jetèrent d'autres cordes; le geôlier attacha solidement le duc, s'attacha lui-même, puis tous deux furent hissés par leurs complices du dehors. Parvenu au sommet du mur de clôture, le geôlier demeura un instant immobile; il étouffait; la corde trop tendue lui serrait la poitrine; un effort désespéré le sauva. Je dois ajouter qu'en cette circonstance comme précédemment à la sortie de la galerie, le geôlier avait passé le premier; le duc l'avait exigé ainsi. Cinquante cavaliers et plusieurs chevaux de main attendaient hors de l'enceinte; le duc de Beaufort était libre ! il était deux heures de l'après-dîner.

— Le cardinal doit être furieux !

— Oui, mais il ne le laissera pas voir; il feint au contraire d'être très satisfait de l'évasion de son prisonnier; il récrimine contre la reine, sur laquelle il essaie de faire retomber tout l'odieux de l'arrestation du duc de Beaufort.

— En effet, c'est bien toujours le même Italien, vil et rusé.

— Ce qui ne l'a pas empêché de destituer M. de Chavigny, qui n'en peut mais, et d'avoir lancé un ordre d'arrestation contre le prince de Talmont, ami intime du duc de Beaufort, et qu'il soupçonne d'avoir favorisé son évasion.

— Qu'est-ce que vous dites donc, maître Parizot ? le prince de Talmont est arrêté ?

— Je ne dis pas cela, capitaine, Dieu m'en garde ! je dis seulement que le cardinal en a donné l'ordre, et bien injustement à mon avis.

— Pourquoi donc cela ?

— Mon Dieu ! parce que le pauvre prince est en ce moment trop triste, et trop ennuyé de ses propres affaires, pour songer à sa politique.

— Je ne vous comprends pas.

— C'est vrai vous ignorez tout cela, vous, capitaine; parlons d'autre chose.

— Non pas, s'il vous plaît; continuons, au contraire, si cela vous est égal.

— Comme il vous plaira, capitaine, cependant je vous avoue que je préférerais vous entretenir de tout autre sujet moins scabreux.

— Scabreux ? fit le capitaine avec surprise.

— Oui, pour moi. L'homme qui a fait évader le duc est mon cousin, et de plus intendant du prince de Talmont.

— Je comprends à présent comment vous êtes si bien au courant de toute cette affaire.

— Nul ne la pourrait mieux connaître que moi, capitaine.

— Mais si le prince n'est pas arrêté, où est-il donc?

— Je ne vous ferai pas de mystères; c'est lui qui commandait les cinquante gentilshommes qui attendaient le duc à sa sortie du donjon de Vincennes.

— Peste ! le tour qu'il a joué là au cardinal est assez noir, pour un homme qui ne s'occupe pas de politique !

— Il est allié de si près au duc de Beaufort !

— Je le sais.

— Vous le connnaissez ?

— Beaucoup. Je vous dirai même que c'est à cause de lui que je suis à Paris.

En un tour de main, il eut saisi un garçon par l'oreille, lui glissant une pistole dans la main pour conquérir ses bonnes grâces.

Le maître peaussier lança, au soi-disant capitaine, un regard interrogateur, que celui-ci supporta sans se troubler le moins du monde.
— Ah! fit-il.
— Oui, reprit froidement le capitaine; j'arrive du Poitou, où le prince a, vous le savez, de grandes propriétés, tout exprès pour le voir.
— Vous jouez de malheur, le prince n'est pas à Paris en ce moment.

— A mon grand regret ; j'avais un service à lui demander.
— Vous le voyez, le moment est mal choisi.
— N'en parlons plus ; je verrai d'un autre côté ; j'ai de bonnes connaissances à la cour.
— Vous aurez raison de vous en servir.
— C'est ce que je ferai : c'est égal, cela me chagrine fort ; ma famille a toujours eu les plus excellentes relations de voisinage avec celle de Talmont.
— Ah ! vos propriétés sont voisines.
— Oui, mais si le prince de Talmont est absent, le prince de Montlaur ne l'est pas sans doute.
— De quel prince de Montlaur parlez-vous, capitaine ?
— Pardieu ! du fils aîné du prince de Talmont ; ne le connaissez-vous point ?
— Pardon, capitaine, j'avais au contraire l'honneur de beaucoup le connaître.
— Comment vous aviez ?
— Ignorez-vous donc qu'il est mort ?
— Mort ! le prince de Montlaur ! s'écria le capitaine avec un geste de surprise et d'incrédulité ; vous vous gaussez de moi, maître Parizot.
— Plût à Dieu qu'il en fût ainsi, capitaine, et que le prince de Montlaur et son frère le marquis vécussent encore !
— Le marquis de la Roche-Taillée est mort aussi ?
— Hélas ! oui.
— Voilà qui me confond ! Comment ces horribles malheurs sont-ils donc arrivés ?
— Je ne saurais vous donner de détails précis à ce sujet ; on raconte beaucoup d'histoires invraisemblables ; ce qui paraît le plus probable, c'est que le prince et son frère se sont, il y a un mois environ, noyés pendant une partie de pêche en mer, près des Sables-d'Olonne.
— Une partie de pêche ? fit le capitaine en hochant la tête.
— Voilà ce que l'on dit.
— Et vous ne le croyez pas, vous !
— Peut être ? mais de quelque façon que ce malheur soit arrivé, le fait de la mort des deux pauvres jeunes gens n'est que trop certain.
— Le prince de Talmont doit être au désespoir ?
— Il a failli devenir fou de douleur, en recevant cette affreuse nouvelle.
— Malheureux prince ! ne lui reste-t-il pas un fils ?
— Oui, un enfant de seize ans à peine ; il porte aujourd'hui le titre et le nom de Montlaur ; son père l'a envoyé en Allemagne, où il doit demeurer jusqu'à sa majorité ; ce qui me fait supposer qu'il y a dans toute cette affaire quelque chose de sinistre et de mystérieux que l'on ignore, mais dont le prince de Talmont est, lui, bien informé.
— Vous pourriez bien avoir raison, maître Parizot.
— Oui, oui, fit-il tristement, je sais bien des choses que je ne puis dire, le respect me ferme la bouche ; il ne m'appartient pas de divulguer les secrets du prince, mais j'en sais sur cette affaire plus long qu'on le suppose.

Le capitaine fixa pendant un instant sur son interlocuteur un regard d'une expression singulière, puis il se leva et le saluant avec un sourire légèrement railleur :

— Mon cher maître Parizot, lui dit-il, je suis heureux d'avoir fait votre connaissance ; je vous remercie des précieux renseignements que vous m'avez donnés, avec une si inépuisable complaisance. Votre conversation est des plus attrayantes ; je ne me lasserais jamais de vous écouter ; mais des raisons de la plus haute importance me contraignent à prendre congé de vous à mon grand regret. Adieu donc, cher monsieur Parizot.

Le capitaine salua une dernière fois, tourna sur les talons et quitta la *Pomme de pin*.

Son laquais l'attendait à l'endroit convenu. Il se mit en selle, passa sur la rive droite de la Seine et se dirigea vers le Palais-Cardinal. Arrivé à l'angle de la rue Croix-des-Petits-Champs et de la rue Saint-Honoré, le capitaine s'arrêta devant un hôtel d'une belle apparence, jeta la bride à son laquais et entra dans l'hôtel.

Plusieurs laquais, dont un tenait en bride une jolie mule grise, se trouvaient dans la cour.

En apercevant le capitaine ils se découvrirent respectueusement ; l'un d'eux s'approcha de lui le chapeau à la main.

— Est-ce que le docteur va sortir ? demanda le capitaine.

— C'était son intention, monsieur le comte, répondit le valet ; mais dès qu'il saura l'arrivée de monsieur le comte, mon maître restera certainement pour le recevoir.

— Veuillez alors lui annoncer tout de suite que je désire causer avec lui.

— Si monsieur le comte veut me suivre ?

— Allons.

Le valet, toujours précédant le visiteur, lui fit traverser plusieurs appartements somptueusement meublés, enfin il s'arrêta devant une porte à laquelle il gratta doucement, puis il l'ouvrit, s'effaça pour laisser passer l'étranger, et annonça :

— M. le comte de Manfredi-Labaume !

Le comte entra ; la porte se referma derrière lui.

Le comte se trouvait dans le cabinet du docteur Guénaud.

Le célèbre médecin était assis derrière un immense bureau, chargé de livres et de papiers de toutes sortes ; il regardait son visiteur avec une expression de surprise qui, dans toute autre circonstance, eût été bouffonne.

— Vous ! c'est vous ! murmura-t-il.

— C'est moi, docteur, répondit le comte. D'où provient cet étonnement inexplicable ? ne m'attendiez-vous donc pas ?

— Si, je vous attendais, mon cher Ludovic, s'écria le docteur en essayant de se remettre de la rude secousse qu'il venait d'éprouver ; mais...

— Mais, répondit le comte en souriant, vous auriez été charmé que je vous eusse manqué de parole.

— Oh ! je ne dis pas cela, mon ami ! s'écria le docteur.

— Non ; vous le pensez, voilà tout. Voyons, docteur, un peu de courage ; je n'ai pas l'intention de vous fatiguer longtemps de ma présence.

— Hélas! mon ami, croyez bien que si je suis inquiet, c'est pour vous seul.

— S'il en est ainsi, rassurez-vous, je ne cours aucun danger ; le seul ennemi que j'avais à redouter était le prince de Talmont.

— Il est bien puissant, mon ami.

— Il l'était, voulez-vous dire ; quant à présent, ce n'est plus qu'un proscrit, un fugitif comme moi. Oh ! je suis bien renseigné ; il a favorisé la fuite du duc de Beaufort ; il tient la campagne avec lui ; vous voyez donc que je suis en sûreté. Vous me permettez de m'asseoir, n'est-ce pas ?

— Oh ! que d'excuses, mon cher Ludovic ! s'écria le docteur en se levant respectueusement pour lui avancer un siège ; je suis tellement troublé !

Le comte s'assit en souriant, et après une ou deux minutes de silence :

— Mon cher docteur, reprit-il, ainsi que je vous l'ai dit, je ne veux pas vous importuner longtemps ; mais encore est-il nécessaire que, après avoir fait, tout exprès pour m'entretenir avec vous de choses urgentes, un voyage de plusieurs centaines de lieues, vous me laissiez vous expliquer, bien en détail, ce que j'attends de votre amitié.

Le docteur, sans répondre, agita une sonnette placée près de lui sur son bureau.

Un valet parut.

— Je n'y suis pour personne, dit le médecin.

Le valet salua et sortit en refermant la porte.

— Maintenant que vous ne craignez plus d'être interrompu, parlez, je vous écoute.

— Je veux, avant tout, dissiper les préventions que vous nourrissez contre moi : le prince de Montlaur a écrit à son père une lettre qui vous a été communiquée, et dans laquelle, quelques instants avant de mourir, il fait ses adieux à sa famille.

— C'est vrai, j'ai lu la lettre ; je vous avoue qu'elle m'a fort affligé.

— Vous avez sans doute supposé à l'instant que j'avais faussé la parole que je vous ai donnée ; que j'avais tué ou fait tuer ces deux jeunes gens ? convenez-en, docteur.

— J'en conviens : j'ai eu cette pensée.

— Et peut-être vous l'avez encore. Eh bien! docteur, vous vous êtes, ou plutôt vous vous trompez ; cela me peine d'être aussi mal connu de vous, qui m'avez vu naître ; non, je n'ai pas tué, ou fait tuer mes ennemis ; pas un cheveu n'est tombé de leur tête ; pour la seconde fois, je vous en donne ma parole de gentilhomme ! Me croyez-vous ?

— Certes, je vous crois ; je suis heureux de cette affirmation. Que sont-ils donc devenus ?

— Ceci est mon secret ; peut-être l'apprendrez-vous un jour par eux-mêmes, s'ils reparaissent jamais, ce dont je doute ; qu'il vous suffise de savoir qu'ils sont saufs et hors de mon pouvoir.

— Je n'insisterai pas davantage sur ce sujet ; je vous remercie, mon cher

Le jeune homme s'inclina.

— Passons à ce qui me regarde directement. Ma sœur ?

— Ainsi que vous m'en avez prié, je l'ai fait transporter au château de Labaume. Par un hasard providentiel, nul, pas même votre mère, ne s'était aperçu de son enlèvement. Lorsque la pauvre Sancia s'est éveillée, elle a été toute surprise de me voir à son chevet. Je lui ai en deux mots expliqué ma présence; et cela d'autant plus facilement que, depuis quelques jours, appelé de Paris, par elle-même, ainsi que vous le savez, je lui faisais de fréquentes visites. Elle n'a conservé aucun souvenir de ce qui s'est passé depuis son enlèvement; j'ai réussi, avec assez de difficultés, à lui persuader qu'elle s'était trompée, que jamais elle n'avait été grosse; que par conséquent elle n'avait pas à redouter les suites de sa faute, ou plutôt du crime de son séducteur. Cette assurance lui a rendu le courage et a puissamment aidé à son rétablissement. Aujourd'hui elle est convaincue de la vérité de ce que je lui ai dit. Depuis quinze jours Mᵐᵉ de Labaume et notre chère Sancia sont arrivées à Paris; j'ai acheté pour elles, sur les fonds que vous m'avez confiés, un hôtel situé dans cette rue, à quelques pas à peine de celui-ci. Ces dames seront très heureuses de vous voir; votre longue absence les inquiète. Sancia me parle de vous chaque fois que je lui fais visite. Êtes-vous satisfait? ai-je bien compris vos intentions?

— Les expressions me manquent, mon cher docteur, dit le comte avec émotion, pour vous exprimer ma gratitude; ce que vous avez fait ne m'étonne pas; je savais à l'avance que je pouvais compter sur vous. Puis-je y compter encore?

— Toujours, mon cher enfant, pour tout ce qui dépendra de moi.

— Bien entendu, fit le comte avec un léger sourire.

Il y eut un court silence, chacun des deux interlocuteurs réfléchissait.

Le comte prit plusieurs papiers dans une poche de son pourpoint et les conservant dans sa main :

— Mon cher docteur, reprit-il, ce que vous avez fait jusqu'à présent pour moi n'est rien, en comparaison de ce que j'attends encore de vous.

— Expliquez-vous.

— Pardon, je m'aperçois que vous n'avez pas dépouillé votre courrier.

— En effet, j'allais le faire quand vous êtes entré

— Que je ne vous gêne pas.

— Oh! rien · c presse.

— Peut-être? Lisez ces quelques lettres qui sont là.

— A quoi bon?

— Je vous en prie

Le docteur lui jeta un regard interrogateur; le comte sourit et fit un geste affirmatif. Le médecin, assez surpris, se décida à ouvrir les lettres.

Quelques minutes s'écoulèrent; tout à coup le docteur se redressa.

— Qu'est-ce que cela signifie? s'écria-t-il.

— Quoi donc? demanda le comte d'un air indifférent.

— Lisez cette lettre.

— C'est inutile, docteur, je sais ce qu'elle contient ; c'est à ma prière que l'amiral comte de Chabannes a consenti à vous l'écrire.
— Eh quoi! vous avez donné votre démission de capitaine de frégate?
— Oui.
— Vous vous êtes battu en duel?
— Avec le chevalier de Coigny, oui, docteur.
— Et...
— Et j'ai été tué, interrompit-il de la même voix légèrement railleuse ; mais rassurez-vous, cher docteur, si je suis mort pour tous, pour vous, mais pour vous seul, je suis bien vivant.
— Mais au nom du Ciel, pourquoi?...
— Parce que, dit le comte avec une certaine vivacité, implacable pour les autres, je dois l'être pour moi ; je m'applique à moi-même la loi du talion ; après avoir jugé les coupables, je me suis jugé ; comme eux, je disparais. Peut-être, ajouta-t-il d'une voix profonde, Dieu me pardonnera-t-il de m'être fait justice à moi-même, devant le châtiment terrible que je m'impose.
— Mon ami, s'écria le docteur d'une voix tremblante d'émotion, j'admire votre grandeur d'âme, mais, je vous en supplie, songez à votre mère, songez à votre sœur!
— Docteur, j'ai réfléchi ; ma résolution est prise ; n'insistez donc point, ce serait inutile.
— Hélas! murmura le docteur, en baissant la tête avec accablement.
— Prenez ces papiers, continua le comte ; il faut en finir, mon vieil ami, cette scène me tue ; si cela durait encore, je deviendrais fou ou je tomberais mort à vos pieds.
— Je vous obéis, répondit le docteur, en prenant machinalement les papiers que lui tendait le comte ; quoi que vous exigiez de moi, je le ferai ; je vous le jure.
— Je le savais. Voici mon testament ; il est antidaté d'un an, entièrement écrit de ma main ; je vous nomme tuteur de ma sœur, à laquelle je lègue toute ma fortune dont vous verrez le détail ; elle s'élève, je crois, à près de trois millions de livres, en terres, bons de caisse, etc. Je suis le dernier de mon nom ; le chef de ma famille ; il n'y aura donc aucune difficulté pour mettre ma sœur en possession de mes biens ; acceptez-vous cette mission de dévouement?
— Je l'accepte, oui, mon ami ; mais ne reverrez-vous pas votre mère, votre sœur?
— Relisez la lettre de l'amiral de Chabannes, mon cher docteur, répondit-il avec amertume, et voyez la date ; je suis mort le 17 mai ; nous sommes aujourd'hui le 2 juin, voilà seize jours que ma succession est ouverte ; dans l'intérêt même de ma sœur, je ne dois pas la voir, bien que j'aie le cœur brisé.
En ce moment un valet parut.
— Que voulez-vous? demanda le docteur ; n'ai-je pas dit que je n'y étais pour personne?
— Mmes la marquise douairière de Manfredi-Labaume, et Sancia de Manfredi-Labaume, insistent pour voir le docteur Guénaud, répondit respec- le valet.

Les deux hommes échangèrent un regard d'une expression étrange.

— Dans cinq minutes j'aurai l'honneur de recevoir ces dames, dit le docteur d'une voix à peine articulée ; allez.

Le valet salua et sortit.

— Vous le voyez, docteur, dit le comte, dont le visage était pâle comme un suaire, elles aussi ont reçu la nouvelle de ma mort. Mon Dieu ! mon Dieu ! plus rien au monde ! ah ! c'est à moi que j'ai imposé le châtiment le plus terrible !

Il passa à plusieurs reprises sa main sur son front, se redressa, et, après quelques secondes :

— Adieu, docteur, dit-il avec des larmes dans la voix, adieu pour toujours !

Le docteur lui ouvrit ses bras ; les deux hommes demeurèrent assez longtemps embrassés, sans échanger une parole.

— Allons, s'écria enfin le comte, pas d'indignes faiblesses ! il le faut ! par où me ferez-vous sortir ?

— Venez, répondit le docteur.

Il guida le comte par des corridors de dégagement, jusqu'à une porte dérobée qu'il ouvrit.

— Adieu, docteur, dit le comte, je vous les recommande, elles n'ont plus que vous maintenant !

— Je serai un père pour votre sœur, je vous le jure, Ludovic ; mais ajouta-t-il avec hésitation, il y a une pauvre créature dont vous ne m'avez rien dit ; elle n'est pas coupable et pourtant une malédiction terrible pèse sur sa tête.

— Mon vieil ami, dit le comte dont les sourcils se froncèrent, et qui pâlit encore davantage, ce qui semblait impossible, je ne comprends pas, je ne veux pas comprendre à qui vous faites allusion.

— Ludovic !...

— Dès que j'aurai franchi le seuil de cette porte, interrompit-il vivement, je n'existerai plus pour personne au monde ; vous êtes mon exécuteur testamentaire, le tuteur de Sancia, votre cœur vous dictera la conduite que vous devez suivre. Adieu ! adieu ! s'écria-t-il d'une voix étouffée.

Et après avoir à plusieurs reprises serré les mains du médecin, il descendit rapidement l'escalier, sans vouloir en entendre davantage.

Le docteur demeura un instant immobile, haletant, désespéré.

— C'est un cœur de lion, murmura-t-il ; pauvre Ludovic ! pourquoi faut-il que la fatalité ait brisé sa grande âme !

Il hocha tristement la tête, étouffa un soupir, essuya les larmes qui baignaient son visage et regagna, en chancelant, son cabinet, où l'attendaient, pâles, anxieuses, désolées la mère et la sœur de celui qui venait de s'appliquer si impitoyablement la loi du talion.

. . . .

Bien des années s'écoulèrent ; jamais le comte Ludovic de Manfredi-Labaume ne reparut ; son nom lui-même ne tarda pas à être oublié, au milieu des événements politiques qui agitèrent la France, pendant la minorité du roi Louis XIV.

FIN DU PROLOGUE

PREMIÈRE PARTIE

L'OLONAIS

I

COMMENT UN FANTOME APPARUT A L'ÉQUIPAGE DE LA PIROGUE ESPAGNOLE LE « SAN-JUAN-DE-DIOS » ET CE QUI EN ADVINT

C'était le 15 juillet 1674. Il était deux heures du matin.
La mer était grosse et moutonneuse comme à la suite d'un ouragan. La lune très brillante dans un ciel équatorial diamanté d'étoiles scintillantes, disparaissait parfois sous quelques nuages chassés en fugue par le vent du sud-est, mais ne tardait pas à argenter de nouveau le sommet des lames frangées d'écume et à se mirer aux surfaces de la houle.
Une pirogue de guerre espagnole filait silencieuse et sombre le long de la côte de l'île de Cuba, dont elle ne s'éloignait qu'à la distance de deux encablures au plus, afin de se dissimuler sous l'ombre protectrice projetée au loin par les hautes montagnes de l'île.
Nous décrivons en quelques mots ce léger bâtiment dont le type est aujourd'hui perdu mais qui, à l'époque dont nous parlons, était fort employé dans les Antilles et rendait de grands services pour les voyages se rapportant surtout au cabotage.
Cette pirogue, longue de quatre-vingt-dix pieds de roi et large de dix-huit, s'effilait beaucoup sur l'avant, mais conservait une largeur moyenne de six pieds à l'arrière.
C'était une espèce de demi-galère portant cent vingt hommes d'équipage et une chiourme de quarante avirons. Quatre pierriers en batterie étaient à son arrière, et un canon de neuf pieds de long et de six livres de balles, était braqué à son avant. La profondeur de cette pirogue était de cinq pieds et sa légèreté telle, qu'elle ne tirait pas plus d'un pied et demi d'eau ; elle pouvait ainsi remonter les rivières jusqu'à une certaine hauteur.
Celle dont nous nous occupons, nommée le *San-Juan-de-Dios*, avait deux mâts portant des voiles latines ; mais en ce moment ces mâts étaient couchés sur des chandeliers, c'est-à-dire sur de longues fourches de fer, plantées au milieu du bâtiment.
Le *San-Juan-de-Dios* avait quitté la Havane un peu avant le lever du soleil, mais aussitôt au large le capitaine l'avait fait démâter, les avirons avaient été garnis aux portants et on ne s'était plus avancé qu'à la rame.
Au moment où nous reprenons notre récit, excepté le capitaine qui, une

Un cadavre dont on ne pouvait que vaguement apercevoir les contours était garrotté contre lui.

longue-vue de nuit à la main, semblait interroger anxieusement la pleine mer et se promenait avec agitation à l'arrière, la vigie placée près du canon de chasse, et le matelot qui tenait le gouvernail, tout l'équipage semblait dormir, sauf bien entendu la chiourme qui, excitée par les comités, manœuvrait machinalement le bâtiment.

Cette chiourme était entièrement composée d'esclaves caraïbes : pauvres misérables Indiens que les Espagnols traitaient avec une dureté extrême, et dont l'esclavage était cent fois plus dur que celui que les musulmans imposaient aux chrétiens, quand ils tombaient entre leurs mains.

Cependant, près du panneau de l'arrière, et à demi dissimulés au milieu d'un fouillis de voiles, deux hommes, assis l'un à côté de l'autre et le dos appuyé contre une embarcation légère, le seul canot que possédât la pirogue, causaient entre eux à voix basse avec une certaine animation.

Particularité singulière, et qui mérite d'être notée, ces deux hommes portaient le costume des aventuriers de la Tortue, costume que nous aurons l'occasion de décrire bientôt ; et de plus la langue qu'ils employaient était la langue française.

Ces deux hommes semblaient tous deux avoir dépassé la quarantaine de cinq ou six ans ; ils avaient les traits durs, hautains, la physionomie farouche et le regard sombre.

La présence de deux aventuriers, ces ennemis implacables de la race castillane, à bord d'un navire espagnol pouvait sembler d'autant plus extraordinaire que ces individus paraissaient être libres et avaient conservé leurs armes, c'est-à-dire leur long fusil de boucaniers et leur gaine en peau de crocodile, contenant trois couteaux et une baïonnette.

A la suite de quels événements se trouvaient-ils à bord du *San-Juan-de-Dios* ? C'était ce que nul à bord, sinon le capitaine, n'aurait pu dire.

Au moment où la cloche piqua les deux coups doubles qui signifient deux heures, les aventuriers se levèrent, s'étirèrent les bras comme pour se dégourdir les membres et allèrent nonchalamment s'appuyer sur la lisse de la pirogue.

— Une belle mer, dit l'un.

— Et une nuit magnifique, répondit l'autre.

— Combien de fois, reprit le premier, pendant les nuits étoilées de la Méditerranée, alors que je ramais dans la chiourme de Djemil-Hadji-Aga, j'ai maudit la vie et désiré la mort !

— Oui, fit le second ; parce que alors tu étais esclave, sans probabilité de rachat.

— Et sans espoir de me venger un jour ! interrompit vivement le premier. Mais aujourd'hui tout est changé pour nous. Tu es venu à mon secours, Chanteperdrix ; tu m'as racheté à mon maître ; je suis libre, et bientôt celui que nous poursuivons depuis si longtemps sera en notre pouvoir. Alors...

— Ne te hâte pas de former des projets, interrompit celui qu'on venait de nommer Chanteperdrix. Tout ce que se proposent les hommes est sujet à erreur. Un grain de sable arrête la marche d'un char. Vingt fois déjà nous avons cru réussir et vingt fois nous avons échoué. Notre ennemi est plus fort que nous ; il est puissant, riche, entouré d'amis dévoués ; la mission que nous nous sommes donnée est hérissée d'obstacles ; prends garde, Chat-Tigre, n'oublions pas que nous sommes changés de lions en renards ! Soyons prudents !

— Tout cela est vrai. Tes observations sont d'une incontestable justesse ; mais tu oublies que notre position n'est plus aujourd'hui ce qu'elle était il y a dix mois, quand nous errions presque en mendiants à travers les bourgades de la Normandie. Nous sommes riches, nous avons des alliés puissants, et un de nos agents les plus importants va nous rejoindre sous quelques jours

— Je t'avoue, Chat-Tigre, que je ne partage pas ton engouement pour ce homme. Il a une face de traître et tous les dehors d'un misérable ; en admettant même qu'il soit loyal, ce n'est après tout qu'un officier subalterne de la Compagnie des Indes, dont l'influence est sans doute fort minime à la Côte et auquel, vu les services qu'il peut nous rendre, tu as confié beaucoup plus de nos secrets que tu n'aurais dû le faire, à mon avis.

— Te voilà toujours avec tes méfiances et tes antipathies ! Que risquons-nous ? S'il cherche à nous trahir, nous pourrons facilement nous en débarrasser. Enfin c'est un joueur et un débauché, je l'admets ; mais de là à être un traître, il y a un abîme.

— C'est possible ; mais crois-moi, prends garde à lui. Tu sais que j'ai été dans les ordres ; or notre plus grande vertu, à nous autres membres du clergé, c'est la prudence. Ne perds pas cet homme de vue. Notre position est bonne, c'est vrai ; raison de plus pour ne pas la compromettre follement. Cette fois, si nous étions pris et reconnus, nous n'avons pas à nous dissimuler que nous serions pendus haut et court. Que sommes-nous en effet ? des traîtres. Nous pouvons nous dire nos vérités l'un à l'autre, nous sommes frères par le sang et complices par la vengeance. Le gouvernement espagnol ne donne rien pour rien ; les onces qui garnissent nos ceintures, celles en bien plus grand nombre qui les suivront, tu sais ce qu'elles nous coûtent.

— C'est vrai, répondit le Chat-Tigre, mais cependant, si ce marché était à refaire, je n'hésiterais pas plus que la première fois. D'ailleurs, nous ne trahissons pas la France.

— Voilà une distinction qui me paraît un peu bien subtile, fit l'autre.

— Nullement, elle est toute naturelle au contraire.

— Voyons comment tu me prouveras cela ?

— Oh ! bien facilement. Tu admets avec moi que les *Ladrones*, comme les nomment les Espagnols, ou les Frères de la Côte, comme ils se nomment eux-mêmes, c'est-à-dire les boucaniers, les flibustiers et les habitants de l'île de la Tortue et de la côte de Saint-Domingue, ne sont pas autre chose que des bandits sans foi ni loi, n'appartenant à aucun pays, ne reconnaissant aucun gouvernement et qui sont, pour me servir d'une expression anglaise qui rend énergiquement ma pensée, *outlawed*, c'est-à-dire mis hors la loi par toutes les nations ?

— Cependant ces hommes, quels qu'ils soient, ont un gouverneur français ?

— Pardon ! ils ont, ce qui n'est pas la même chose, un gouverneur nommé par la Compagnie des Indes ! S'ils paient au roi de France une dîme d'un dixième sur leurs parts de prises, c'est un honteux tribut que le roi Louis XIV devrait rougir de recevoir ; car il leur vend ainsi l'autorisation de commettre tous les crimes sous la sauvegarde de son drapeau. Mais il ne les reconnaît pas pour ses sujets, titre que, du reste, les flibustiers ne voudraient pas accepter.

— Et tu conclus de cela ?

— Tout naturellement que le roi de France n'est pas le souverain de l'île de la Tortue ; que cette île appartient à une compagnie commerciale ; par conséquent, en nous en emparant pour la livrer à l'Espagne ainsi que nous nous y sommes engagés, nous faisons un acte, sans doute hasardeux, mais qui n'entache en rien la fidélité que nous devons au roi de France, en supposant même que nous puissions encore être considérés comme ses sujets.

— Voilà des raisons plus que spécieuses. Mais pourquoi dis-tu : si nous pouvions être encore considérés comme sujets du roi de France? Il me semble que tant que nous vivons et vivrons, nous sommes et serons sujets du roi de France.

— Voilà ce que je n'admets pas, mon frère; je ne comprends pas ton observation. Nous sommes morts, tout ce qu'il y a de plus morts; tu le sais mieux que personne. Nos actes de décès ont été parfaitement inscrits et publiés, et cela si bien, que nos propriétés sont passées à nos héritiers.

— Ceci est une question à débattre. Vengeons-nous d'abord. Quand nous nous serons vengés, si nous y réussissons, il nous sera facile, je n'en doute pas, d'établir notre identité, de prouver que nos actes de décès ont été dressés sur de fausses indications et qu'au lieu d'être morts, nous avons seulement été absents. Or, remarque bien ceci : nous avons le droit d'établir cette absence pendant plusieurs années encore, puisque le guet-apens dont nous avons été les victimes ne remonte pas au delà des limites établies par la loi, pour la reconnaissance des droits des absents.

— Es-tu sûr de cela?

— Parfaitement sûr. Voilà pourquoi il est important, je te le répète, d'agir avec la plus extrême prudence, et d'éviter surtout d'être reconnus pour ce que nous sommes réellement. Les noms de Chat-Tigre et Chanteperdrix sont d'excellents noms de guerre; qu'ils soient notre sauvegarde jusqu'à nouvel ordre. J'insiste sur ce point, parce que je redoute beaucoup les confidences que tu as faites à ce misérable officier de la Compagnie.

— Je te donne ma parole, encore une fois, mon ami, que je ne lui ai rien dit qui puisse nous compromettre.

— Dieu veuille qu'il en soit ainsi, mon frère! Mais tu conviendras avec moi que, par une fatalité inexplicable, nos projets les mieux conçus, nos combinaisons les plus profondes ont toujours échoué par ta faute; ou, pour mieux dire, à cause de la trop grande facilité avec laquelle tu te lies et donnes ta confiance.

— Je passe condamnation, mon frère; cependant je ne me crois pas aussi coupable que tu m'accuses de l'être.

En ce moment de grands cris se firent entendre : cris de frayeur et d'étonnement. Plusieurs matelots, réveillés en sursaut, se tenaient sur la lisse, et considéraient d'un air effaré un objet qui semblait flotter sur la mer, mais que les deux hommes ne pouvaient apercevoir.

Les matelots espagnols, en proie à une terreur indescriptible, faisaient signes de croix sur signes de croix et marmottaient des prières; le capitaine lui-même tremblait de tous ses membres, et était blanc comme un suaire.

Les deux aventuriers, ne pouvant obtenir aucune réponse raisonnable des hommes de l'équipage, s'élancèrent sur l'arrière, et dirigèrent leurs regards vers le point qui attirait l'attention de l'équipage.

Un frisson de terreur agita leurs membres, à la vue du spectacle étrange qui s'offrit à leurs yeux.

Dans le sillage de la pirogue, on voyait s'élever et s'abaisser tour à tour, un homme saillant de la mer jusqu'à la ceinture et qui, aux reflets fantastiques de la lune, semblait lancer sur l'équipage des regards menaçant.

Son visage était livide, ses traits convulsés par une horrible souffrance; une grimace, ou plutôt un rictus affreux donnait à sa physionomie une expression de méchanceté terrible. Il semblait parfois marcher sur les flots dont, par moments, il émergeait tout entier.

Un cadavre, dont on ne pouvait que vaguement apercevoir les contours, était garrotté contre lui et, chose qui étonnait et effrayait surtout les matelots, on eût dit qu'il suivait la pirogue et ne voulait pas s'en éloigner.

Cette scène affreuse durait depuis un quart d'heure environ lorsque, tout à coup, le fantôme fit un bond comme pour s'élancer à bord de la pirogue, puis s'enfonça dans un tourbillon d'écume pour ne plus reparaître.

Les deux aventuriers étouffèrent un cri d'horreur, reculèrent en trébuchant et allèrent, pâles et effarés, les cheveux hérissés et le front couvert d'une sueur froide, tomber haletants et demi-fous de terreur, contre le capot de la chambre.

Ils avaient reconnu dans ce spectre sinistre l'officier de la Compagnie des Indes, dont ils avaient fait leur complice.

Que s'était-il passé et par suite de quelle effroyable catastrophe, cet homme se trouvait-il, cadavre lui-même, attaché à un autre cadavre, ballotté en pleine mer par les flots de l'Atlantique?

Cette fantastique apparition, qui cependant n'avait rien de surnaturel et dont les personnes qui connaissent un peu les lois de la physique, comprendront parfaitement les causes, produisit un effet terrible sur l'esprit superstitieux des ignorants Espagnols qui en furent témoins. Ils y virent un mauvais présage.

Ils commencèrent à chuchoter entre eux, et à se communiquer leurs impressions; bientôt les deux frères s'aperçurent qu'ils faisaient le sujet des conversations de l'équipage, dont les regards se tournaient vers eux avec une expression qui n'avait rien d'amical.

Les traîtres ont ce malheur, qu'implique leur trahison, que ceux-là mêmes qui les emploient et les paient le plus cher, n'éprouvent pour eux que mépris et dégoût.

Les matelots du *San-Juan-de-Dios* savaient parfaitement dans quel but les deux aventuriers étaient à bord; ils ne leur avaient pas adressé la parole, depuis les sept ou huit heures que durait le voyage; ils les tenaient à l'écart; en un mot, pour nous servir d'une expression maritime caractéristique, il les avaient mis en quarantaine.

Les aventuriers, trop hautains de leur nature pour essayer de lier connaissance et de s'attirer la sympathie de gens qu'ils considéraient comme au-dessous d'eux, n'avaient pas semblé s'apercevoir de l'isolement systématique dans lequel on les avait laissés.

Mais maintenant la situation changeait pour eux; elle commençait même à devenir menaçante. Force leur était d'entendre les murmures des matelots. Leur parti fut vite pris. Ils allèrent trouver le capitaine.

Celui-ci était un brave et digne homme, excellent marin, mais ignorant, crédule et peut-être plus superstitieux à lui seul que tout son équipage réuni.

Il reçut fort mal les observations des deux frères ; comme ses matelots, il était convaincu que l'on devait attribuer à leur présence à bord l'apparition du fantôme qui les avait si fort effrayés.

Ce n'avait été qu'à son corps défendant et pour obéir à ses chefs, qu'il avait consenti à prendre à son bord ces passagers de mauvais augure.

— Señores, leur dit-il nettement, des hommes comme vous sont une lourde charge à bord d'un navire honnête ; mes matelots ont raison.

En ce moment ces derniers avaient fini de se concerter ; ils quittèrent l'avant et se dirigèrent vers le capitaine. Arrivés près du capot de la chambre ils s'arrêtèrent et l'un d'eux, au nom de ses camarades, demanda à lui soumettre une observation.

— Parle, mon garçon, dit le capitaine. Qu'avez-vous à me dire ?

— Capitaine, fit le matelot, après ce qui vient de se passer, l'équipage est résolu à retourner à la Havane et à débarquer en masse si vous ne consentez pas à délivrer la pirogue des deux hérétiques qu'elle a embarqués. Tant qu'ils resteront avec nous, nous serons exposés à de grands malheurs. L'apparition terrible de tout à l'heure est un avertissement du Ciel, en même temps qu'une injonction d'avoir à nous débarrasser au plus vite de ces deux hommes. Notre devoir de bons catholiques et de loyaux Espagnols est d'obéir au plus tôt. Nous vous prions donc, capitaine, de prendre les mesures nécessaires pour cela.

— Vous voyez ? fit le capitaine en se tournant vers les deux passagers.

— Cependant, dit Chanteperdrix, vous ne pouvez pas, capitaine, nous abandonner en pleine mer ; nous sommes à votre bord en vertu d'ordres supérieurs ; la crédulité stupide de votre équipage ne saurait vous autoriser à manquer à vos devoirs.

— Je n'ai pas besoin qu'on me rappelle mes devoirs, répondit sèchement le capitaine, je les connais mieux que personne. En exigeant votre expulsion, mes matelots ne font pas acte de crédulité stupide, comme il vous plaît de le dire, ils obéissent en chrétiens à un avertissement du Ciel. Vous savez, señores, que Dieu n'autorise pas de semblables manifestations sans un motif sérieux, que savent découvrir ceux qui l'adorent dans la simplicité de leurs cœurs. Cessez donc, je vous prie, de tenir un langage qui ne me convaincra pas. Il dénote votre manque de foi et votre mépris pour la religion. Nous ne voulons pas nous rendres complice de vos impiétés.

Les deux hommes haussèrent les épaules en souriant avec dédain.

— Que prétendez-vous faire ? dit enfin le Chat-Tigre. Vous n'avez pas, je suppose, l'intention de nous jeter à la mer, pour la plus grande glorification de votre superstition. Ce serait commettre un crime réel que Dieu ne laisserait pas impuni.

— Je dois, dit le capitaine, tout en donnant satisfaction aux justes susceptibilités de mon équipage, essayer de concilier mon devoir avec ce que me commande impérieusement l'humanité. Pour cela, je crois que la seule chose que j'aie à faire est de vous descendre dans un canot avec des vivres, et de vous abandonner à la garde de Dieu. Si, comme vous le prétendez, vous êtes des gens honnêtes, la main paternelle et toute-puissante de la Providence s'étendra sur vous; et, j'en ai la conviction, il ne vous arrivera rien pendant les quelques jours de traversée que vous aurez à faire pour atteindre le but de votre voyage. S'il en est autrement, vous n'aurez de reproches à adresser à personne, puisque ce sera Dieu lui-même qui vous aura punis.

Ce discours assez peu clair et que les matelots eurent garde de comprendre, produisit cependant sur eux un excellent effet. Ils ne voulaient que le débarquement des deux aventuriers. Aussi applaudirent-ils avec enthousiasme à la détermination prise par le capitaine, et sans attendre qu'il leur en donnât l'ordre, se mirent en devoir de lancer le canot à la mer.

Les deux frères comprirent que, devant une telle manifestation de la volonté générale, toute résistance était inutile. Heureux de ne pas être maltraités davantage par ces hommes ignorants, ils se résignèrent à leur sort, avec une facilité qui, si elle ne leur attira pas la sympathie de ces gens égarés, les contraignit, du moins, à les traiter avec certains égards; ils se mirent en devoir d'obéir.

Les matelots espagnols, satisfaits de se débarrasser de ces hommes, qu'ils considéraient comme des hérétiques, et dont ils craignaient la mauvaise influence pour la suite de leur voyage, ne firent aucune difficulté pour placer dans le canot non seulement les vivres nécessaires pour une traversée qui, d'après leurs calculs, pouvaient durer une quinzaine de jours; mais encore ils leur donnèrent tous les objets qu'ils crurent pouvoir leur être utiles.

Le Chat-Tigre et son frère descendirent dans le canot.

Dès qu'ils eurent quitté le bord, les matelots poussèrent de joyeux vivats, en agitant leurs chapeaux en l'air; puis on coupa d'un coup de hache l'aussière qui retenait le canot à la pirogue; celle-ci s'éloigna à force de rames avec une telle rapidité que, quelques minutes plus tard, elle n'apparaissait plus que comme un point à l'horizon. Bientôt même elle disparut complètement, aux yeux de ceux qu'elle avait si brutalement abandonnés.

Pendant les événements que nous venons de rapporter, et dont le développement n'avait pas laissé que d'exiger un certain laps de temps, le jour s'était fait. La matinée était splendide, le mer s'était de plus en plus calmée; une brise légère venant du large promettait une navigation assez facile.

Le canot dans lequel avaient été descendus les aventuriers était une bonne embarcation, neuve, légère, maniable, assez grande pour qu'ils pussent s'y trouver à leur aise.

Elle était surtout facile à manœuvrer, et gréée en tartane, ce qui leur assurait une marche rapide, en même temps qu'une plus grande facilité pour tenir la mer par un gros temps; toutes considérations importantes, dans la situation malheureuse où la superstition des matelots avait placé les deux hommes.

Leur premier soin fut de mâter le canot, de s'orienter, de hisser la voile; puis lorsqu'elle se fut gonflée, que l'embarcation eut pris son aire et se fut mise en marche, les deux frères s'assirent à l'arrière; tout en mangeant un morceau de biscuit, ils reprirent la conversation si brusquement interrompue par l'apparition du cadavre de leur complice et leur expulsion du *San-Juan-de-Dios*.

— Dieu me pardonne! dit le Chat-Tigre, on croirait que le Ciel prend plaisir à déjouer tous nos projets, et à faire de nous le jouet des événements les plus singuliers! Notre position n'a semblé s'améliorer un instant que pour devenir tout à coup plus affreuse qu'auparavant.

— Je ne partage pas cette opinion, répondit Chanteperdrix. Je ne vois pas en quoi notre position a empiré; s'il m'est permis de donner franchement mon opinion, je dirai même que je la crois meilleure en ce moment qu'elle n'a jamais été.

— Est-ce parce que nous avons acquis la certitude de la mort tragique de ce drôle, et que nous sommes ainsi délivrés de la crainte de ses trahisons?

— Quand il n'y aurait que cela, Chat-Tigre, ce serait déjà quelque chose. Mais je vais plus loin. Je pense que ce cadavre, en venant sottement danser dans le sillage de la pirogue, comme un farfadet sur la bruyère, nous a rendu un véritable service; voici pourquoi : je n'étais pas, je l'avouerai, sans inquiétude sur la façon dont nous pourrions aborder la côte française de Saint-Domingue. Les flibustiers sont gens hardis et surtout clairvoyants et rusés comme des singes. Nous avions quatre-vingt-dix chances sur cent, pour que la pirogue fût surprise en approchant de Port-Margot ou de Leogane; alors, adieu la réussite de nos projets! notre procès aurait été fait en un clin d'œil; nous aurions été pendus sans rémission.

— Tandis que maintenant? fit le Chat-Tigre en ricanant.

— Maintenant la situation est complètement changée. Si nous tombons aux mains des Espagnols, nous leur montrons la cédule que nous a donnée le gouvernement de Cuba; si, au contraire, ce qui est très probable, dans les débouquements nous faisons la rencontre de quelque pirogue flibustière, eh bien! nous sommes Français, aventuriers; nous serons bien sots, si nous ne réussissons pas à donner le change à nos nouvelles connaissances, et à leur prouver que nous sommes des leurs.

— Tout cela est charmant et parfaitement combiné; mais nous voici en pleine mer sur une coquille de noix, et ne pouvant aborder autre part qu'à Saint-Domingue, dont nous sommes encore très éloignés; qu'il survienne un cyclone, un ouragan ou seulement un vent contraire; nous voilà errants sur l'Atlantique, exposés à y mourir de faim et de soif, ou à être engloutis.

— Ah! si tu prends ainsi la question, il est évident que tu auras raison. Toute médaille a son revers; mais je crois qu'il importe que nous ne fassions pas la situation plus mauvaise qu'elle n'est réellement; qu'au lieu de nous laisser aller au découragement, nous tâchions au contraire de réagir énergiquement contre ce qui nous arrive, et essayer ainsi de nous sortir du mauvais pas dans lequel nous sommes.

« Tu as dit toi-même que nous semblions être le jouet du hasard. Eh! mon Dieu! sois tranquille! le hasard ne nous abandonnera pas et qui sait? peut-être nous réserve-t-il avant peu une agréable surprise!

— Ah! tu es heureux d'avoir un pareil caractère, de pouvoir ainsi te soumettre presque gaiement aux événements les plus tristes.

— Que veux-tu? J'ai tant souffert dans ma vie, que la douleur aujourd'hui n'a plus de prise sur moi, et que la catastrophe la plus terrible, je crois, ne

Ces malheureux étaient pâles, semblaient exténués et en proie à une grande faiblesse.

parviendrait même pas à m'émouvoir. La douleur s'use comme le bonheur; avec le temps on finit par devenir indifférent à tout. C'est ce qui m'arrive. Ainsi, crois-moi; prenons patience, et, puisque nous ne pouvons faire autrement, suivons le précepte des Espagnols, leurs proverbes ont du bon parfois. Sancho Pança, l'écuyer du chevalier de la Triste Figure, dit souvent de très bonnes choses, entre autres celle-ci : « Quand un événement est sans remède

Il faut s'y plier en oubliant ce qu'il a de triste, » et c'est, à mon avis, le seul moyen que nous ayons de tirer un bon parti d'une situation qui pourrait être encore pire qu'elle ne l'est en réalité.

Plusieurs jours s'écoulèrent sans qu'il survint aux deux voyageurs aucun événement digne d'être rapporté. Le vent s'était maintenu favorable; l'embarcation s'approchait rapidement de Saint-Domingue. Les aventuriers se trouvaient en pleins débouquements.

Depuis leur abandon, ils avaient aperçu quelques voiles, mais toujours trop éloignées pour que leur embarcation légère, et dont la voile ressemblait à l'aile d'un alcyon, attirât sur eux une attention qui peut-être aurait été gênante. D'ailleurs ils avaient pris franchement leur parti; maintenant ils ne désiraient plus qu'une chose : atterrir sans encombre à l'île de Saint-Domingue.

Cependant, en approchant des débouquements, ils redoublèrent de prudence et de précaution. Ils savaient que c'était là que les flibustiers, semblables à des oiseaux de proie, s'embusquaient pour fondre au passage sur les navires espagnols, retournant en Europe richement chargés.

Ils ne voulaient pas être surpris à l'improviste; car il leur fallait, avant tout, se faire reconnaître pour ce qu'ils feignaient d'être, c'est-à-dire des Frères de la Côte.

Il était environ quatre heures et demie du soir. Pour plus de sûreté, ils avaient abattu leur mât et voguaient à la rame, au milieu de quelques îlots à travers lesquels il leur fallait absolument passer, lorsqu'il leur sembla apercevoir sur une *caye* située à environ un mille en avant sous le vent de l'embarcation, une longue perche surmontée d'un lambeau d'une étoffe quelconque.

Cette perche, ainsi solitaire, était évidemment un signal de détresse.

Les aventuriers s'arrêtèrent sur leurs avirons et se consultèrent pour savoir s'ils continueraient à pousser en avant; mais bientôt un coup de fusil, dont ils aperçurent la fumée, bien qu'ils n'en entendissent pas le bruit, leur révéla qu'ils étaient vus, et que le moment était venu pour eux, de jouer, comme on dit vulgairement, le tout pour le tout.

Ils souquèrent donc vigoureusement sur les avirons, et mirent le cap droit sur la *caye*.

Bientôt ils aperçurent deux individus, portant comme eux le costume des Frères de la Côte et qui, par leurs gestes, semblaient leur indiquer la direction à suivre, pour éviter les brisants et aborder en sûreté.

Il ne leur fallu que dix minutes pour atteindre la *caye*.

Les premiers mots que leur dirent ces individus lorsqu'ils débarquèrent furent ceux-ci :

— A boire! à boire!

Ces malheureux étaient pâles, semblaient exténués et en proie à une grande faiblesse.

Le Chat-Tigre et son frère se hâtèrent de leur prodiguer tous les soins qu'ils pouvaient leur donner; puis, sur leur prière, ils les prirent à bord, les couchèrent au fond du canot, et poussèrent au large.

Bientôt les flibustiers s'endormirent d'un lourd sommeil, interrompu à plusieurs reprises pendant la nuit ; mais le lendemain, grâce aux soins qui leur avaient été donnés, ils sentirent leurs forces renaître, et se trouvèrent en état de raconter ce qui leur était arrivé, et à la suite de quels événements ils avaient été jetés sur cette caye déserte où, s'ils n'avaient pas été recueillis par le canot, ils seraient morts de faim et de soif.

Voici en substance ce qu'ils racontèrent :

Le plus grand, le capitaine Barthélemy, un des plus célèbres flibustiers de la Tortue, était parti quelques jours auparavant de Port-Margot, dans une légère pirogue, montée par un équipage de quarante hommes bien armés, pour aller, ainsi qu'il le disait, à la chasse aux Espagnols.

Cette chasse avait d'abord été très heureuse. Dans la même journée il avait surpris deux galions, et avait jeté un équipage à bord ; puis, ces prises dirigées sur Port-Margot, il s'était remis en embuscade, avec une dizaine d'hommes qui lui restaient.

Le surlendemain, au lever du soleil, la vigie avait signalé une voile. Les flibustiers s'étaient sans hésiter lancés à sa poursuite ; mais cette fois ce n'était pas à des galions qu'ils avaient affaire, mais à rien moins qu'un vaisseau espagnol, armé de soixante canons, et monté par un équipage de sept cents hommes.

Lorsque les flibustiers reconnurent leur erreur, ils voulurent prendre chasse, mais il était trop tard ; les boulets espagnols commencèrent à pleuvoir si dru sur eux, que bientôt presque tous les flibustiers étaient tués ou blessés ; enfin une dernière bordée, mieux dirigée que les autres, traversa de part en part la légère embarcation, qui coula bas en moins de cinq minutes.

Ce fut à la suite d'efforts inouïs, que le capitaine Barthélemy parvint à atteindre la *caye*, où on l'avait trouvé ainsi que son compagnon, qu'il avait réussi à sauver, et qui, seul avec lui, avait échappé à la destruction de tout l'équipage.

Aussi Dieu sait les beaux projets de vengeance que faisait le digne capitaine contre les Espagnols ; projets de vengeance que son matelot Pitrians appuyait de toutes ses forces.

Quand ce récit, coupé à plusieurs reprises par de larges rasades d'eau-de-vie, fut enfin terminé, les deux frères sentirent la nécessité de bien établir leur identité ; aux yeux de Barthélemy, leur costume de Frères de la Côte ne prouvait rien. Les boucaniers étaient tous liés entre eux ; Barthélemy ne se souvenait en aucune façon de les avoir vus, ou même d'avoir entendu parler d'eux.

Le Chat-Tigre se chargea de la rude tâche de fournir les explications nécessaires.

— Il serait extraordinaire, mon cher capitaine, dit-il, que vous ou le capitaine Pitrians, nous ayez vus déjà. Nous ne sommes arrivés dans les îles que depuis quinze mois ; pendant ces quinze mois nous avons constamment habité l'île de Saint-Christophe. Il y a quelques jours seulement, que convaincus qu'il n'y avait plus rien à faire de ce côté-là, car les *Garachos* s'en écartent de plus en plus, nous avons résolu de nous rendre à la Tortue. En conséquence, à l'aide des économies que nous possédions, nous avons acheté cette embarcation, l'avons armée et, ma foi ! nous nous sommes mis en route à la grâce de Dieu ! Un coup de vent, que nous avons reçu il y a quelques jours, nous a fait dévier de notre route, et nous a procuré l'avantage de vous rendre un léger service.

— Cordieu, un léger service ! s'écria le capitaine Barthélemy. Dites donc que, sans vous, Pitrians et moi, nous serions bel et bien morts de faim ! Touchez là, frères, et souvenez-vous qu'à dater d'aujourd'hui vous avez un ami sur lequel, au besoin, vous pouvez compter !

— Deux, ajouta sentencieusement Pitrians. Je ne suis donc rien, moi ?

— Et tout d'abord, reprit Barthélemy, j'ai à Port-Margot deux navires qui m'appartiennent ; c'est vous dire que si l'argent vous fait faute, je puis vous en fournir autant que vous en aurez besoin.

— Et ça ne nous gênera pas, ajouta Pitrians.

— Nous vous remercions, mon frère et moi, de cette offre cordiale, dit Chanteperdrix, mais toutes nos économies n'ont pas été épuisées par l'achat de la barque ; nos ceintures, grâce à Dieu ! sont gonflées d'or espagnol ; nous ne vous serons donc nullement à charge. Le seul service que nous attendons de vous, est de nous présenter, à notre arrivée à la côte, à ceux dont nous allons devenir les frères. Soyez persuadés que nous partageons sincèrement la haine que vous portez aux Espagnols ; ce que, du reste, le cas échéant, nous saurons vous prouver.

Deux jours après, le canot, dont Barthélemy avait pris la direction, atterrit dans une petite anse, située à sept ou huit lieues tout au plus de Port-Margot. Le capitaine Barthélemy, par amour-propre, car il était dans son for intérieur extrêmement vexé de l'échec qu'il avait éprouvé, n'avait pas voulu entrer directement à Port-Margot ; ce à quoi ses compagnons avaient consenti facilement. Peu leur importait de débarquer à un endroit ou à un autre ; le principal pour eux était naturellement d'atteindre Saint-Domingue.

Le hasard, qui depuis leur abandon par la pirogue, s'était plu à favoriser si grandement les deux frères, ne se démentit pas cette fois encore, et mit le comble à ses faveurs.

A peine les flibustiers avaient-ils mis pied à terre et, après avoir soigneusement caché le canot sous les broussailles, se préparaient-ils à prendre la direction de Port-Margot, qu'un grand bruit se fit entendre à une courte distance de l'endroit où ils avaient débarqué ; à ce bruit, se mêlèrent bientôt quelques coups de feu accompagnés de cris de menaces.

— Oh ! oh ! s'écria Barthélemy, en ouvrant les narines et semblant humer l'air, on se bat par ici, il me semble ! Allons donc un peu voir ce que c'est ?

Cette invitation n'avait pas besoin d'être répétée. Ses compagnons s'élancèrent sur ses pas, et bientôt ils aperçurent un boucanier tenant son fusil par le canon, s'en servant comme d'une massue, le faisant tournoyer au-dessus de sa tête avec une force et une adresse remarquables et, bien qu'il fût seul, se défendant bravement, et même sans trop de désavantage, contre une dizaine d'Espagnols, qui l'entouraient et cherchaient soit à le tuer, soit à s'emparer de lui.

L'autre ne répondait à leurs cris et à leurs menaces, qu'en les accablant des sarcasmes les plus méprisants, et en redoublant ses efforts prodigieux.

Déjà plusieurs Espagnols gisaient sur le sol, plus ou moins grièvement blessés. Le secours si inattendu qui arriva à l'improviste au flibustier, changea immédiatement les chances du combat.

Les Espagnols détalèrent sans attendre leur reste ; laissant ainsi les flibustiers maîtres du champ de bataille.

Ce qu'il y eut de plus particulier dans cette affaire, c'est que le Frère de la Côte, si providentiellement sauvé, était furieux contre ceux qui l'avaient secouru.

— Laissez-moi faire, sacrebleu ! s'écriait-il, je veux apprendre à ces gredins de gavachos à ne pas venir ainsi sottement troubler un honnête homme dans ses occupations ! Vive Dieu ! compagnons ! est-ce que vous croyez que, seul, je ne suis pas assez pour me débarrasser de ces misérables mendiants ?

Les flibustiers, après avoir consciencieusement assommé à coups de crosse les blessés qui râlaient encore, réussirent enfin à faire entendre raison à leur farouche camarade, qui n'était rien moins que le capitaine Montauban ; puis, les présentations faites, les salutations échangées, les cinq hommes se dirigèrent de compagnie sur Port-Margot, riant entre eux de l'aventure du capitaine qui, croyant aller à un rendez-vous d'amour, était tombé dans une embuscade espagnole.

Deux heures après ils arrivèrent.

Ainsi que l'avait prévu Chanteperdrix, leur abandon avait été favorable aux deux frères, en ce sens qu'ils n'étaient pas arrivés comme des étrangers à Saint-Domingue ; que même avant de pénétrer dans un des ports occupés par les Frères de la Côte, ils comptaient déjà parmi ceux-ci des amis puissants et dévoués.

II

DE QUELLE FAÇON LE CAPITAINE VENT-EN-PANNE SE PRÉSENTA A M. DE LARTIGUES, COMMANDANT LE VAISSEAU DE S. M. LOUIS XIV, « LE ROBUSTE ».

Nous abandonnerons provisoirement les Frères de la Côte à Saint-Domingue, où nous ne tarderons pas à revenir, et nous ferons quelques pas en arrière pour rapporter un événement qui s'était passé à peu près dans les mêmes parages trois jours avant l'abandon des deux aventuriers en pleine mer par l'équipage de la pirogue espagnole le *San-Juan-de-Dios* ; c'est-à-dire dans la nuit du 12 au 13 juillet 1674.

Cette nuit-là, vers trois heures du matin, un vaisseau de guerre français louvoyait bord sur bord par le travers de l'île de Cuba, à quinze milles de terre environ. La brise était assez forte ; les hommes de quart, que nul travail n'appelait aux bras ou aux écoutes, étaient groupés, çà et là, sur les passavants; quelques-uns dormaient, d'autres causaient à voix contenue, tout en se promenant de ce pas cadencé particulier aux marins.

Tout à coup, une voix stridente, partie de la hune de misaine, cria :

— Navire !...

Un frémissement électrique sembla soudain agiter les matelots à cette annonce toujours bien accueillie à bord des bâtiments de guerre.

— Silence ! commanda l'officier de quart dans son porte-voix.

Et jetant vivement son manteau, il monta en toute hâte sur le point le plus élevé du château d'arrière. Chacun s'était tu.

— Ohé ! de la hune ! cria l'officier.

— Oh là ! répondit la vigie.

— Tu vois une voile ?

— Deux, mon lieutenant.

— Dans quelle direction ?

— A tribord sur l'avant à nous, portant les mêmes armures.

— Très bien. Sont-ce des bâtiments de guerre ?

— Je ne pourrais pas l'assurer, mon lieutenant, car il m'est difficile de les distinguer à cause de la nuit ; mais je crois que oui.

— Paraissent-ils gros ?

— Quant à cela, mon lieutenant, au moins autant que nous.

— Ouvre l'œil, mon garçon, surtout surveille bien leurs mouvements.

— Pour cela il n'y a pas de soin, lieutenant, soyez calme.

— Monsieur de Kersaint, dit l'officier à un volontaire aux gardes de la marine qui se trouvait sur le tillac près de l'entrée de la dunette, prévenez le capitaine que nous avons en vue sur l'avant deux gros bâtiments que je soupçonne fort être des vaisseaux de guerre.

— A l'instant, lieutenant, répondit le jeune volontaire avec un salut respectueux.

Et il disparut dans l'intérieur du navire.

Quelques minutes s'écoulèrent, pendant lesquelles les chuchotements et les commentaires de toutes sortes allèrent leur train parmi les matelots.

— Qu'y a-t-il donc, monsieur de Pomereu ? demanda d'une voix joyeuse le commandant, en apparaissant à demi-vêtu sur le pont.

— Il y a, capitaine, que nous avons deux gros navires en vue.

— Oh ! oh ! voyons donc cela ? dit le commandant en prenant des mains de l'officier la lunette de Galilée, que celui-ci lui tendait, et en examinant attentivement les bâtiments suspects.

M. de Lartigues, commandant du vaisseau de quatrième rang, *Le Robuste*, était un digne officier de quarante-cinq ans environ, aux traits énergiques, à la physionomie avenante, adoré de son équipage et excellent marin.

— Je crois, dit-il, que ces bâtiments sont de ceux que nous cherchons.

Il se redressa, jeta un regard lumineux autour de lui et ajouta :

— Songeons à bien faire notre devoir ! Vive le roi !

— Vive le roi ! répétèrent tous les hommes qui se pressaient sur le pont et le château d'arrière.

— Maintenant préparons-nous à combattre, reprit le capitaine. Bas les branles partout!

— For-Branle ! répéta aussitôt le maître d'équipage.

Ce commandement avait, au xvii° siècle, la même signification que celui de branle-bas de combat, par lequel il a été remplacé de nos jours.

Le vaisseau sembla tressaillir depuis la pomme de ses mâts jusqu'à la carlingue, et il s'opéra subitement un mouvement général.

Les sifflets des contre maîtres lancèrent leurs notes aiguës ; les tambours battirent, la cloche sonna, les trompettes jouèrent des fanfares ; des branles ou hamacs furent décrochés, roulés et montés sur le pont, ainsi que les couffes, espèce de sacs en sparterie dans lesquels les matelots renfermaient leurs vêtements; hamacs et couffes furent placés dans les bastingages pour servir de rempart contre la mitraille et les balles des mousquets ; puis ce rempart fut coquettement recouvert d'une élégante tenture de drap bleu, parsemée de lis d'or.

Lorsque le calme se fut rétabli, que chacun se trouva à son poste, le capitaine quitta la dunette et descendit sur le demi-pont, afin de passer une revue rapide de l'équipage et s'assurer par lui-même si les mousquets étaient en bon état, les bandoulières garnies de cartouches, les épées, les haches, les pertuisanes et les hallebardes, capables de faire un bon service.

La revue terminée, le capitaine fit un geste, suivi immédiatement d'un coup de sifflet du maître d'équipage, annonçant que la prière allait commencer. En effet, presque aussitôt, un vieillard d'une taille élevée, aux traits un peu sombres, au front chauve, à la moustache blanche relevée, à la démarche imposante, apparut sur le pont en surplis, l'étole au cou, et précédé d'un valet agitant une sonnette.

Officiers, soldats et matelots s'agenouillèrent respectueusement en se découvrant.

L'aumônier commença alors la prière, en récitant un verset que l'équipage répétait en psalmodiant avec un ensemble réellement militaire. L'aumônier fit ensuite en langue bretonne une courte allocution, qui fut écoutée avec ferveur; puis on chanta une espèce de *salvum fac regem* auquel tout l'équipage répondit *Amen*; et chacun se releva pour regagner son poste de combat.

Il était environ trois heures du matin. Le *Robuste* gagnait les navires inconnus dont il se rapprochait rapidement; tout portait à supposer qu'au lever du soleil le combat commencerait; le capitaine, afin de rendre l'équipage plus dispos, donna l'ordre au commis du munitionnaire de délivrer les vivres du déjeuner, et de donner à chaque homme une chopine de vin sans eau et dix-huit onces de biscuit.

Le temps pressait. On mangea debout autour des bidons. Les sous-officiers ne prirent même pas la peine d'accommoder le hareng réglementaire, avec l'huile qu'on leur avait distribuée; si bien qu'en quelques minutes le déjeuner fut terminé.

Le capitaine des matelots donna un coup de sifflet, et commanda :

— Jetez le sel !

Alors une quinzaine d'hommes se rendirent à une écoutille où l'on avait apporté plusieurs paniers remplis de gros sel; ils vidèrent les paniers et répandirent le sel sur le pont, qu'ils couvrirent ainsi comme d'un épais grésil.

En ce moment, un des matelots de la hune de beaupré crut entendre un léger clapotement à l'avant du navire; il se penchait en dehors, pour s'assurer qu'il ne s'était pas trompé, lorsqu'une voix forte qui semblait sortir de la mer cria en français :

— Ohé ! du *Robuste !*

— Oh là ! répondit le matelot, qui nous hèle ?

— France ! pirogue de Saint-Domingue !

Le capitaine avait entendu ce court dialogue; il dit quelques mots à voix basse à l'officier de quart.

— Cargue la grand'voile ! ordonna celui-ci dans son porte-voix ; la barre dessous ! masque le grand hunier !

Les hommes se jetèrent sur les cargues et sur les bras; en quelques secondes le vaisseau, arrêté dans son aire, demeura immobile : il était en travers.

— Oh ! de la pirogue ! cria l'officier.

— Oh là ! répondit-on aussitôt.

— Laissez-vous culer, et accostez par la hanche de tribord! un homme paré à lancer une amarre !

Un matelot saisit un faux-bras, le leva dans sa main, sauta dans le porte-haubans et, lorsque la légère embarcation parut sur le flanc du navire, il lança le bout du filin qui fut saisi à la volée, et solidement amarré à l'avant de la pirogue, qui se toua main sur main, et ne tarda pas à accoster.

Quelques minutes plus tard, quatre ou cinq hommes grimpant comme des chats le long des flancs escarpés du vaisseau, bondirent plutôt qu'ils ne sautèrent sur le pont.

L'équipage de la pirogue était de douze hommes; sept étaient demeurés à son bord, afin de veiller à ce qu'elle ne fût pas coulée, en se heurtant contre le puissant navire.

Ces individus qui apparaissaient d'une si singulière façon sur le pont du vaisseau français, méritent une description particulière. Quatre d'entre eux étaient des hommes de haute taille, aux traits énergiques, à la physionomie farouche, dont les regards fauves avaient une expression de volonté indomptable ; maigres, musculeux, doués en apperence d'une force herculéenne, leur peau basanée et pour ainsi dire tannée par la pluie, le soleil, le vent et l'eau de mer, semblait collée sur leurs os et faisait ressortir leurs muscles gros comme des cordes et durs comme le fer.

Les vêtements qu'ils portaient étaient au moins aussi étranges que leurs personnes : ils n'avaient pour tout costume qu'une petite casaque de toile et un caleçon qui ne venait qu'à la moitié de la cuisse ; il fallait y regarder de très près, pour reconnaître si ces vêtements étaient de toile ou non, parce qu'ils étaient imbibés de sang et de graisse, qui les rendaient imperméables, et leur donnaient une couleur rougeâtre; deux ou trois avaient les cheveux hérissés, les autres noués avec une peau de serpent ; leur tête était couverte

— Comment! monsieur! s'écria le commandant avec surprise, donner un pareil ordre, lorsque j'ai en vue deux bâtiments ennemis!

d'un chapeau bas de forme, dont les ailes étaient coupées, excepté par-devant, où elles formaient une espèce de visière ; une tente de fine toile, roulée très mince, était passée de leur épaule droite au flanc gauche ; tous avaient la barbe touffue, longue et tombant sur la poitrine ; ils portaient à leur ceinture de cuir fauve un étui de peau de crocodile, dans lequel étaient quatre couteaux à lames larges et effilées, et une baïonnette ; au flanc gauche, une hache d'abordage, un sac à balles en peau de taureau et une calebasse remplie de poudre, bouchée avec de la cire ; de plus, chacun d'eux tenait à la main un fusil long de quatre pieds et demi, d'une justesse extraordinaire, spécialement fabriqué pour les îles, par deux armuriers fameux qui leur avaient donné leur nom : Gélin de Nantes et Brachie de Dieppe.

Ces hommes étaient des boucaniers ou Frères de la Côte; leur apparition causa une surprise extrême aux officiers et aux matelots du *Robuste* qui, bien qu'ils en eussent souvent entendu parler, car leur réputation était universelle, n'en avaient jusqu'alors jamais vu. Aussi l'équipage du vaisseau ne se lassait-il pas de les regarder ; examen que les boucaniers subissaient, disons-le à leur louange, avec la plus complète indifférence, ou plutôt avec le plus profond dédain.

Leur chef formait avec eux un contraste des plus tranchés. C'était un homme d'environ cinquante ans, d'une taille au-dessus de la moyenne, trapu et vigoureusement charpenté; ses longs cheveux blonds et sa barbe fauve qui encadraient son visage et commençaient à se nuancer de quelques fils argentés, donnaient à sa physionomie énergique et à ses traits accentués, une ressemblance frappante avec un mufle de lion ; bien qu'il parût être doué d'une vigueur peu commune, et que ses gestes fussent brusques et parfois heurtés, ses manières et les habitudes de sa personne avaient cette élégance native qui, à cette époque, faisait, du premier coup d'œil, reconnaître un gentilhomme.

Son costume était, ainsi qu'on dirait aujourd'hui, d'une excentricité et d'une originalité suprêmes; du reste, il le portait avec une grâce et une aisance inimitables.

Il portait un justaucorps de drap gris garni sur toutes les coutures d'un quadruple galon d'or; un baudrier de velours cramoisi brodé et passementé d'or soutenait sa large épée de combat; sa cravate, en point de malines, était attachée par un ruban de satin couleur de feu, qui jetait de chatoyants reflets sur son gilet de drap d'or, recouvert sans être caché par le pourpoint si richement galonné; ses bottes, noires et molles, laissaient échapper autour de leurs soufflets des flots de dentelle de Flandre à festons pointus; il tenait à la main son chapeau brodé d'or, orné de deux longues plumes rouges, tombant à droite sur la passe à demi rabattue.

Sauf la perruque blonde aux boucles larges et flottantes ornées de rubans, et que notre personnage ne portait pas, sans doute par dédain, ce costume, des plus coquets, était celui adopté à cette époque par les plus élégants coureurs de ruelles.

Ce personnage singulier fit quelques pas au-devant du commandant qui, de son côté, s'avançait vers lui; tous deux se saluèrent courtoisement, puis l'inconnu remit son chapeau et l'entretien s'engagea, non cependant sans que le commandant eût donné à l'officier de quart l'ordre de faire distribuer des rafraîchissements aux boucaniers, ce qui parut causer un vif plaisir à ceux-ci.

L'équipage s'était retiré sur l'avant du navire; les officiers étaient passés sous le vent par déférence pour leur chef; de sorte que M. de Lartigues et son étrange visiteur se trouvèrent seuls sur le château d'arrière, libres de causer tout à leur aise, sans crainte d'être entendus.

Ce fut le commandant qui prit le premier la parole.

— Soyez le bienvenu à bord du vaisseau de Sa Majesté, *Le Robuste*, monsieur, dit-il galamment.

— Vous ne vous attendiez guère à recevoir ma visite, n'est-ce pas, monsieur le commandant? répondit l'étranger avec un sourire.

— Je vous l'avoue, monsieur; mais, je vous le répète, vous n'en n'êtes pas moins le bienvenu.

— Je vous remercie de ces cordiales paroles, monsieur.

— Serait-il indiscret de vous demander le motif de votre arrivée matinale à mon bord?

— Nullement, monsieur; le désir de vous être agréable, tout simplement.

— Je vous remercie à mon tour, monsieur; cependant, je ne saisis pas bien en quoi...

— Je puis vous servir? interrompit l'étranger avec bonhomie.

— C'est cela même, monsieur, ponctua M. de Lartigues.

— Je m'explique; c'est....

— Pardon de vous interrompre; me ferez-vous la grâce de m'accompagner dans ma dunette? Assis face à face, un flacon de vin de France entre nous, nous causerons plus agréablement.

— J'accepte de grand cœur votre offre courtoise, monsieur, mais je crois que vous feriez bien, avant cela, de donner l'ordre d'amarrer les canons, et de renvoyer l'équipage sous les ponts.

— Comment! monsieur! s'écria le commandant avec surprise; donner un pareil ordre, lorsque j'ai en vue deux bâtiments que tout me fait supposer être ennemis! C'est impossible!

— Un des deux l'était, monsieur; maintenant, il n'en n'est plus ainsi, je vous l'affirme. Regardez-les. Pendant que vous avez mis en panne, ils ont viré de bord, se sont rapprochés de vous; maintenant ils ont imité votre manœuvre et se tiennent sur le mât, sous le feu de vos batteries.

— En effet, répondit le commandant, après un instant employé à examiner attentivement les deux navires; que signifie cela?

— Je vous l'ai dit, monsieur, ces bâtiments sont amis.

— Amis? vous me l'affirmez?

— Sur l'honneur.

— Un mot, encore, monsieur.

— A vos ordres, commandant.

— A qui ai-je l'honneur de parler?

— Je suis le capitaine Vent-en-Panne, répondit-il simplement; comme si ce singulier pseudonyme devait suffire.

— Le célèbre boucanier dont la réputation égale celle des Montbarts, des Laurent et des Ourson-Tête-de-fer? s'écria M. de Lartigues avec une surprise qui était presque de l'admiration.

— Oh! monsieur, répliqua le boucanier avec bonhomie, je suis bien loin de valoir les hommes auxquels il vous plaît de m'assimiler ; je ne les suis que de très loin.

— C'est trop de modestie, mon cher capitaine ; votre main, s'il vous plaît ?

— La voilà, monsieur ; vous me faites trop d'honneur.

Les deux hommes échangèrent alors une cordiale poignée de mains.

Puis, à la surprise générale, M. de Lartigues donna l'ordre de cesser le branle-bas de combat, de remettre tout en ordre, et de ne conserver sur le pont que la bordée de quart.

Tandis que les officiers, qui ne comprenaient rien à la conduite extraordinaire de leur commandant, se hâtaient cependant de faire exécuter ses ordres, celui-ci entraînait Vent-en-Panne dans la dunette, en lui disant avec un gracieux sourire :

— Vous voyez, mon cher capitaine, que je n'hésite pas à suivre votre conseil.

— Vous n'aurez pas à regretter la confiance que vous mettez en moi, monsieur de Lartigues.

— Vous me connaissez, monsieur ?

— Comme je connais votre vaillant vaisseau, commandant.

Les valets de M. de Lartigues avaient couvert la table de rafraîchissements de toutes sortes.

Les deux officiers prirent place ; le commandant remplit les verres ; après avoir trinqué, ils burent.

— Vous permettez, commandant ? dit le boucanier en montrant sa pipe.

— Ne vous gênez en rien, capitaine ; loin de m'incommoder, l'odeur du tabac en fumée m'est agréable.

— Alors... dit Vent-en-Panne.

Il bourra sa pipe, l'alluma, et bientôt il disparut presque au milieu d'un épais nuage de fumée.

— Maintenant, dit le commandant en remplissant de nouveau les verres, nous reprendrons s'il vous plaît, capitaine, notre conversation au point où nous l'avons laissée.

— Volontiers, commandant. A votre santé ! voilà un excellent vin d'Anjou.

— A la vôtre, capitaine ! Vous êtes connaisseur ?

— Un peu. Hum !

— Il s'agissait, je crois, d'un plaisir que vous me vouliez faire ?

— C'est cela même. Il y a une douzaine de jours, M. d'Ogeron, notre gouverneur...

— Un de mes meilleurs amis, dit le commandant.

— Je le crois. Donc, M. d'Ogeron s'invita sans cérémonie à dîner chez moi, à Port-Margot, ainsi qu'il le fait souvent, à cause de l'amitié qu'il daigne me témoigner. Mais cette fois un motif plus sérieux l'amenait Le matin, un bâtiment de la Compagnie était entré dans le port, chargé pour le gouverneur de dépêches de M. de Colbert ; ce bâtiment avait fait diligence, car les dépêches étaient importantes : elles annonçaient la déclaration de guerre faite par le roi Louis XIV, que Dieu garde, à l'Espagne.

— Comment! s'écria le commandant, la guerre est déclarée à l'Espagne ?
— Oui, monsieur, depuis deux mois. Il n'est pas étonnant que vous l'ignoriez puisque, depuis cinq mois, vous croisez dans ces parages.
— Ah! de par Dieu! voilà une bonne nouvelle! je vous en remercie bien sincèrement, capitaine.
— Ce n'est pas à moi, mais à M. d'Ogeron que ces remerciements doivent revenir, commandant.
— Mais, c'est vous qui me les apportez ces nouvelles!
— Par son ordre. Voici l'affaire en deux mots : M. d'Ogeron, votre ami, et il l'a bien prouvé dans cette circonstance, vous sachant dans ces parages, était très inquiet sur votre compte, à cause des nombreux croiseurs espagnols qui rôdent en ce moment dans les débouquements du golfe du Mexique ; il était important que vous fussiez averti au plus vite. Malheureusement, il n'y avait pas en ce moment à Saint-Dominique un seul navire ; tous nos compagnons étaient en expédition.
— La situation était critique.
— M. d'Ogeron le pensait ainsi, mais je le rassurai en moins de cinq minutes. Si vous n'avez pas de navires, lui dis-je, il nous reste des barques : préparez vos dépêches ; cette nuit je partirai. Le gouverneur me connaît ; il me serra la main, m'embrassa et notre explication en demeura là. Une heure plus tard, j'avais acheté la pirogue qui se balance le long des flancs de votre navire ; j'avais engagé vingt-cinq Frères de la Côte que je connaissais de longue date, et, le soir même, un peu après le coucher du soleil, M. d'Ogeron m'apportait ses dépêches, je mettais le cap au large et me voilà.
— C'est incroyable! s'écria le commandant. Il n'y a que les boucaniers pour faire de pareilles choses!
— Bah! vous plaisantez, commandant! une simple promenade en mer, dit-il en vidant son verre, avec le sourire moitié figue, moitié raisin, qui lui était habituel.
— Hum! quelle promenade! mais ces deux bâtiments?
— Ah! c'est vrai! je les avais oubliés, moi!
— Qui sont-ils?
— L'un, le plus petit, est un vaisseau de la Compagnie des Indes, qui se rendait à Port-Margot lorsqu'il a été, par le travers de Saint-Christophe, amariné par l'autre, le plus grand.
— Et celui-là?
— C'est un vaisseau espagnol.
— Comment un vaisseau espagnol?
— Oui. Il est même plus gros que le *Robuste*. C'est un vaisseau magnifique sorti, il y a cinq mois, des chantiers du Ferrol. Figurez-vous, commandant, qu'en prenant congé de M. d'Ogeron, je lui dis : Tant pis pour le premier gavacho qui me tombera dans les griffes, je le troquerai contre ma pirogue quand même ce serait un vaisseau à trois ponts. Je ne croyais pas si bien dire.
— Comment! vous vous êtes emparé de ce vaisseau?
— Mon Dieu! oui, dit-il placidement.

— Avec vos vingt-cinq hommes?

— Dame! Je n'avais pas le temps de retourner en chercher d'autres; il ne m'aurait pas attendu.

— Pardieu ! voilà qui dépasse toutes les limites du possible !

— Pourquoi donc cela?

— Mais, si je ne me trompe, ce vaisseau porte soixante-quatorze canons, et huit cents hommes d'équipage?

— C'est cela même.

— Et vous l'avez pris?

— J'ai eu l'honneur de vous le dire.

— Mais comment avez-vous fait?

— Ah! ma foi, commandant, c'est bien simple!

Le digne capitaine adorait cette locution qu'il avait toujours à la bouche.

— Tout est simple pour vous, capitaine, vous allez me donner votre moyen, n'est-ce pas?

— Je ne demande pas mieux, si cela peut vous être agréable.

— Parlez! parlez!

— Vous saurez donc qu'une nuit, dix jours après avoir quitté Port-Margot, nous errions un peu à l'aventure; lorsque, vers deux heures du matin, par un temps assez sombre, ma pirogue se trouva à l'improviste dans les eaux de ce vaisseau. La mer était comme de l'huile, il n'y avait pas de vent pour souffler une chandelle. Le vaisseau roulait lourdement; ses voiles pendaient inertes le long des mâts. Une pensée traversa mon esprit : les gavachos sont paresseux et dormeurs; on n'entendait pas le moindre bruit à bord. Je dis quelques mots à mes camarades; ce sont des gaillards intelligents, ils me comprirent. La voile de la pirogue fut amenée en douceur, les avirons garnis au portage et je m'avançai sans bruit sous l'arrière du vaisseau. En un clin d'œil, vingt-trois de nous autres escaladaient les galeries; j'avais laissé deux hommes pour garder la pirogue. Mon calcul était juste. Mes paresseux de gavachos dormaient comme des loirs; les officiers et le capitaine furent égorgés, avant d'avoir le temps de s'éveiller. Cela fait, je montai sur le pont; les gens de quart dormaient aussi. Je fis fermer les écoutilles, et, après avoir jeté à la mer l'officier et l'homme placé à la barre, je poussai le cri de guerre de la flibuste, en tombant à coups de hache sur les dormeurs. Les pauvres diables, surpris à l'improviste et croyant avoir affaire à une légion de démons, se rendirent sans coup férir, et se laissèrent désarmer.

— Mais, dit le commandant vivement intéressé, la moitié de l'équipage se trouvait encore sous les ponts?

— Oui, et ils commençaient à s'éveiller et à hurler à qui mieux mieux. Heureusement pour nous, ils ignoraient notre nombre; ils nous croyaient bien plus forts que nous n'étions; de plus ils ont une invincible terreur des flibustiers. Je n'eus qu'à faire jeter au milieu d'eux les cadavres du capitaine et des officiers et les menacer de faire sauter le vaisseau, pour les rendre doux comme des agneaux. Ils montèrent un à un sur le pont. Au fur et à mesure, on les garrottait et on les bâillonnait, pour les empêcher d'avertir ceux qui se trouvaient encore en bas. Mais ce qui nous amusa le plus, ce fut la fureur et la rage de ces imbéciles gavachos, quand ils reconnurent qu'ils s'étaient laissé amariner par vingt-trois hommes.

— Cela se comprend.

— Il y avait de quoi mourir de rire. Le plus drôle de cette affaire, c'est que, croyant m'emparer d'un vaisseau j'en avais pris deux. Le *Santiago*, c'est le nom de l'espagnol, avait, le jour précédent, enlevé par surprise un navire de la Compagnie; il le conduisait tranquillement à Cuba, quand, pour son malheur, je suis venu me jeter tout à travers de sa combinaison.

— Qu'est-ce que vous avez fait de l'équipage, capitaine?

— J'en ai mis une partie aux fers à bord du vaisseau de la Compagnie; le reste est demeuré sur le *Santiago*. Ces gens me gênent beaucoup, commandant, si je n'avais pas été aussi pressé de vous rencontrer, je m'en serais débarrassé déjà.

— De quelle façon?

— A la boucanière donc.

— C'est-à-dire?

— En les accrochant en feston à mes vergues, ou en les jetant à la mer, dit-il de son air le plus placide.

— Oh! capitaine! fit le commandant avec horreur.

— Vous vous récriez! Pourquoi donc? Montbars n'agit jamais autrement, et il s'en trouve bien.

— C'est possible, capitaine; mais nous qui avons l'honneur de servir Sa Majesté, nous n'employons pas ces moyens... expéditifs.

— Ce sont cependant les meilleurs; à votre aise, commandant, chacun envisage les choses à son point de vue.

— Voyons, mon cher capitaine, dit en souriant M. de Lartigues, j'ai quelques avaries à réparer, des vivres à prendre; je vous accompagnerai au Port-Margot.

— Ce n'est pas possible.

— Pourquoi donc cela?

— Parce que vous n'y auriez pas assez d'eau pour votre vaisseau, il nous faut aller à Léogane.

— A Léogane, soit; peu m'importe.

— Bien.

— Voulez-vous me confier vos prisonniers, et me laisser en disposer à ma guise?

— Vous les confier, commandant, je ne demande pas mieux; mais vous laisser libre d'en disposer, cela n'est pas possible.

— Vous me refusez?

— Nullement, mais je dois vous faire observer que ces prisonniers ne sont pas à moi seul.

— A qui sont-ils donc?

— A mes compagnons.

— Ce qui veut dire?

— Qu'ils doivent être vendus comme esclaves.

— Mais vous vouliez les pendre?

— Cela est bien différent !
— Je ne saisis pas.
— C'est cependant bien simple. Nous haïssons si fort ces misérables gavachos, que le plaisir de les pendre compense parfaitement pour nous l'argent que leur mort nous fait perdre.
— Ah ! pardieu ! je ne m'attendais pas à celle-là par exemple ! s'écria le commandant avec un franc éclat de rire ; vous êtes réellement des hommes singuliers.
— Dame ! que voulez-vous ? nous avons si peu de distractions, il faut bien se divertir comme cela se rencontre.
— Vous raisonnez d'une façon ravissante, mon cher capitaine, mais permettez-moi de ne pas être de votre avis. Voulez-vous que nous chargions M. d'Ogeron d'arranger notre différent ?
— Comme il vous plaira, commandant.
— Eh bien ! c'est cela ; lui-même réglera le prix de la vente.
— C'est entendu.
— Quant au vaisseau dont vous vous êtes si glorieusement emparé, je crois, capitaine, que M. d'Ogeron réussira facilement à nous mettre d'accord.
— D'autant plus facilement, commandant, que le cas est prévu par les ordonnances et lois sur la marine ; cela n'a rien qui nous doive inquiéter.
— Il ne reste plus que le bâtiment de la Compagnie, sur lequel vous ne prétendez, sans doute, que le droit d'épave.
Vent-en-Panne fit un geste affirmatif.
— Je ferai transporter vos prisonniers à mon bord, puis nous mettrons le cap sur Léogane, continua le commandant.
— Je vous remercie de me débarrasser de ces drôles, d'autant plus qu'ils exigent une surveillance incessante, et que je n'ai que fort peu de monde avec moi.
— C'est vrai. Je me mets à votre disposition, mon cher capitaine, pour tout ce qui pourra vous être agréable, et si vous avez besoin d'une vingtaine de matelots ?
— Cela n'est pas nécessaire, commandant, je vous rends mille grâces. J'ai trouvé parmi l'équipage du bâtiment de la Compagnie, et même dans ses passagers, quelques hommes de bonne volonté, qui me suffiront amplement, d'ici à la côte.
— Comme il vous plaira, capitaine ; dès que vous serez prêt, vous m'avertirez, et nous reprendrons notre route.
— Permettez-moi de vous faire observer, commandant, que cela ne serait pas convenable, s'écria vivement Vent-en-Panne ; vous commandez un vaisseau de Sa Majesté ; vous êtes officier supérieur ; ces deux motifs m'indiquent suffisamment la conduite que je dois tenir.
— Que voulez-vous dire, mon cher capitaine ? Vous êtes libre, il me semble, et ne relevez que de vous-même ?
— C'est possible, commandant ; mais je suis avant tout un sujet fidèle de Sa Majesté ; partout où je me trouve avec un de ses officiers, il est de mon devoir, non pas de lui donner des ordres, mais d'en recevoir de lui.

LES ROIS DE L'OCÉAN 73

Le marin s'approcha du capitaine, le bonnet à la main.

— Cependant, capitaine...
— Excusez-moi si j'insiste sur ce point, la chose est plus sérieuse que vous semblez le supposer. Avec votre permission, nous marcherons en escadre; jusqu'à Saint-Domingue je ne serai que votre lieutenant; rien ne pourra me décider à agir autrement; d'ailleurs notre sûreté commune exige qu'il en soit ainsi.

— Oh! oh! vous allez un peu loin, il me semble, capitaine! dit en riant M. de Lartigues, vous poussez la délicatesse à l'extrême.

— Nullement, commandant; j'ai eu l'honneur de vous annoncer que les débouquements fourmillent en ce moment de croiseurs ennemis; nous nous trouvons précisément au milieu d'eux. Si nous sommes attaqués, ce qui est possible après tout, bien que ces misérables Gavachos fassent plus de bruit que de besogne, il est indispensable que nous n'ayons qu'un chef, et que nous agissions de concert; l'unité du commandement triplera nos forces; nous aurons facilement raison de nos ennemis quels qu'ils soient; au lieu que, livrés à nous-mêmes, chacun tirera de son côté, et nous ne ferons rien qui vaille.

— Vous avez raison toujours, mon cher capitaine; il est impossible d'apprécier plus judicieusement notre situation. Je cède donc à votre volonté; nous naviguerons en escadre et, ajouta-t-il en riant, ce sera un rude compagnon, que celui qui prétendra nous barrer le passage!

— C'est mon avis, dit paisiblement Vent-en-Panne.

— Allons! encore un verre de ce bon vin d'Anjou et occupons-nous de notre affaire.

— C'est cela, commandant, dit le boucanier en vidant son verre. A votre santé!

— A la vôtre, capitaine!

Au moment où ils se levaient après avoir fait consciencieusement rubis sur l'ongle, ainsi qu'on dit vulgairement, la porte de la dunette s'ouvrit et un officier parut sur le seuil, le chapeau à la main.

— Que désirez-vous, monsieur de Pomereu? demanda le commandant.

— Commandant, le plus gros vaisseau fait depuis quelques minutes des signaux que nous essayons vainement de déchiffrer, et qu'il nous est impossible de comprendre, dit l'officier saluant respectueusement.

— Eh! dit Vent-en-Panne, notre système de pavillon n'est pas tout à fait le vôtre, cela n'a rien d'étonnant. C'est à moi sans doute que ces signaux s'adressent. Avec votre permission, commandant, je crois que nous ferions bien d'aller voir cela?

Les officiers quittèrent alors la dunette et montèrent sur le château d'arrière.

Le jour était tout à fait venu; les trois bâtiments en panne à une portée de pistolet les uns des autres, se balançaient gracieusement au caprice de la houle.

Ainsi que M. de Pomereu l'avait annoncé à son chef, le *Santiago* faisait des signaux répétés.

Vent-en-Panne examina attentivement ces signaux pendant quelques secondes, puis il se tourna vers M. de Lartigues; ses sourcils étaient froncés, sa physionomie sérieuse.

— Je suis contraint de retourner à mon bord immédiatement, monsieur le commandant, dit-il; il se passe ou il s'est passé, car je devine, plutôt que je ne comprends ces signaux, qui sont mal faits, quelque chose de fort grave à bord du *Santiago*. Peut-être aurai-je besoin de votre intervention, si les faits sont tels que je les soupçonne?

— Allez, mon cher capitaine, et comptez sur moi. Pouvons-nous procéder au transbordement des prisonniers ?

— Je n'y vois aucun empêchement, commandant ; d'autant plus que cela nous fera gagner du temps.

— Très bien, je vais faire mettre les chaloupes à la mer.

Vent-en-Panne prit le sifflet d'or pendu à son cou et siffla deux fois d'une certaine façon.

Les boucaniers, que l'équipage du *Robuste* avait fêtés de la façon la plus cordiale, parurent aussitôt.

— Êtes-vous parés ? leur demanda Vent-en-Panne.

— Oui, commandant, répondirent-ils d'une seule voix.

— Alors accoste la pirogue et embarque en double !

Les flibustiers saluèrent leur chef, et exécutèrent immédiatement l'ordre reçu.

— A bientôt, commandant ! dit Vent-en-Panne lorsqu'il vit que la pirogue était prête à le recevoir.

— A bientôt, mon cher capitaine ! répondit le commandant, en lui serrant chaleureusement la main.

Vent-en-Panne salua les officiers, passa entre une double haie de soldats, qui lui rendaient les honneurs militaires, et s'installa dans la chambre de la pirogue.

Le boucanier fit un dernier salut à M. de Lartigues et à son état-major, qui se pressait pour assister à son départ, et s'adressant à ses matelots :

— Avant partout ! dit-il, et souquez rondement, garçons !

La légère embarcation déborda, et fila comme un alcyon sur le dos des vagues.

Cinq minutes plus tard, elle abordait le *Santiago*.

A bord du *Robuste*, sur l'ordre du commandant, on s'occupait activement à mettre les chaloupes à la mer, et à tout préparer, pour le transport des prisonniers espagnols.

III

COMMENT ET POURQUOI L'OLONNAIS S'EMBARQUA POUR LA COTE

Afin de bien expliquer au lecteur les événements très sérieux qui venaient de se passer à bord du vaisseau *Le Santiago*, et avaient obligé le commandant par intérim de ce navire à faire au capitaine Vent-en-Panne, les signaux répétés et si peu intelligibles, qui avaient si fort surpris les officiers du *Robuste*, il nous faut reculer d'environ six semaines en arrière, et revenir à Dieppe quelques heures avant le départ du bâtiment de la Compagnie pour la côte.

Le navire de neuf cents tonneaux, *Le Coq*, armé de douze pièces de canon ;

ayant soixante-dix hommes d'équipage, et appartenant à la Compagnie des Indes, était en partance pour Port-de-Paix ; où il allait porter des denrées de toutes sortes, indispensables à la colonie, et cent-quatre-vingt-dix engagés des deux sexes.

On sait de quelle façon cruelle la Compagnie des Indes en agissait avec ces malheureux.

On les recrutait un peu partout ; on les enlevait même au besoin. Un mari, qui voulait se débarrasser de sa femme, une femme de son mari, un père de son fils, un fils de son père, un débiteur de son créancier, s'entendaient avec les racoleurs de la Compagnie ; leur remettaient une somme plus ou moins considérable ; et l'individu dont on voulait se débarrasser était saisi, appréhendé au corps, n'importe où on le trouvait : dans les rues, dans les promenades publiques même, en plein jour, devant tout le monde ; sans que personne tentât de s'interposer, tant était grande la terreur inspirée par ces racoleurs taillés en hercule ; gens de sac et de corde et de plus assurés de l'impunité.

Les autres engagés étaient racolés dans les cabarets, les maisons borgnes ou les tripots de bas étage.

On enivrait ces pauvres diables, on leur faisait les promesses les plus fantastiques ; on leur promettait l'or et les diamants à foison ; aussitôt qu'ils débarquaient à Saint-Domingue après une longue traversée pendant laquelle, parqués sous les ponts comme des animaux, ils avaient enduré d'indicibles misères, ils étaient vendus comme esclaves pour un laps de trois à cinq ans, aux habitants et aux boucaniers qui les traitaient comme des bêtes de somme ; et parfois, après les avoir roués de coups, les estropiaient et même les tuaient. Et cela, sans qu'il leur fût possible d'élever la moindre réclamation contre l'odieux guet-apens dont ils étaient victimes ; leurs réclamations n'étaient pas admises ; on riait de leurs plaintes ; bon gré, mal gré, ils étaient contraints de courber l'échine et de demeurer esclaves.

Il est vrai que, s'ils ne succombaient pas à la peine, ce dur apprentissage terminé, ils étaient libres ; jouissaient des mêmes immunités que leurs anciens maîtres ; devenaient habitants, boucaniers ou flibustiers, Frères de la Côte enfin. Alors, à leur tour, ils achetaient des esclaves et les traitaient absolument comme ils avaient été traités eux-mêmes, sans plus se souvenir des souffrances qu'ils avaient endurées, pendant les trois ou cinq ans de leur esclavage.

Le *Coq* était un excellent navire ; parfaitement accastillé, fin voilier, se conduisant bien à la mer et supérieurement disposé, pour les voyages spéciaux exigeant un arrimage et des aménagements intérieurs tout particuliers.

Quarante-huit heures environ avant l'époque fixée pour le départ de son bâtiment, le capitaine du *Coq* revenait du Pollet, où il avait dîné avec un des agents de la Compagnie ; tout en causant avec cet agent sur le port, en attendant son canot pour retourner à bord, il suivait d'un regard distrait les évolutions d'une pirogue manœuvrée par un seul homme, et qui exécutait les courbes les plus gracieuses ; lorsque cette pirogue virant subitement de bord, se dirigea rapidement vers la terre, et vint s'échouer à deux pas de l'endroit, où se tenait le capitaine.

Le marin qui la montait sauta légèrement à terre et après avoir tiré sa pirogue sur le sable, il s'approcha du capitaine, le bonnet à la main.

Ce marin était un jeune homme de vingt-six ans, d'une taille élevée, bien prise, parfaitement proportionnée, et doué, ainsi qu'il en avait donné la preuve quelques minutes auparavant, d'une agilité, d'une force et d'une adresse extraordinaires ; ses traits mâles et accentués avaient une rare expression d'énergie et de franchise ; il avait les yeux noirs, le regard profond, le front large et pur, le nez droit, la bouche un peu grande garnie de dents magnifiques. Ses longs cheveux blonds et soyeux, sa fine moustache un peu fauve coquettement retroussée, imprimaient à sa physionomie un cachet d'étrangeté, qui inspirait la sympathie au premier abord ; en somme, c'était un beau et vigoureux garçon ressemblant bien plutôt à un gentilhomme déguisé qu'à un matelot ; et cependant il en portait le costume avec une aisance témoignant d'une longue habitude.

— Voilà un beau gars ! dit à voix basse le capitaine à l'agent de la Compagnie, pendant que le matelot s'approchait.

— Et fièrement campé ! répondit l'agent sur le même ton.

En ce moment le matelot les aborda :

— Je vous demande pardon, messieurs, d'interrompre votre conversation ; dit-il poliment d'une voix sonore et harmonieusement timbrée.

— Que désirez-vous, mon ami ? demanda le capitaine. Cherchez-vous un engagement ?

— Peut-être, monsieur ; mais pas probablement dans le sens que vous supposez.

— Expliquez-vous, mon ami ! reprit le capitaine avec intérêt.

— C'est ce que je vais faire avec votre permission, messieurs. Si je ne me trompe, je parle, n'est-ce pas, à monsieur le capitaine Guichard, commandant le *Coq*, en partance pour la Côte, et à monsieur de Frappel, agent principal de la Compagnie des Indes à Dieppe ?

— Vous êtes bien renseigné, mon ami ; nous sommes, en effet, les personnes que vous dites, et si c'est à nous que vous avez affaire, nous voici prêts à vous entendre.

— Voici la chose en deux mots, messieurs, reprit le jeune homme : je suis né, il y a quelque vingt-cinq ans, du côté des Sables-d'Olonne ; je n'ai jamais connu mes parents qui ne se sont pas plus occupés de moi, que, pour ma part, je n'ai songé à eux. J'avais six ou sept ans, je crois, lorsque la pauvre femme qui m'élevait se noya avec son mari. Au retour de la pêche, la barque que nous montions chavira, dans une saute de vent ; les deux braves pêcheurs disparurent sous l'eau et ne reparurent plus. Moi, je fus plus heureux. Tout en nageant, car mon brave père nourricier avait eu soin de m'apprendre à nager si jeune que je fusse, je réussis, je ne sais comment, à saisir un aviron sur lequel je me maintins assez longtemps, pour permettre à d'autres pêcheurs, témoins de notre sinistre, de venir à mon secours et de me sauver.

— Eh ! eh ! fit en riant le capitaine, c'était avoir du bonheur.

— J'ai toujours été heureux, reprit gaiement le jeune homme. Par la mort de mes pères nourriciers, notre pauvre marmite était renversée ; il fallait vivre; je m'embarquai mousse. Depuis j'ai constamment navigué; par tous les temps, sous toutes les latitudes; à la pêche aux harengs, à la baleine; en Afrique, en Amérique, dans l'Inde; que sais-je encore? tantôt comme matelot, tantôt comme maître, parfois comme officier; car je me suis appris à lire et à écrire, je sais faire mon point, prendre une amplitude : bref, je le dis avec orgueil, je suis bon marin, mais je suis ambitieux.

— C'est de votre âge, fit observer M. de Frappel.

— N'est-ce pas, monsieur? reprit le jeune matelot. Eh bien! il y a un pays dans lequel je ne suis jamais allé, dont on dit des merveilles et que je brûle de connaître, certain que j'y ferai fortune et que je m'y créerai une belle position en peu de temps.

— Quel est ce pays? demanda le capitaine.

— La Côte! je veux, moi aussi, devenir Frère de la Côte!

— Vous n'êtes pas dégoûté, mon cher ami; dit l'agent de la Compagnie.

— Bah! j'ai tout ce qu'il faut pour cela. Je suis brave, intelligent, je veux parvenir. Est-il besoin d'autre chose?

— Ma foi non! Vous voudriez partir avec nous?

— Oui. Je travaillerais pour mon passage et arrivé à Saint-Domingue, vous me débarqueriez.

— Vous m'intéressez, je voudrais vous être utile; malheureusement ce que vous me demandez est impossible.

— Impossible?

— Oui, la loi s'y oppose formellement. Vous n'avez que deux alternatives: vous faire inscrire sur mon rôle d'équipage et alors je serai obligé de vous ramener à Dieppe; et, si je consens à cela, c'est par intérêt pour vous, car mon équipage est complet, ou bien...

— Ou bien?

— Vous engager avec la Compagnie des Indes; et vous savez ce qui vous attend là-bas?

— Oui, je le sais. Hum! c'est dur! Vous m'affirmez qu'il n'y a pas d'autre moyen?

— Sur l'honneur.

Le jeune homme sembla réfléchir pendant quelques instants; puis tout à coup il releva la tête et répondit gaillardement :

— Bah! ne vous ai-je pas dit que j'avais toujours eu du bonheur! Il me reste la chance. C'est dit, capitaine, j'accepte et je pars avec vous.

— Vous acceptez?

— Oui, mais à deux conditions.

— Voyons les conditions?

— La première, c'est que pendant toute la traversée je ferai mon métier de matelot, et je serai considéré comme faisant partie de l'équipage.

— Voyons la seconde?

— Quand appareillez-vous?

— Après-demain à l'heure de la marée.

— Eh bien! la seconde c'est que je demeurerai à terre jusqu'au moment du départ. Est-ce convenu, capitaine?

— J'accepte vos conditions. Vous ferez le service de deuxième lieutenant à bord.

— Merci, capitaine, vous n'aurez pas à vous plaindre de moi.

— Je le crois. Et qui sait ? peut-être là-bas pourrai-je vous être utile. Quel est votre nom ?

— Je n'en ai jamais eu ; on m'a toujours appelé l'Olonnais, à cause de la ville où probablement je suis né.

— Soit, on vous nommera ainsi. Eh bien ! l'Olonnais, suivez monsieur, signez votre engagement, et soyez exact après-demain.

— Merci, capitaine ; comptez sur moi.

En ce moment le canot du capitaine Guichard arriva ; celui-ci s'embarqua et regagna son bord.

L'Olonnais retourna au Pollet en compagnie de M. de Frappel. L'agent de la Compagnie lui fit signer son engagement, lui compta une prime de cent cinquante francs, somme énorme pour l'époque ; lui fit promettre de ne pas manquer à sa parole, et le congédia en lui souhaitant tous les bonheurs possibles.

Le jeune homme remercia M. de Frappel, et le quitta en faisant joyeusement sauter les écus de six livres qui remplissaient sa poche.

Mais dès que l'Olonnais fut seul, son visage redevint sérieux ; il doubla le pas, et au lieu d'entrer au cabaret, ce que n'aurait pas manqué de faire tout autre matelot dans sa position, il sortit de la ville et alla sur la route de Paris s'embusquer au milieu d'un épais taillis, dans lequel il disparut.

Il était à peu près six heures du soir, dans les premiers jours du mois de mai, c'est-à-dire presque à l'époque des plus longs jours de l'année.

— Là, murmura-t-il en s'accommodant le moins mal possible dans sa cachette, je suis certain de la voir, attendons !

L'attente fut longue, mais l'Olonnais était patient ; il demeurait assis, l'oreille tendue, ne bougeant pas plus qu'un fakir indien, surveillant les rares passants qui entraient dans la ville ou en sortaient.

Depuis une heure environ, il était embusqué dans sa singulière cachette, lorsqu'il lui sembla entendre un bruit de grelots, un roulement de voiture sur le cailloutis pointu de la route, et le pas pressé de plusieurs chevaux.

Il redoubla d'attention.

— Cette fois, je ne me trompe pas ; murmura-t-il avec une émotion contenue, en appuyant fortement la main sur son cœur comme pour en modérer les battements.

En effet, quelques minutes plus tard, une lourde voiture attelée de cinq chevaux, passa rapidement devant l'endroit où se tenait le matelot ; celui-ci se pencha vivement, une expression d'ineffable bonheur se peignit sur son visage, et il murmura avec un accent impossible à rendre :

— C'est elle ! qu'elle est belle, mon Dieu !... Soudain il pâlit, baissa la tête avec découragement et deux larmes tombèrent de ses yeux. Hélas ! reprit-il, quelle fatalité m'a jeté, moi, misérable, sur les pas de cette femme ! comment osai-je aimer cette séduisante créature ! Que suis-je, pour elle si riche, si belle, si noble?... moi, pauvre enfant trouvé, qui n'ai pas même de nom !... Allons, je suis fou ! existerai-je jamais à ses yeux? daignera-t-elle regarder assez bas pour m'apercevoir?... Puis son œil noir lança un fulgurant éclair d'orgueil et de volonté : Qui sait?... ajouta-t-il, l'avenir m'appartient ! Ce nom, cette fortune qui me manquent je puis les conquérir ! Je les conquerrai !.. ou bien je mourrai !... et la mort, c'est l'oubli !

Tout en discutant ainsi avec lui-même, le matelot avait quitté sa cachette, s'était jeté dans un chemin de traverse et s'était lancé en courant vers la ville.

Il fit si grande diligence, qu'il arriva à temps, pour voir une seconde fois la voiture passer devant lui.

Cette voiture contenait trois personnes : un gentilhomme de cinquante-cinq ans environ, d'une mine hautaine et dédaigneuse, et deux dames : la mère et la fille selon toutes probabilités.

Bien que la plus âgée des deux dames eût dépassé de plusieurs années la quarantaine, il lui eût été facile de n'avouer que trente-deux ou trente-trois ans, tant sa beauté, qui avait dû être extraordinaire, s'était conservée presque dans toute sa splendeur première; son visage avait cette pureté de lignes, que les anciens savaient si bien rendre, avec leur ciseau, et dont ils ont avec eux emporté le secret; sa peau d'une finesse extrême avait une transparence et un velouté tout juvénile; un léger nuage de mélancolie, répandu sur ses traits, ajoutait un charme de plus à sa physionomie expressive; parfois elle laissait languissamment reposer son regard sur sa fille, et alors un délicieux sourire entr'ouvrait ses lèvres carminées, et une expression profonde et passionnée d'amour maternel éclatait dans son regard, qui subitement se faisait rêveur.

Sa fille était une enfant de seize ans à peine. Que dire d'elle, sinon qu'elle était belle comme sa mère l'avait été à son âge ! Blonde avec des yeux noirs, elle avait un teint nuancé de rose et d'opale, des lèvres rosées, des dents admirables, de longs cheveux bouclés tombant sur ses épaules, une taille svelte, élancée; en un mot, cette jeune fille avait toutes les grâces de l'enfance qui s'ignore encore, avec la délicieuse langueur de la femme ; elle était belle sans le savoir.

Autour du carrosse galopaient quatre valets en grande livrée, armés jusqu'aux dents.

Lorsque la lourde voiture eut disparu à l'angle de la rue la plus proche, le jeune homme sembla se réveiller en sursaut de l'extase où il était plongé.

— Chère Violenta ! murmura-t-il. Est-ce une femme ou un ange? Et moi, moi misérable fou ! j'ose aimer cette créature céleste ! oh ! oui, je l'aime ! je l'aime à mourir sur un mot de ses lèvres, sur un signe de ses doigts rosés. Oh ! la voir ! la voir toujours !...

Et il reprit sa course, fou, éperdu, derrière la voiture.

Mais cette course ne fut pas longue. Le carrosse tourna sur le port et s'engloutit comme un ouragan dans la cour d'une maison dont les portes se refermèrent aussitôt sur lui.

Le matelot s'arrêta à quelques pas, et examina cette maison avec la plus sérieuse attention.

Il murmura avec un accent impossible à rendre : C'est elle, qu'elle est belle, mon Dieu !...

— C'est là qu'elle s'arrête, murmura-t-il à part lui. On ne m'avait pas trompé ! Mes renseignements étaient exacts ! Partira-t-elle réellement ?... oh ! je le saurai !

Il jeta un dernier regard sur la maison, puis il s'éloigna comme à regret, et entra, une centaine de pas plus loin, dans un cabaret fréquenté par les matelots.

Mais ce n'était ni pour boire ni pour manger ; l'Olonnais avait bien d'autres choses en tête, en ce moment, que la satisfaction de ses appétits matériels !

Il s'arrêta un instant sur le seuil de la porte et, après avoir promené un regard inquisiteur tout autour de la salle basse, sombre, enfumée, sans doute il découvrit ce qu'il cherchait, car il se dirigea vers une table occupée seulement par un buveur solitaire, et il s'assit sans hésiter à côté de lui.

Les deux marins, car l'inconnu portait le costume de matelot, échangèrent un sourire et une poignée de mains.

— Eh bien ! Pitrians, demanda l'Olonnais avec une certaine hésitation, quoi de nouveau, mon vieux camarade ?

Hâtons-nous de constater que le vieux camarade en question était un solide gaillard de six pieds, taillé en Hercule, à la mine un peu chafouine, bien que sympathique, à l'œil fin, perçant et vif, à la physionomie rusée, et âgé à peine de vingt-deux ans.

— Rien qui doive t'inquiéter, matelot, répondit-il en riant. Sur ma parole, tu es né coiffé, comme disent les vieilles femmes ; tout tourne à ton gré ; le hasard même semble prendre plaisir à se mettre de la partie, pour mieux arranger les choses.

— Comment cela ? dis vite, matelot.

— Tu vas en juger. Le señor don Blas Sallazar, comte de Médina Campo et duc de la Torre, au diable les Espagnols pour avoir une telle kyrielle de noms !...

— Tu me fais bouillir !

— M'y voici. Il paraît que ledit seigneur est très ami de notre roi S. M. Louis XIV, à la cour duquel il réside depuis longtemps...

— Que m'importe tout cela !

— Patience donc ! Il paraît que don Blas, etc., etc., a été nommé vice-roi du Pérou, par le roi d'Espagne, son souverain, qui a pour lui une estime toute particulière.

— Qu'est-ce que cela me fait !

— Plus que tu ne le supposes. Bien que le roi de France et le roi d'Espagne soient en guerre, M. de Colbert avait reçu l'ordre de mettre gracieusement la frégate le *Porc-Épic* à la disposition du señor don Blas, etc., etc., pour passer au Pérou ; mais comme M. de Colbert a jugé à propos de disposer de la frégate pour surveiller les côtes d'Espagne... Tu m'entends, n'est-ce pas ?

— Parfaitement, mais je ne comprends pas ?

— C'est que tu ne le veux point ; cependant c'est limpide. Le ministre n'osant désobéir aux ordres du roi, s'est entendu avec les directeurs de l.. Compagnie des Indes ; ceux-ci ont prévenu le capitaine Guichard dont le bâtiment est en partance, qu'il embarquerait et conduirait à Saint-Domingue avec tous les honneurs dus à son rang, le comte de Médina Campo, nouveau vice-roi du Pérou, et sa famille ; de sorte que tout a été préparé à bord du navire *Le Coq* pour recevoir ces illustres passagers. Arrivés à Saint-Domingue, rien ne sera plus facile à M. d'Ogeron, gouverneur de la partie française de l'île, que de faire conduire en sûreté le comte et sa suite sur le territoire espagnol.

— Tu es certain de ce que tu avances ?

— Tout ce qu'il y a de plus certain ; je le tiens du valet de chambre même du duc : un grand sec, qu'on ne voit jamais que de profil, n'importe de quelle façon on le regarde.

— Bon ! s'écria l'Olonnais, je l'avais deviné !

— Toi ?

— Oui, mon cœur me l'avait dit ! s'écria-t-il en se frottant joyeusement les mains.

— Bah ! Pas possible !

— C'est si bien possible, reprit le jeune homme en riant, que je pars avec eux.

— Toi ?

— Oui. Écoute et tu verras si je me suis trompé.

Alors l'Olonnais raconta à son ami de quelle façon il s'était engagé à bord du *Coq*.

Pitrians l'écouta, non pas avec surprise, mais avec une véritable stupeur.

— C'est égal, dit-il, en hochant la tête d'un air mécontent, tu as eu tort. Ton amour t'a fait faire une sottise. Tout cela te conduira Dieu sait où !

— Après nous la fin du monde ! s'écria l'autre d'un air délibéré.

— Tu raisonnes comme une calebasse, mais tu es mon ami ; je ne te dirai donc rien : sinon que tu t'es mal conduit envers moi, en agissant ainsi que tu l'as fait sans me prévenir.

— Je ne te comprends pas, Pitrians.

— Suffit ! Je me comprends et tu me le paieras.

— Allons donc ! Tu es fou !

— Non, c'est toi qui l'es. Viens, il est temps de nous retirer.

En parlant ainsi il se leva, solda la bouteille de vin qu'il avait à peine entamée, et tous deux quittèrent le cabaret.

L'Olonnais fut exact au rendez-vous qu'il avait donné au capitaine Guichard. A l'heure dite, il arrivait à bord du *Coq* et se présentait au capitaine. L'appareillage était commencé ; une partie de l'équipage virait au guindeau pour déraper l'ancre, tandis que des matelots courant sur toutes vergues larguaient les voiles.

Après avoir serré de la façon la plus cordiale la main de son nouveau lieutenant, le capitaine Guichard lui fit indiquer, par un mousse, la cabine qu'il lui destinait, afin qu'il y déposât son coffre ; puis son installation terminée, et ce fut l'affaire de quelques minutes, l'Olonnais prit immédiatement son service à bord.

Le premier individu auquel il se heurta en montant sur le pont fut Pitrians.

— Tu le vois, matelot, dit celui-ci en riant sans façon au nez de son ami, il n'y a pas que toi qui saches faire des sottises ; je ne m'en tire pas mal aussi, hein ?

— Est-ce que tu es embarqué sur le *Coq* ?

— Parfaitement ; aux mêmes conditions que toi ; seulement je ne suis pas officier, moi ; je ne suis que maître d'équipage ; mais je m'en bats complètement l'œil. Tu es vexé de me voir ici, n'est-ce pas, sournois ? Je te l'avais bien dit que tu me le paierais !

— Merci, Pitrians, répondit l'Olonnais avec émotion, en lui serrant la main.

La conversation finit là. Quel besoin avaient-ils de s'en dire plus? ils se comprenaient. Chacun se rendit où l'appelait son devoir.

Une heure après le navire *Le Coq* dérapait et prenait la mer.

Les dix ou douze premiers jours de la traversée furent favorisés par une bonne brise et un temps magnifique, ce qui fit supposer que le voyage s'accomplirait dans les meilleures conditions.

Le duc de la Torre s'était tout de suite fait aimer de l'équipage par ses manières affables et sa générosité.

Les matelots de quart le voyaient avec plaisir se promener sur le pont en compagnie de la duchesse et de sa charmante fille. Dès que ces trois personnes paraissaient sur l'arrière, l'équipage s'éloignait respectueusement pour leur laisser la place nécessaire à leur promenade; les matelots ne causaient plus entre eux qu'à voix basse, évitant avec le plus grand soin de se servir de ces expressions grossières, ou plus que lestes, dont ils ont l'habitude.

M¹¹ᵉ Violenta de la Torre était surtout l'objet, non seulement d'un respect profond de la part de ces hommes presque primitifs, mais, pour ainsi dire, d'un culte. Ils professaient une admiration sans bornes pour cette jeune fille; avec une crédulité naïve et touchante qui caractérise ces natures à la fois simples et énergiques, ils se figuraient que la présence à bord de cette ravissante enfant, portait bonheur à eux et au navire.

L'Olonnais était heureux, plus heureux qu'il n'avait jamais été; à la vérité, il n'avait osé adresser la parole à la jeune fille autrement que pour échanger timidement avec elle quelques banales questions, sur le temps, la marche du bâtiment, ou la durée probable du voyage; mais il n'était plus à présent absolument un étranger pour elle; la douce et harmonieuse musique de sa voix l'enivrait et faisait courir des frissons de bonheur dans ses veines; et puis il la voyait chaque jour pendant plusieurs heures; il pouvait de plus la contempler et l'admirer en secret. Aussi, nous le répétons, il était heureux.

Cependant une goutte d'absinthe ne tarda pas à tomber sur ce bonheur, et à le changer presque en amertume.

Sans qu'il s'en doutât, une conspiration horrible se tramait dans l'ombre, contre la femme pour laquelle il avait une adoration si respectueuse, et nous dirons presque si désintéressée; à cause de la barrière infranchissable, que les lois implacables de la société d'alors élevaient entre elle et lui.

Ceci demande une explication que nous allons essayer de donner en peu de mots.

Le premier lieutenant, ou second capitaine du bord, était un ancien officier de la marine royale, que certaines fredaines un peu trop accentuées, et qu'il est inutile de rapporter ici, avaient obligé à donner sa démission. Cet homme était noble; il portait même un beau nom : le comte Horace de Villenomble, et se trouvait apparenté avec la meilleure noblesse d'Auvergne. De plus il était neveu d'un des directeurs de la Compagnie des Indes. C'était même grâce à la protection de cet oncle, qu'il avait obtenu l'emploi de deuxième capitaine du navire *Le Coq*, emploi qu'il occupait depuis trois ans, tant bien que mal. Nous ne prétendons pas dire par là qu'il fût mauvais marin; bien au contraire, il connaissait parfaitement son métier; en maintes circonstances, il avait fait preuve de grands talents et d'une remarquable science nautique. Mais les bonnes qualités que M. de Villenomble possédait comme marin, étaient complètement obscurcies par des vices honteux et une immoralité sans bornes; cet homme n'avait de respect pour rien. Il était ivrogne, joueur, licencieux et le reste. Rien ne lui coûtait pour satisfaire ses caprices, ou assouvir ses passions.

A bord du *Coq* il était exécré par tout l'équipage, et surtout redouté, à cause de l'influence dont il jouissait sur l'esprit de son oncle, qu'il était parvenu à complètement aveugler sur son compte, et à convaincre de son retour définitif à une existence honnête et laborieuse. Parfois même, le digne homme se félicitait de sa conversion, et s'applaudissait d'être parvenu à le remettre dans la bonne voie.

Au physique, le chevalier Horace de Villenomble était un charmant cavalier de trente-deux à trente-quatre ans, d'une élégance suprême, très au fait des usages de la cour, et surtout possédant au plus haut degré ce talent, si rare, même à cette époque de galanterie quintessenciée, de dire des riens spirituels, de raconter avec esprit des anecdotes souvent assez scabreuses, enfin de plaire aux dames sans affectation et sans paraître leur faire la cour.

Deux jours avant le départ du *Coq*, le comte revenait d'une promenade assez longue qu'il avait faite à cheval sur la route d'Arques. Il était environ sept heures et demie du soir; plongé dans des réflexions assez sérieuses et qui, à en juger par l'expression de sa physionomie, ne devaient pas être couleur de rose, le jeune officier avait abandonné la bride sur le cou de son cheval, et le laissait marcher à sa guise; liberté dont l'animal profitait pour happer une touffe d'herbe à chaque angle de la route.

Tout à coup deux hommes vêtus en matelots arrêtèrent le cheval par le mors.

Le comte redressa vivement la tête en portant la main à ses fontes.

— Que me voulez-vous? demanda-t-il d'une voix menaçante.

— Vous rendre service, répondit un des deux hommes, si vous êtes celui que nous cherchons.

— Qui cherchez-vous?

— Le comte Horace de Villenomble, lieutenant en premier du vaisseau de la Compagnie *Le Coq*.

— C'est moi, dit-il.

— Alors, veuillez nous suivre à quelques pas d'ici; nous avons à vous faire une proposition avantageuse pour vous.

— Qui m'assure que vous ne me tendez pas un piège? que vous ne voulez pas me faire tomber dans un guet-apens pour m'assassiner?

— Allons donc! vous ne croyez pas un mot de ce que vous dites. Nous sommes sans armes. D'ailleurs, c'est à prendre ou à laisser. Vous savez, monsieur le comte, que c'est demain à six heures du matin, que vous devez payer les cinq mille pistoles que vous avez perdues hier, et que vous venez dans ce moment, d'aller vainement demander à un de vos amis; sinon vous serez arrêté immédiatement, cassé de votre grade, et cette fois sans rémission possible.

— Quand tout cela serait vrai, reprit le comte avec hauteur, qu'en résulterait-il ?

— Ceci tout simplement que, si vous consentez à nous suivre, dans un quart d'heure vous aurez les cinq mille pistoles que vous avez vainement cherchées, et cinq mille pistoles en sus, sans compter le double de cette somme, dès que votre navire sera arrivé à Port-Margot, si vous consentez à votre tour à nous rendre le service que nous attendons de vous.

Le comte sembla réfléchir un instant, puis prenant son parti :

— Allons ! dit-il d'un ton résolu.

Et il s'éloigna à travers champs en compagnie des deux hommes.

Après avoir marché pendant quatre ou cinq minutes à peine, ils atteignirent une espèce de masure abandonnée dans laquelle le comte, après avoir mis pied à terre et attaché son cheval, pénétra à la suite de ses deux guides inconnus.

L'un d'eux alluma une chandelle de suif jaune, qu'il posa sur une table boiteuse, et la conversation s'engagea aussitôt entre les trois hommes.

Que se dirent-ils ? Quelles propositions furent faites au comte ? C'est ce que nous saurons bientôt. Mais ces propositions durent être terribles ; car le comte, qui cependant faisait profession de ne rien redouter du monde, et dont en ce moment la situation était réellement désespérée, hésita à les accepter.

Cependant, il paraît que les inconnus réussirent à vaincre ses scrupules et à obtenir son consentement, car le comte reçut, séance tenante, dix mille pistoles en billets de caisse ; billets qu'il examina soigneusement et qu'il plaça avec un soupir de satisfaction dans son portefeuille ; puis il sortit et monta à cheval.

— Nous avons tenu nos promesses, dit un des inconnus avec un accent de menace, à vous de tenir la vôtre. Sachez bien que si vous n'accomplissez pas l'affaire dont vous vous êtes chargé, rien ne pourra vous soustraire à notre vengeance.

— Nous serons aussi tôt que vous sur la Côte, ajouta le second d'une voix sombre.

— Messieurs, répondit le comte avec hauteur, vous avez ma parole de gentilhomme ; puisque vous me connaissez si bien, vous devez savoir que je n'y ai jamais manqué. Adieu et merci.

Et rendant la main à son cheval, il partit au galop.

— Au revoir, répondirent les inconnus d'une voix railleuse.

Dix minutes plus tard, le comte arrivait à Dieppe. Sans s'arrêter, il se rendait chez son créancier, acquittait sa dette, puis après avoir pris certaines dispositions, il montait dans un canot et se faisait conduire à bord du *Coq*, fermement résolu à ne plus descendre à terre avant le départ.

En sa qualité de second du navire, le comte Horace était spécialement chargé de tout ce qui regardait l'aménagement intérieur du bâtiment ; de l'établissement des cabines, de l'arrimage et enfin de tous ces détails minutieux que comporte l'installation d'un navire, depuis les agrès, le lest ou le chargement, jusqu'à la nourriture et à la discipline de l'équipage et des passagers, le premier capitaine ne s'occupant en général que de la route.

Lorsque le capitaine Guichard reçut l'ordre de prendre à son bord le duc de la Torre et sa famille, naturellement il communiqua cet ordre à son second, en laissant à ses soins les dispositions à prendre, pour que les nobles passagers se trouvassent le moins mal possible sur le *Coq*, pendant une traversée assez longue, puisque, en supposant que le temps se maintînt au beau, elle devait durer plus d'un mois.

Le comte Horace, rendons-lui cette justice, s'acquitta de la mission délicate que lui confiait son capitaine avec un tact et un goût exquis : il fit réellement des prodiges dans l'arrangement des cabines, dont il forma un appartement luxueux, assez grand et surtout très commode ; chose qui est si difficile à obtenir, même souvent sur un bâtiment d'un tonnage supérieur à celui du *Coq*, qui, de plus, était encombré déjà d'un nombre considérable de passagers des deux sexes.

Le duc de la Torre redoutait sur toutes choses l'incommodité, à laquelle il s'attendait à être condamné à bord d'un navire de commerce, d'un tonnage relativement faible, où, d'ordinaire, l'espace est excessivement restreint ; il fut très agréablement surpris, lorsque le comte Horace, après l'avoir reçu avec une exquise courtoisie à son arrivée à bord, l'eut conduit à l'appartement qui lui était destiné. Le duc, enchanté de tout ce qu'il voyait, remercia chaleureusement l'officier, qu'il ne connaissait pas encore, mais dont les grandes manières l'avaient séduit dès le premier moment ; il ne s'en tint pas là : dès qu'il reçut la visite du capitaine, il saisit cette occasion pour le féliciter sur le goût et le talent déployés par son second, dans l'aménagement de cet appartement si adroitement improvisé.

Le capitaine fut obligé, à son grand regret, de répondre aux courtoises avances de son noble passager en lui présentant le comte de Villenomble ; formalité que le digne capitaine comptait différer, jusqu'à ce qu'il eût eu le loisir de prévenir secrètement le duc du caractère véritable de l'homme que les directeurs de la Compagnie des Indes lui avaient imposé pour second. Mais comme déjà plusieurs fois en pareilles circonstances, le capitaine Guichard avait réussi à déjouer les rouéries plus ou moins honnêtes de son second, celui-ci se tenait sur ses gardes ; il s'arrangea de façon à prendre l'avance et à contraindre le capitaine à le servir malgré lui, en le présentant.

Ces deux hommes se connaissaient de longue date ; ils se méprisaient et se haïssaient mortellement ; c'était entre eux, à la vérité, une guerre à armes courtoises, mais sourde, implacable, acharnée, quoique silencieuse ; et cela en conservant continuellement le sourire sur les lèvres. Naturellement le duc de la Torre, qui n'avait et ne pouvait avoir aucun soupçon de la mésintelligence secrète de ces deux hommes, fut ravi de rencontrer sur ce bâtiment, dont il avait d'abord si fort redouté le séjour, un gentilhomme de sa caste et presque de son rang, de manières exquises, avec lequel il pourrait entretenir des relations agréables pendant le cours du voyage, et qui formerait une société à sa famille, en l'aidant à supporter patiemment les ennuis inséparables d'une longue traversée. Il accueillit donc le comte Horace de la façon la plus gracieuse ; bientôt, celui-ci, dont le plan était dressé à l'avance, sut si bien se rendre indispensable au duc de la Torre, que le noble Castillan le prit en grande estime, et qu'il réussit ainsi à s'introduire dans son intimité.

L'amour rend clairvoyant. L'Olonnais ne tarda pas à s'apercevoir du manège de son supérieur. Il remarqua avec une douleur secrète que les assiduités du comte étaient acceptées avec une certaine amabilité par les dames; mais il reprit bientôt courage; car il lui fut facile de constater que Mlle de la Torre semblait éprouver une répulsion instinctive pour cet homme, auquel, en toutes circonstances, elle témoignait une extrême froideur.

Malheureusement pour l'Olonnais, la position inférieure qu'il occupait à bord ne lui permettait en aucune façon de servir les passagères, ni même de les avertir de se tenir en garde contre les assiduités du comte Horace.

Celui-ci était son supérieur immédiat; il ne pouvait rien contre lui; de plus, à cette époque, le code maritime était d'une sévérité ou plutôt d'une cruauté telle, que bien rarement, on avait à appliquer ses lois draconniennes.

Le capitaine Guichard avait pris l'éveil, lui aussi. Il connaissait son second depuis trop longtemps, pour ne pas surveiller de près ses actions, même celles en apparence les plus indifférentes ; il avait le pressentiment que celui-ci agissait d'après un plan laborieusement élaboré. Quel était ce plan? Quel but le comte voulait-il atteindre? Voilà ce que le capitaine Guichard ignorait, mais ce qu'il lui importait de découvrir, afin, s'il était possible, de déjouer les machinations du comte, et de le démasquer, aussitôt qu'il se laisserait emporter à commettre une faute.

Mais le comte était bien fin ; se sentant soupçonné, il jouait très serré.

Il fallait donc faire avec lui un assaut continu de ruse et d'adresse ; feindre avant tout, à ses yeux, d'avoir en lui la plus entière confiance, tout en le surveillant attentivement.

La situation était difficile, critique même. Le capitaine Guichard avait à lutter contre forte partie. Il n'hésita pas à faire part à l'Olonnais, qu'il avait appris à connaître, et dans lequel il avait la plus entière confiance, de son appréhension secrète ; il lui révéla le caractère équivoque de son second et les craintes qu'il éprouvait à son sujet. L'Olonnais écouta cette confidence avec la joie la plus vive. Soutenu par son capitaine, il se sentit fort et reprit espoir. Pitrians, son ami, fut mis dans le secret et tous trois, d'un commun accord, ils résolurent d'exercer une surveillance occulte autour de l'homme que, désormais, ils considéraient comme un ennemi; d'épier ses moindres actions, soit de jour, soit de nuit ; en un mot de ne pas le perdre de vue un instant, afin de déjouer le plan que sans doute il avait conçu, pour séduire la jeune et charmante fille du duc de la Torre, et la compromettre de telle sorte, qu'elle fût contrainte d'accepter sa main.

Cependant le voyage se continuait dans les plus excellentes conditions; la brise, depuis le départ de Dieppe, n'avait ni augmenté ni diminué ; elle n'avait cessé d'être favorable. Les bras, les écoutes et les amures semblaient amarrés à demeure sur les taquets, ainsi que les matelots disaient entre eux en riant.

On approchait rapidement de Saint-Domingue; encore sept ou huit jours au plus et le *Coq* laisserait tomber son ancre sur la rade de Port-de-Paix, dans la . . . . 'île.

— Messieurs, répondit le comte avec hauteur, vous avez ma parole de gentilhomme.

Le comte Horace de Villenomble redoublait de prudence; mais en même temps, ses assiduités auprès de M. le duc de la Torre devenaient plus sérieuses. Sachant l'influence dont jouissait le vice-roi du Pérou, connaissant ses liens nombreux de parenté avec les premières familles du royaume, le crédit qu'il possédait à Versailles, malgré sa qualité d'Espagnol, le comte Horace s'était présenté à lui comme une victime de l'envie, poursuivi par des ennemis puissants, qui avaient réussi à le noircir auprès de M. de Colbert, le tout-puissant ministre du roi Louis XIV, dont la haine implacable avait brisé sa carrière, en le contraignant à donner sa démission; l'obligeant ainsi à végéter honteusement dans les grades inférieurs, à bord de bâtiments de commerce; confondu avec des gens qui, n'étant ni de son rang ni de sa caste, le considéraient comme un ennemi, et par conséquent, poussés par leur haine implacable contre la noblesse, essayaient eux aussi de lui nuire.

M. le duc de la Torre, ému malgré lui par le récit souvent répété de ces malheurs imaginaires, s'était intéressé à la situation précaire de ce jeune homme, placé dans une situation si au-dessous de sa naissance; il lui avait promis, bien que la guerre fût déclarée entre la France et l'Espagne, d'intercéder auprès du ministre, et d'employer toute l'influence dont ses parents ou ses amis disposaient à Versailles, pour que justice lui fût rendue, et qu'il fût replacé dans la marine royale dans des conditions plus en rapport avec le nom honorable qu'il portait.

Les choses en étaient à ce point; le comte Horace se félicitait secrètement du chemin qu'il avait fait dans l'esprit de M. de la Torre; il entrevoyait dans un avenir prochain le succès presque assuré de ses machinations et de ses trames si adroitement tissées, lorsqu'un événement auquel il était bien loin de s'attendre vint, non pas changer, mais complètement modifier ses projets, et le pousser ainsi à sa perte.

Cet événement fut la prise du bâtiment de la Compagnie des Indes, *Le Coq*, par le vaisseau de guerre espagnol, *Le Santiago*.

Voici comment le navire français fut amariné à l'improviste, à cent cinquante lieues au plus de l'île de Saint-Domingue, but de son voyage, lorsqu'il se croyait certain d'avoir trompé la vigilance des nombreux croiseurs ennemis et de leur avoir échappé.

IV

COMME QUOI LE COMTE HORACE TOMBA DE FIÈVRE EN CHAUD MAL ET SE VIT CONTRAINT DE QUITTER LE NAVIRE LE COQ D'UNE FAÇON TRÈS DÉSAGRÉABLE.

Quatre coups doubles frappés par un timonnier sur la cloche, annoncèrent à l'équipage du navire *Le Coq* qu'il était huit heures du soir.

Le temps était sombre, couvert, le vent assez fort, la mer clapoteuse.

Le comte Horace de Villenomble, second capitaine du navire, après avoir établi la voilure réglementaire pour la nuit, c'est-à-dire fait rentrer les bonnettes, prendre un ris aux huniers et assurer les bras du vent, passa le porte-voix à l'Olonnais, dont le quart commençait à huit heures, pour se terminer à minuit.

Selon la coutume invariable des marins à chaque changement de quart, le jeune homme demanda à l'officier qu'il remplaçait, s'il y avait du nouveau :

— Rien, répondit un peu sèchement celui-ci en se dirigeant vers l'écoutille de l'arrière ; le vent adonne ; la route est toujours indiquée à l'E.-S.-E.

— Je le sais, monsieur, répondit l'Olonnais, avec insistance, aussi n'est-ce pas cela que j'ai l'honneur de vous demander.

— Que voulez-vous donc alors, monsieur ? Hâtez vous, je vous prie, il me faut inscrire mes observations de quart sur le livre de loch.

— Je désire, monsieur, connaître la position exacte du navire qui a été aperçu au coucher du soleil par la hanche de tribord, je crois ?

— C'est juste, un bâtiment a été en effet aperçu, répondit le comte d'un air indifférent ; mais à peine la vigie l'a-t-elle eu signalé qu'il a piqué dans le vent ; depuis plus d'une heure il est invisible.

— C'est égal, peut-être serait-il bon, monsieur, de se tenir en garde ; nous sommes sur le passage des vaisseaux espagnols qui vont en Amérique ou qui en reviennent ; ces parages sont très surveillés par leurs croiseurs.

— C'est possible ; mais rassurez-vous, monsieur, le bâtiment que nous avons vu et que j'ai soigneusement examiné, n'est ni un vaisseau espagnol allant aux Indes ou en revenant, ni un croiseur ; c'est un honnête charbonnier, un peu gros peut-être, dont la construction est essentiellement marchande et l'allure lourde et pacifique ; il ressemble à une galiote hollandaise et marche comme une baille à braie ; du reste, faites comme il vous plaira ; vous êtes maintenant chef de quart, cela vous regarde. Allons ! bonsoir, lieutenant, je vous laisse ; M. le duc de la Torre m'attend, bonsoir !

Après avoir prononcé ces paroles avec un accent légèrement ironique, le comte Horace pirouetta sur les talons, et disparut presque aussitôt par l'écoutille, en chantonnant entre ses dents un couplet d'une chanson à boire.

L'Olonnais, dès qu'il fut seul, haussa les épaules, examina la voilure, fixa un instant ses regards sur la mer et la ligne d'horizon, et jeta un coup d'œil sur le compas ; ces diverses précautions prises, il commença une interminable promenade de l'habitacle au grand mât, tournant pour ainsi dire comme une bête fauve dans sa cage, sur un espace de plus de vingt pieds ; et, sa pipe aux dents, il se prépara à passer le moins ennuyeusement possible les quatre heures qu'il avait à demeurer sur le pont. Le moyen lui était facile : il n'avait qu'à penser à celle qu'il aimait, ce qu'il fit aussitôt.

Mais le jeune homme n'eut pas longtemps le loisir de se laisser aller à ses séduisants rêves d'amour ; les devoirs de son métier le réveillèrent brusquement et absorbèrent bientôt toute son attention. Pitrians, en allant par hasard sur les barres de perroquet, amarrer deux ou trois rabans qui s'étaient largués, crut voir briller, à une courte distance du navire, une lumière qui paraissait et disparaissait tour à tour, obéissant sans doute aux mouvements de la houle ; le matelot se hâta d'achever sa besogne, puis il redescendit sur le pont et informa son ami de ce qu'il avait vu ou cru voir.

Pitrians était un excellent marin ; l'Olonnais ajouta foi à ce qu'il lui disait, d'autant plus que le souvenir du bâtiment suspect revint aussitôt à sa pensée ; cependant il voulut s'assurer par lui-même de ce qu'il en était. Il s'arma d'une longue-vue de nuit, interrogea minutieusement l'horizon dans la direction que lui indiqua Pitrians, et bientôt il acquit la certitude que celui-ci ne s'était pas trompé.

Le bâtiment aperçu au coucher du soleil était en vue de nouveau et, autant qu'on pouvait en juger, il s'était depuis une heure ou deux sensiblement rapproché du *Coq*, bien que sa position eût considérablement varié, depuis qu'il avait été signalé pour la première fois.

Le capitaine Guichard, en prenant l'Olonnais pour second lieutenant, avait fait preuve d'une rare perspicacité; il était impossible de faire un meilleur choix. En effet, l'Olonnais était pour ainsi dire né sur la mer; c'était elle qui avait bercé sa première enfance; il l'avait parcourue dans tous les sens, sans jamais la quitter; il l'aimait avec une adoration superstitieuse, convaincu que toutes ses joies lui viendraient d'elle. Il ne ne sentait réellement lui-même que lorsque ses pieds posaient sur le pont d'un navire. Depuis plus de vingt ans qu'il courait l'univers d'un bout à l'autre, il avait assisté à bien des ouragans, enduré bien des fatigues, souffert bien des privations et constamment lutté contre la mort, avec laquelle, cent fois, sans pâlir, il s'était trouvé face à face. Aussi possédait-il son état de marin jusque dans les plus infimes détails, et avait-il acquis, sans même s'en douter, cette présence d'esprit, cette spontanéité de pensée et cette promptitude d'exécution, sans lesquelles il n'est point de bon marin.

Il reconnut, dès qu'il eut relevé la position exacte du navire inconnu, que ce bâtiment était un croiseur espagnol; que, ne voulant pas par paresse ou nonchalance, amariner le bâtiment de la Compagnie pendant la nuit, il se contentait de le convoyer d'assez près pour qu'il ne lui échappât point; mais d'assez loin cependant, sachant la mauvaise garde que font les bâtiments de commerce, pour ne pas être aperçu de lui pendant les ténèbres, se réservant de s'en emparer au lever du soleil.

Ce calcul était d'une exactitude rigoureuse; il aurait réussi, avec tout autre officier que celui qui commandait en ce moment le quart à bord du *Coq*. L'Olonnais n'était pas homme à se laisser tromper aussi facilement. Son parti fut pris en une seconde. Il n'y avait qu'un moyen à essayer pour échapper à la curiosité de ce rôdeur; lui donner le change en faisant fausse route. Pendant les quatre heures de son quart, l'Olonnais lutta de ruse et de finesse avec l'ennemi; virant de bord, venant au vent, laissant arriver, et faisant prendre à son navire cent allures différentes. A minuit on n'apercevait plus l'inconnu; peut-être avait-il perdu le *Coq*, peut-être avait-il éteint ses feux, et s'était-il ainsi dérobé devant l'épais rideau des ténèbres.

Lorsque M. de Villenomble monta sur le pont, le capitaine ne faisant que le quart du matin; ainsi que cela se pratique sur tous les bâtiments du commerce, les deux officiers alternant le grand quart, lorsque M. de Villenomble monta sur le pont, pour prendre le quart à son tour, l'Olonnais lui rendit un compte détaillé de ce qui s'était passé et de ce qu'il avait fait.

Le comte Horace sourit avec suffisance.

— Mon cher lieutenant, dit-il, vous dormez tout debout, allez vous reposer, vous en avez besoin! Sur ma foi, vous n'êtes pas éloigné de prendre des vessies pour des lanternes! Ce que vous me racontez là n'existe en réalité que dans votre imagination!

— Prenez-y garde, monsieur! reprit l'Olonnais, je vous répète que nous sommes chassés par un croiseur espagnol.

— Où est-il? Montrez-le moi! répondit le comte.

— Il a disparu depuis une heure; j'ai réussi, je crois, à lui donner le change.

— Allons donc! le change! à une baille à braie! Laissez venir le jour et vous verrez, monsieur, combien vous vous êtes trompé, fit le comte avec un dédain railleur.

— Je le désire vivement, monsieur, mais je ne le crois pas; je crains fort que les événements me donnent raison.

— Vous êtes jeune, monsieur, et vous êtes naturellement porté à vous exagérer votre importance. C'est un défaut dont vous vous corrigerez, je l'espère; il ne faut pas de parti pris en marine.

— Je le sais mieux que personne, monsieur; aussi je suis prêt, si vous le désirez, à faire éveiller le capitaine et à lui soumettre cette question.

— Éveiller le capitaine pour une pareille niaiserie! vous n'y songez pas, monsieur! ce serait lui prêter à rire à nos dépens. Cordieu! il ferait beau voir! Je suis second capitaine du *Coq*, monsieur! je sais à quoi ce grade m'oblige. Laissez-moi, je saurai faire mon devoir.

L'Olonnais s'inclina, et, après avoir écrit son rapport sur le livre de loch, il se coucha et ne tarda pas à s'endormir.

Le jeune homme était au milieu de son sommeil, lorsqu'un coup de canon, tiré, à ce qu'il lui sembla, tant le bruit était fort, presque à son oreille, le réveilla en sursaut.

Le jeune homme bondit hors de son branle, passa quelques vêtements et s'élança sur le pont.

Il faisait grand jour; le *Coq* avait mis sur le mât; un grand vaisseau espagnol se trouvait à demi-portée de canon par le travers du navire de la Compagnie et le tenait sous le feu de ses batteries.

Le capitaine Guichard se rendait, dans son canot, à bord du croiseur.

L'équipage et les passagers du *Coq*, groupés çà et là sur le pont, étaient en proie à une indicible terreur; on n'entendait partout que des sanglots et des lamentations.

Le duc de la Torre se tenait un peu à l'écart avec sa famille; sa qualité d'Espagnol et son titre de vice-roi du Pérou suffisaient, non seulement pour le faire respecter, mais encore pour le faire obéir des vainqueurs. Il était décidé à intervenir en faveur des Français, si la plus légère injure leur était faite; mais les Espagnols agirent en honnêtes gens qu'ils étaient; tout se passa convenablement.

Le comte Horace était pâle, défait, mais froid et impassible en apparence.

L'Olonnais s'approcha de lui.

— Avais-je raison? murmura-t-il à son oreille d'un ton de reproche.

Le comte Horace lui lança un regard farouche, mais ne répondit rien.

Ce qui suivit est facile à comprendre. Le commandant du vaisseau espa-

Liv. 11. F. ROY. édit. — Reproduction interdite. 11.

gnol *Le Santiago*, croiseur de S. M. Catholique, prit possession du navire *Le Coq*; l'équipage français fut transféré à bord du vaisseau, et mis aux fers; seuls les officiers et les passagers demeurèrent sur le *Coq*, à bord duquel fut mis un fort équipage espagnol, pour les surveiller et manœuvrer le bâtiment. Le commandant du *Santiago*, en reconnaissant le duc de la Torre, avait voulu lui céder son propre appartement; mais le duc préféra garder ses cabines du bâtiment français dont il appréciait fort les dispositions commodes. Les deux navires se dirigèrent alors de conserve vers Cuba.

Le désespoir de l'Olonnais était affreux. Grâce à l'incurie du comte, son avenir était perdu; tous ses plans renversés sans retour. Prisonnier des Espagnols, combien d'années s'écouleraient avant qu'il fût rendu à la liberté? en supposant qu'il ne succombât pas aux tortures incessantes d'une captivité cruelle. La barbarie avec laquelle à cette époque les Espagnols traitaient leurs malheureux prisonniers, faisait frémir d'épouvante même les hommes les plus braves, ils préféraient la mort à tomber entre les mains de si féroces ennemis. Et puis ce n'était pas la pensée de cette captivité, si horrible qu'elle fût, qui, disons-le, effrayait le jeune homme. Seul, abandonné depuis sa naissance, sans famille, sans amis, la mort n'avait rien qui l'épouvantât. Cent fois il avait joué sa vie en riant, pour une misère; mais que deviendrait-il séparé de la jeune fille? de cette enfant qu'il aimait de toutes les forces vives de son âme; à laquelle il aurait fait sans hésiter tous les sacrifices, pour se rapprocher d'elle, et dont il allait être séparé brutalement sans possibilité de la revoir jamais? Quelle serait son existence alors? Un supplice de toutes les secondes! Cette pensée le rendait fou. Vingt fois il fut sur le point de se faire sauter la cervelle avec des pistolets qu'il avait soustraits aux recherches des Espagnols; chaque fois il s'arrêta. Était-ce espoir ou pressentiment? Le jeune homme n'aurait pu le dire. Parfois il se croyait le jouet d'un effroyable cauchemar; il attendait anxieusement le réveil, c'est-à-dire la délivrance.

Sans se rendre compte de ce qui se passait en lui, il avait la conviction qu'il n'arriverait pas à Cuba; que par une intervention qu'il n'essayait même pas de s'expliquer, lui et ceux qui l'accompagnaient seraient rendus à la liberté avant que d'atteindre l'île espagnole.

Nous avons vu que ce pressentiment, d'où qu'il vînt, fut complètement justifié par l'événement. Le *Santiago* et sa prise n'étaient plus qu'à une dizaine de lieues de Cuba, lorsqu'ils furent, en vue même de l'île, audacieusement enlevés, au moment où ils y pensaient le moins, par le capitaine Vent-en-Panne, et ses vingt-cinq flibustiers.

Cette surprise fut exécutée deux jours après l'enlèvement du *Coq* par le *Santiago*.

Pendant ces deux jours, le comte Horace essaya vainement de pénétrer auprès du noble Espagnol; chaque fois qu'il se présenta, la porte lui fut refusée.

Le duc de la Torre avait été averti par le capitaine Guichard de ce qui s'était passé; la conduite de l'officier avait semblé sans excuse au duc; il avait immédiatement résolu de rompre toutes relations avec cet homme, et il l'avait fait sans hésitation ni ménagement; d'autant plus que certaines paroles prononcées par le capitaine, l'avaient porté à supposer que le comte l'avait trompé jusque-là, et qu'il n'avait jamais été victime que de ses vices, ses seuls et implacables ennemis.

Le comte Horace se retira la rage dans le cœur, jurant de se venger.

Prières, menaces, car cet homme n'avait pas craint de menacer, tout avait échoué devant la froide et irrévocable résolution du duc de la Torre.

L'officier se réfugia dessous le château d'avant, et là, accroupi dans l'ombre, la tête cachée dans ses mains, il se mit à ruminer des plans de vengeance.

Un peu après le coucher du soleil, il reparut sur le pont; il s'était fait un masque d'impassibilité. En apparence il était froid, calme, indifférent; cependant le sourire sardonique qui plissait presque imperceptiblement ses lèvres pâles démentait ce calme et cette indifférence. Le comte Horace prolongea sa promenade sur le pont jusqu'à ce que les ténèbres fussent complètement tombées: puis, après avoir étouffé quelques bâillements, il parut céder à l'envie de dormir, monta sur la dunette et se coucha dans un canot suspendu à l'arrière du navire.

Personne à bord ne remarqua ou du moins ne parut remarquer cette manœuvre qui, du reste, n'avait rien d'extraordinaire, dans les parages intertropicaux où naviguait alors le navire.

Cependant nous constaterons que la première des fenêtres de l'appartement occupé par le noble passager et sa famille ne se trouvait qu'à cinq ou six pieds au-dessous du canot dans lequel s'était couché le comte Horace.

L'Olonnais avait passé la journée tout entière qui venait de s'écouler appuyé sur la lisse et les yeux ardemment fixés sur la mer; la brise, qui s'était maintenue assez faible pendant la journée, avait de plus en plus diminué; un peu avant le coucher du soleil elle était tombée tout à fait; on était en calme plat. Il n'y avait pas un souffle dans l'air; la mer sombre et huileuse était comme un vaste lac de naphte; les navires tanguaient péniblement sous l'effort de la houle, dont les puissants soulèvements ressemblaient à la respiration d'un gigantesque et mystérieux Léviathan.

Au moment où le soleil allait disparaître, l'Olonnais crut apercevoir, ressortant sur la ligne d'horizon, un point noir presque imperceptible, mais que son œil de marin reconnut pour une pirogue. Le jeune homme tressaillit à cette découverte. Les deux navires se trouvaient au milieu des débouquements, passage préféré des boucaniers pour assaillir à l'improviste les galions espagnols à leur retour en Europe; il sentit soudain l'espoir se glisser dans son cœur; mais il se garda bien de faire part à personne de sa découverte et continua à demeurer les regards anxieusement, fiévreusement fixés sur ce point, d'où pouvait lui arriver la délivrance.

Aussi le jeune homme n'éprouva-t-il qu'une surprise assez médiocre, quand le lendemain il apprit les événements qui s'étaient passés pendant la nuit, et de quelle façon le *Santiago* avait été enlevé par les boucaniers.

Les Espagnols placés comme équipage de prise sur le *Coq* n'essayèrent pas de conserver le navire; d'ailleurs, se trouvant sous le feu des batteries du *Santiago*, persuadés que les boucaniers étaient fort nombreux, ils jugèrent toute résistance impossible, rendirent leurs armes à la première sommation, et se laissèrent paisiblement mettre aux fers.

Instruit de la présence du duc de la Torre, à bord du bâtiment de la Compagnie, par le capitaine Guichard, sachant qu'il s'y était embarqué à Dieppe comme passager, par ordre exprès de M. de Colbert, Vent-en-Panne, tout en grommelant entre ses dents, pria le capitaine d'assurer son noble passager que rien n'était changé à sa position, qu'il serait libre d'aller où bon lui semblerait, à l'arrivée du navire à Saint-Domingue; que, jusque-là, il serait traité avec tous les égards dus à son nom et à son rang ; mais la haine du boucanier pour les Espagnols était si forte, qu'il refusa opiniâtrément de voir le duc, malgré les pressantes instances du capitaine Guichard, et, toujours grommelant, il remonta sur le pont, afin d'essayer de recruter des matelots.

Parmi les passagers il s'en trouva une vingtaine, pêcheurs ou anciens marins pour la plupart, qui s'offrirent spontanément pour aider à la manœuvre; leur offre fut acceptée ; de sorte que l'équipage du *Coq* resta à bord du *Santiago*, ce qui forma à Vent-en-Panne, ses boucaniers compris, un équipage de quatre-vingt-sept hommes, nombre bien faible à la vérité pour manœuvrer un vaisseau de la force du *Santiago*, mais suffisant, cependant, pour le conduire à Leogane, dont on n'était pas très éloigné. Du reste, Vent-en-Panne comptait rencontrer bientôt le *Robuste*, à la recherche duquel il était depuis si longtemps; il ne doutait pas que M. de Lartigues ne consentît à lui fournir les hommes qui lui seraient nécessaires.

Tous ces arrangements pris en moins d'une heure, les deux bâtiments continuèrent à naviguer de conserve ; seulement, au lieu d'avoir le cap sur Cuba, ils l'avaient sur Léogane. Là était toute la différence.

Le duc de la Torre apprit avec la joie la plus vive, car son inquiétude avait été grande, la résolution prise à son égard par le capitaine Vent-en-Panne; mais il persévéra à refuser de recevoir le comte Horace, lorsque celui-ci se présenta pour lui adresser ses compliments.

Le revirement opéré à l'improviste dans la situation du navire avait rendu un peu d'espoir au comte et ramené sa pensée à ses premiers projets, dont l'exécution lui paraissait de nouveau possible. Mais cet espoir n'eut que la durée d'un éclair. Le capitaine Guichard, redevenu maître à son bord, fit appeler son premier lieutenant et, sans préambule, lui annonça que sa conduite pendant la nuit, où le navire avait été surpris par les Espagnols, avait donné lieu à des soupçons injurieux pour son honneur ; qu'il était contraint, en conséquence, à le suspendre de ses fonctions ; qu'il devait se considérer comme prisonnier jusqu'à Léogane, où une enquête sévère aurait lieu sur les faits qui lui étaient reprochés, et qu'il serait appelé à justifier devant un conseil présidé par M. d'Ogeron, nommé, par le roi, gouverneur de la partie française de l'île Saint-Domingue.

Après avoir ainsi fait connaître à son officier la décision qu'il avait prise à son égard, le capitaine Guichard lui intima d'un geste l'ordre de se retirer, et lui tourna le dos, sans attendre la réponse.

D'ailleurs le comte Horace n'essaya pas de répondre; cela lui aurait été impossible : il était réellement foudroyé. La honte, la fureur, la haine gron-

Par un bond de tigre, l'Olonnais s'élança par-dessus le cadavre du capitaine Guichard...

daient dans son sein et le rendaient incapable même de penser. Il crut un instant qu'il allait mourir ; il était livide ; de grosses gouttes de sueur perlaient à ses tempes ; le sang refoulé avec violence lui troublait la vue ; il avait des bruissements dans les oreilles ; ses artères battaient à se rompre ; il chancelait comme un homme ivre, en jetant autour de lui des regards désespérés.

L'Olonnais eut pitié d'une si affreuse douleur et s'avança vivement vers le comte pour lui porter secours. Mais celui-ci le repoussa rudement et, après lui avoir lancé un regard tout chargé de haine et de menace en murmurant quelques paroles inintelligibles, il se dirigea, en s'appuyant sur tous les objets qui se trouvaient à portée de sa main, vers le canot dont il avait fait depuis quelques jours son refuge ordinaire. Arrivé là, il tomba plutôt qu'il ne s'assit dans le fond de l'embarcation, et demeura pendant plusieurs heures plongé dans un état complet de prostration.

Les matelots en ce moment présents sur le pont avaient assisté à cette scène avec un étonnement mêlé de dégoût. Le comte était généralement haï; probablement la plupart des témoins des souffrances de l'ancien officier se réjouirent intérieurement de l'humiliation terrible et méritée qui venait de lui être infligée.

Le comte ne voulut plus reparaître sur le pont; il demeura seul et silencieux dans le canot, comme un tigre dans son repaire, roulant dans son cerveau en feu les plus sinistres projets de vengeance.

L'Olonnais n'avait qu'une confiance très médiocre dans le comte; il le croyait capable de se porter aux extrémités les plus terribles. Aussi, malgré son apparente résignation, il résolut de ne le perdre de vue que le moins possible.

Pitrians, demandé au capitaine Vent-en-Panne par le capitaine Guichard, avait obtenu de retourner à bord du *Coq* où il avait été aussitôt promu au grade de deuxième lieutenant; fonctions laissées libres par l'Olonnais, qui avait naturellement remplacé le comte, en qualité de premier lieutenant.

Ce fut Pitrians que le jeune homme chargea de surveiller la conduite du comte, en lui recommandant une vigilance d'autant plus grande, que depuis deux ou trois heures le prisonnier affectait une insouciance complète, mangeait et buvait de bon appétit et semblait avoir entièrement pris son parti de ce qui lui était arrivé. Il était évident que le comte jouait un rôle, qu'il ruminait une vengeance : il était donc urgent de suivre attentivement ses moindres mouvements.

Pitrians accepta la mission que lui confiait son ami; il se fit le gardien invisible quoique attentif du prisonnier.

Deux ou trois jours s'écoulèrent, sans apporter de changements dans la position de nos personnages.

Le comte n'avait quitté le canot qu'il habitait que pour aller à trois reprises différentes s'enfermer dans sa cabine, où il n'était resté chaque fois que quelques minutes, dans l'intention, sans doute, de prendre certains objets dont il avait besoin; mais il réussit à si bien dissimuler ces objets, qu'il fut impossible aux regards les plus clairvoyants de les apercevoir. Du reste, cela importait peu.

Deux ou trois fois, le noble passager avait voulu monter sur le pont avec sa femme et sa fille, pour respirer un peu d'air pur et rafraîchissant, ce qui est un véritable besoin sous ces chaudes latitudes, où l'on étouffe réellement entre les ponts; mais il avait toujours été contraint de redescendre et de demeurer chez lui, à cause des salutations ironiques et des regards étranges que lui adressait le comte Horace.

L'équipage et les passagers du *Coq* étaient en proie à un malaise général; chacun sentait à part soi que cet état de choses ne pouvait durer longtemps, qu'une catastrophe était imminente. On vivait donc, non pas dans l'attente, mais dans la prévision et la crainte d'un événement sinistre; lorsqu'une nuit, vers quatre heures du matin environ, quelques instants après le changement de quart, un cri terrible troubla tout à coup le silence; des appels: « Au secours! » répétés, accompagnés de piétinements confus, se firent entendre, du côté de l'appartement habité par M. de la Torre.

L'Olonnais, et la plupart des hommes de l'équipage, se précipitèrent en toute hâte vers l'endroit d'où s'élevait le tumulte.

Un spectacle affreux s'offrit à leurs regards, et les glaça d'épouvante.

La porte de l'appartement du duc de la Torre était brisée et arrachée de ses gonds. Sur le seuil de la seconde pièce, servant de chambre à coucher à doña Violenta, le capitaine Guichard, le crâne horriblement fracassé par un coup de hache, gisait dans une mare de sang, et se débattait dans les dernières convulsions de l'agonie; Mlle de la Torre, en costume de nuit, était évanouie dans les bras de son père, qui se tenait immobile, résolu, l'épée à la main, sur le seuil de sa chambre à coucher; derrière lui on apercevait Mme de la Torre privée de connaissance, tombée sur les genoux, la tête appuyée sur un fauteuil.

Dans la chambre même de Mlle de la Torre, dont la fenêtre avait été brisée du dehors, deux hommes, enlacés comme deux serpents, se roulaient sur le tapis, haletant et rugissant de colère.

Ces deux hommes étaient Pitrians et le comte Horace.

Chacun d'eux faisait des efforts prodigieux pour arracher la vie à son adversaire; les poignards dont ils étaient armés lançaient de sinistres lueurs; mais tous deux jeunes, agiles, adroits, vigoureux, ils neutralisaient leurs communs efforts, et s'épuisaient sans résultat, dans une lutte désespérée.

Par un bond de tigre, l'Olonnais s'élança par-dessus le cadavre du capitaine Guichard, — déjà le malheureux avait rendu le dernier soupir, — et, au moment où le comte Horace, qui pour un instant était presque parvenu à se débarrasser de son adversaire, brandissait, avec un cri de triomphe, son poignard pour l'en frapper, l'Olonnais lui asséna sur la nuque un coup de poing tellement violent, car il était sans armes, que le comte Horace chancela, devint livide, battit l'air de ses bras, et roula enfin sur le tapis comme une masse; il avait perdu connaissance.

L'Olonnais l'avait assommé, comme un bœuf à l'abattoir.

On se précipita aussitôt sur le misérable assassin; en une seconde il fut solidement garrotté et réduit à une complète impuissance.

L'Olonnais fit immédiatement enlever le corps du pauvre capitaine Guichard, ordonna d'enfermer le comte dans la fosse aux lions; puis, après avoir laissé aux domestiques de M. de la Torre, le temps nécessaire pour réparer le désordre de l'appartement et faire disparaître le sang qui souillait le plancher, il reparut accompagné de Pitrians; mais il s'était d'abord assuré que son prisonnier était revenu de sa syncope.

Le gentilhomme espagnol attendait les deux jeunes gens dans la première pièce ; assis près d'une table de l'autre côté de laquelle se tenait respectueusement l'écrivain du navire, ayant devant lui encre, plumes et papiers, M. de la Torre l'avait fait prévenir de se rendre près de lui.

Après avoir chaleureusement remercié les deux jeunes gens du secours qu'ils lui avaient si généreusement prêté, et les avoir rassurés sur l'état de la duchesse et de sa fille, qui toutes deux avaient repris connaissance et se trouvaient aussi bien que l'on pouvait l'espérer, sur l'observation de l'Olonnais, qu'il n'y avait pas un instant à perdre pour que justice fût faite, l'enquête commença. L'écrivain du bord prenait les notes nécessaires pour rédiger son rapport.

Voici les faits tels qu'ils s'étaient passés. Nous les extrayons, en les abrégeant, de ce rapport qui existe encore aux archives du ministère de la Marine.

Le comte Horace de Villenomble, malgré l'humiliation que lui avait fait subir le capitaine Guichard, n'éprouvait aucune haine contre celui-ci ; il ne lui avait même pas conservé rancune de cet affront qui, pensait-il, venant d'un manant, ne pouvait l'atteindre, lui, gentilhomme de vieille race. Telles étaient les idées absurdes et erronées de la noblesse à cette époque ; elles nous semblent aujourd'hui bien stupides, bien misérables, mais alors tous les gentilshommes pensaient ainsi. Nous reprenons :

Toute la haine de l'officier s'était concentrée sur le duc de la Torre, dont le mépris renversait tous les plans qu'il avait formés, pour rentrer en grâce auprès du ministre, et se refaire ainsi une position digne du nom illustre qu'il portait.

Ce fut donc du duc de la Torre et par ricochet de sa famille qu'il résolut de se venger.

Ayant fait installer lui-même l'appartement du noble étranger, il le connaissait parfaitement ; mais de plus, il s'était réservé adroitement les moyens de s'y introduire, quand cela lui plairait, à l'insu de M. de la Torre.

Le poste que l'ex-officier avait adopté dans le canot était on ne peut mieux choisi. Suspendu à l'arrière du navire, ce canot était assez rapproché des fenêtres de l'appartement, pour qu'il fût possible de les atteindre et même de les ouvrir du dehors, grâce aux précautions prises à l'avance par l'officier.

Le comte Horace avait résolu de poignarder celui qu'il considérait comme son ennemi mortel, et qui n'avait envers lui, en réalité, d'autre tort que de l'avoir bien traité, et de s'être intéressé à lui.

Voici de quelle façon il procéda pour accomplir cette vengeance.

Pendant les trois ou quatre visites qu'il fit à sa cabine, il prit des armes : une hache, un poignard et des pistolets, quelques vêtements et tout l'or qu'il possédait ; le crime commis, le comte avait l'intention de fuir.

Cela ne lui semblait pas difficile : le navire était à peu de distance des côtes de Cuba ; rien ne lui était, croyait-il, plus facile que d'affaler doucement le canot à la mer, de profiter des ténèbres pour s'éloigner et même d'atterrir avant qu'on eût songé à le poursuivre.

Le moment qui lui parut le plus opportun fut celui où l'on changeait le quart ; il règne alors sur un navire un certain désordre temporaire, qui lui sembla devoir favoriser la réussite de sa sinistre entreprise.

En conséquence, au moment où le timonier piqua quatre heures, le comte laissa filer un peu les palans qui retenaient le canot, afin de le mettre juste au niveau des fenêtres ; puis il passa son poignard à sa ceinture, prit sa hache, et essaya d'ouvrir la fenêtre la plus rapprochée de lui.

Seulement le comte avait oublié une chose, et ne se doutait pas d'une seconde. La première c'est qu'une semaine auparavant, le duc de Torre avait fait solidement condamner ses fenêtres à l'intérieur ; la seconde, c'est qu'il avait un gardien, Pitrians, qui ne le perdait pas une minute de vue.

Celui-ci comprit aussitôt l'intention du comte. Sans perdre un instant, il courut éveiller le capitaine, lui dit en deux mots ce qui se passait. Le capitaine, sans prendre le temps de se vêtir, donna un poignard à Pitrians, en prit un pour lui-même, et tous deux s'élancèrent en appelant au secours ! Au moment même où ils enfonçaient la porte, la fenêtre volait en éclats et le comte bondissait dans la chambre. Ce bruit effroyable avait éveillé en sursaut le duc ; il ouvrit juste la porte de sa chambre à coucher, pour recevoir dans ses bras sa fille presque folle de terreur. Le comte, aveuglé par la rage, en voyant son projet avorter, s'était précipité sur le capitaine, et lui avait fendu la tête d'un coup de hache ; puis il avait voulu s'élancer sur le duc, qui l'attendait froidement l'épée à la main. Pitrians s'était alors jeté à corps perdu sur le comte, l'avait enlacé de ses bras et avait commencé avec lui cette lutte désespérée qui peut-être lui aurait été fatale, si l'Olonnais n'y avait si providentiellement mis fin, en arrêtant l'assassin ; mais trop tard, malheureusement, pour sauver l'infortuné capitaine Guichard.

L'écrivain se retira pour parfaire le rapport, s'engageant à le tenir prêt à être signé une demi-heure plus tard, ce qui eut lieu en effet.

M. le duc de la Torre, l'Olonnais, Pitrians et plusieurs matelots signèrent ou firent leur croix. L'Olonnais, maintenant capitaine du navire, donna l'ordre d'armer un canot, et d'y descendre le prisonnier, dont les liens furent relâchés ; puis après avoir pris congé du duc, et confié provisoirement le commandement du *Coq* à son ami Pitrians, il plia soigneusement le rapport, le mit dans sa poche, et, accompagné de son prisonnier, il se rendit à bord du *Santiago*, afin de prendre conseil du capitaine Vent-en-Panne.

Le boucanier chargé par intérim du commandement, pendant l'absence du capitaine, après avoir donné l'ordre de conduire le comte Horace au pied du grand mât et de l'y attacher, fit les signaux qui avaient si brusquement interrompu la conversation du flibustier et de M. de Lartigues, et avaient causé le retour immédiat du célèbre boucanier à son bord.

V

COMMENT LA JUSTICE ÉTAIT RENDUE A BORD DES VAISSEAUX DE GUERRE DE S. M. LE ROI DE FRANCE ET DE NAVARRE EN L'AN DE GRACE 1674.

L'embarras de Vent-en-Panne fut extrême, lorsque l'Olonnais lui eut rapporté le crime qui avait été commis à bord du *Coq*.

— Au diable les cotillons! s'écria-t-il à plusieurs reprises en frappant du pied avec colère; il suffit d'une femme pour rendre fous les hommes les plus forts!

— Mais, capitaine, je vous jure que ces dames ne sont pour rien dans ce qui vient d'arriver, répondit l'Olonnais.

— Ces dames! ces dames! reprit Vent-en-Panne; elles sont donc plusieurs? Je ne m'étonne que d'une chose, cordieu! c'est qu'avec un pareil chargement, vous ne vous soyez pas tous égorgés depuis longtemps!

— Oh! capitaine! Mme de la Torre et sa fille! dit l'Olonnais d'un ton de reproche.

— Vous me la baillez belle avec Mme de la Torre et sa fille! reprit le fougueux flibustier, qui semblait avoir un parti pris à ce sujet; qu'est-ce que cela me fait, à moi! Plus elles sont belles et sages en apparence, plus elles sont dangereuses! Oh! les femelles! Voyez-vous, l'Olonnais, mon garçon, moi Vent-en-Panne, le terrible flibustier, comme on me nomme, eh bien! sur mon honneur, je préfère attaquer seul une cinquantaine d'Espagnols que d'avoir affaire à une femme!

— Allons donc! vous plaisantez, capitaine!

— Non pas, corbleu! Souvenez-vous de ceci : la femme tient à la fois de la torpille et du serpent, elle endort et fascine. Vous saurez cela un jour, ajouta-t-il d'un air tragique.

— Dieu m'en garde! capitaine.

— A votre aise, fit Vent-en-Panne en haussant les épaules avec pitié. Pour moi une femme ne vaut pas cela! et il fit claquer l'ongle de son pouce avec le médium.

— Quoi qu'il en soit, capitaine, reprit l'Olonnais renonçant à lui faire entendre raison, cet homme a assassiné le capitaine Guichard, lâchement et traîtreusement.

— Voilà bien ce qui me chiffonne; pauvre capitaine Guichard! Voyons! je ne sais que faire, moi. Je suis d'avis de confier cette question si grave à M. de Lartigues. Il commande un vaisseau du roi, cela le regarde. Qu'en pensez-vous?

— Je partage entièrement votre opinion, capitaine; c'est à M. de Lartigues qu'il faut laisser juger cette affaire.

— En effet; rien n'est plus simple, mon garçon. Remettez-moi votre rapport.

C'est bien. Maintenant attendez-moi ici; je serai bientôt de retour. Oh! les maudites femelles!

Et Vent-en-Panne, laissant le jeune homme sans plus de cérémonies, profita d'une des nombreuses embarcations occupées en ce moment à effectuer le transport des prisonniers espagnols, pour retourner à bord du *Robuste*.

L'Olonnais se trouvant assez dépaysé à bord de ce grand vaisseau où il ne connaissait personne, commença à se promener de long en large sur le pont, selon l'habitude des marins, en attendant le retour de Vent-en-Panne.

Il se promenait ainsi tout en réfléchissant, depuis quelques instants, quand il s'entendit appeler par le comte Horace.

— Que me voulez-vous, monsieur? lui demanda-t-il en se rapprochant.

— Veuillez m'excuser de troubler ainsi vos méditations, monsieur, répondit le comte d'une voix légèrement railleuse; j'ai plusieurs fois interrogé les matelots qui me gardent, ils ont refusé de me répondre.

— C'est que probablement leur consigne le leur défend.

— Non, dit un des boucaniers, espèce de colosse haut de près de six pieds et taillé à l'avenant, il nous ennuie.

— Drôle! fit le comte.

— Pas d'épithètes injurieuses, mon chérubin! reprit le boucanier en ricanant, ou, foi de Tributor qui est mon nom, je tape, et j'ai la main lourde.

L'Olonnais fit un signe au géant et s'adressant de nouveau au comte:

— Que désirez-vous? lui dit-il.

— Un simple renseignement. Est-ce trop attendre de votre politesse?

— Peut-être! Quel est ce renseignement?

— J'ai cru reconnaître le vaisseau en travers à une encablure de nous, mais comme je puis me tromper je désire savoir son nom?

— Ce bâtiment est le vaisseau de quatrième rang *Le Robuste*.

— J'en étais sûr, murmura le comte avec un tressaillement nerveux. Et le nom de son commandant, le savez-vous?

— Oui, je l'ai entendu par hasard, il y a un instant.

— Quel est-il? fit l'officier avec une certaine vivacité.

— M. le comte de Lartigues.

— Ah! s'écria-t-il avec un ricanement joyeux, il paraît que le démon ne m'abandonne pas encore!

— Que voulez-vous dire?

— Rien; sinon que M. de Lartigues est mon proche parent : comprenez-vous? reprit-il avec ironie.

— Nullement.

— Eh bien! M. de Lartigues, mon proche parent, et il appuya avec intention sur ces trois derniers mots, est de trop bonne maison pour me demander compte à moi, gentilhomme, de la mort d'un manant.

Et il éclata d'un rire nerveux et ironique.

L'Olonnais se détourna avec dégoût et s'éloigna en haussant les épaules.

— Nous verrons bientôt comment tout cela finira! s'écria le comte d'un ton de menace.

— En effet, reprit l'Olonnais ; le capitaine Vent-en-Panne revient à bord.

Voici ce qui s'était passé sur le vaisseau du roi.

— Déjà de retour à mon bord, mon cher capitaine ! dit amicalement M. de Lartigues à Vent-en-Panne lorsque celui-ci parut de nouveau sur le pont du *Robuste*.

— Oui, commandant, déjà, répondit-il d'une voix brève.

— Oh ! oh ! que se passe-t-il donc ? Vous êtes tout ému !

— On le serait à moins, commandant. Il ne s'agit de rien moins qu'un assassinat.

— Un assassinat !

— Oui, commandant ; le premier lieutenant du bâtiment de la Compagnie a tué son capitaine d'un coup de hache.

— C'est affreux ! s'écria le commandant en faisant signe à Vent-en-Panne de le suivre.

Lorsqu'ils furent dans la chambre d'arrière, M. de Lartigues reprit, après avoir invité le capitaine à s'asseoir :

— Maintenant que nous sommes seuls, expliquez-moi comment cela s'est passé.

— Je n'étais pas présent, commandant ; le crime, à ce qu'il paraît, a été commis tandis que je me trouvais à votre bord.

— Un rapport a été fait ?

— Oui, commandant, par l'écrivain du navire ; mais ce rapport je ne l'ai pas lu ; je vous l'ai apporté, pensant que cette affaire devait vous regarder seul, en votre qualité d'officier commandant un vaisseau du roi.

— Vous avez eu raison, capitaine. Tout crime, commis à bord d'un bâtiment de commerce, doit être jugé par une cour martiale formée à bord du navire de guerre qui se trouve sur les lieux, au moment du crime, et présidée par son commandant. Les ordonnances sont positives.

— Je l'ai ainsi pensé, commandant ; voici pourquoi je suis venu en toute hâte ; s'il se fût agi d'une affaire entre flibustiers, rien n'aurait été plus simple : je l'aurais arrangée à la boucanière.

— Oui, fit M. de Lartigues en souriant, je connais vos moyens, ils sont expéditifs.

— Eh ! eh ! commandant, ce sont parfois les meilleurs.

— Je ne dis pas non, capitaine. Vous avez le rapport ?

— Le voici, commandant.

Il le retira de son pourpoint et le présenta à M. de Lartigues.

Celui-ci déplia le papier et lut les signatures.

— Comment ! s'écria-t-il avec surprise, M. le duc de la Torre se trouve en ce moment à bord du bâtiment de la Compagnie ?

— Oui, commandant, ainsi que Mme la duchesse et sa fille.

— Voilà qui est singulier ! Un grand d'Espagne sur un navire français !

— Ne n'en sais pas plus long, commandant. Je n'ai pas encore eu l'honneur de voir M. le duc de la Torre. Je me souviens seulement que le pauvre capi-

— Pas d'épithètes injurieuses, reprit le boucanier en ricanant, ou je tape, et j'ai la main lourde.

taine Guichard m'a dit avoir embarqué à Dieppe le duc et sa famille par ordre de M. de Colbert.

— Peu importe, au reste, ponctua M. de Lartigues.

Il commença à lire le rapport; mais tout à coup le papier lui échappa des mains, son visage se couvrit d'une pâleur livide, et il se renversa sur son siège comme s'il perdait connaissance.

— Qu'avez-vous donc, commandant? Vous sentez-vous mal? s'écria Vent-en-Panne en se levant vivement et s'approchant de lui avec intérêt.

— Ce n'est rien, mon cher capitaine, dit le commandant en faisant un effort suprême pour dompter la douleur qu'il éprouvait ; ce n'est rien, un éblouissement subit : je suis sujet à certains éblouissements ; mais, ajouta-t-il avec un sourire triste, cela ne dure pas, et, tenez, maintenant, je suis complètement remis.

— Cordieu ! commandant, vous m'avez grandement effrayé. J'ai craint un instant de vous voir trépasser entre mes bras.

— Je vous remercie cordialement du vif intérêt que vous me témoignez, mon cher capitaine ; en effet, la douleur que j'ai éprouvée a été cruelle, mais maintenant je me sens bien. Revenons donc à notre affaire.

M. de Lartigues, quoiqu'il fût encore d'une pâleur cadavéreuse, qu'un tremblement nerveux agitât ses membres, essaya de sourire, tendit la main au boucanier qui la pressa avec chaleur ; puis il reprit le rapport et continua à le lire d'un bout à l'autre, sans donner la plus légère marque d'émotion ou d'intérêt autre qu'une profonde horreur pour le crime commis et dont la relation était sous ses yeux.

— Mon cher capitaine, dit-il enfin en repliant le papier et le posant sur la table, un crime aussi odieux ne saurait demeurer impuni. Justice doit être faite ; je m'en charge.

— Que m'ordonnez-vous, commandant?

— Voici ce qu'il convient de faire, mon cher capitaine. Je vais immédiatement assembler à mon bord une cour martiale dont vous ferez partie.

— Moi ! commandant?

— Certes. Le crime n'a-t-il pas été commis sur l'un des deux navires dont vous êtes le chef?

— C'est juste, commandant.

— Retournez tout de suite à votre bord ; faites conduire ici les témoins qui ont signé le rapport : leur présence est indispensable. Quant aux deux dames, il est inutile de les faire assister à l'affligeant spectacle d'un conseil de guerre, ce serait de la cruauté. Il vaut mieux qu'elles ignorent ce qui va se passer ; ne le pensez-vous pas ainsi, mon cher capitaine?

— Je partage absolument votre opinion, commandant.

— Très bien. N'oubliez pas, en même temps que l'assassin, de faire transporter à mon bord le corps de l'infortuné capitaine Guichard.

— C'est très simple, commandant. Avant une demi-heure je serai de retour.

— Allez, capitaine ! Tout sera prêt ici.

Vent-en-Panne se leva, salua le commandant, et quitta aussitôt le *Robuste*.

Tout fut exécuté de point en point, ainsi que cela avait été arrêté entre M. de Lartigues et le capitaine Vent-en-Panne.

Lorsque le célèbre boucanier reparut sur le pont du *Robuste*, l'aspect du navire avait complètement changé.

L'équipage en armes était réuni sur le pont ; les officiers supérieurs en grand costume, comme pour un combat, se tenaient à l'arrière auprès du commandant de Lartigues.

Les autres officiers de l'état-major étaient groupés auprès de l'habitacle. Les témoins se tenaient un peu à l'écart.

Le comte Horace, debout, calme, railleur, quoique un peu pâle, était gardé au pied du grand mât, par une douzaine de soldats de marine, commandés par un officier.

Le corps du capitaine Guichard, posé sur une civière, fut placé à quelques pas seulement de l'assassin, et exposé aux regards de tous.

M. de Lartigues s'avança au-devant du boucanier; tous deux se saluèrent silencieusement, puis le commandant fit un geste de la main.

Les tambours roulèrent.

— Venez, messieurs, dit le commandant, lorsque le silence se fut rétabli.

Vent-en-Panne et M. de Lartigues se dirigèrent alors vers la salle du conseil, suivis à quelques pas par l'état-major du vaisseau.

Le conseil de guerre fut immédiatement convoqué.

Il se composait du commandant du *Robuste*, de Vent-en-Panne, du second commandant du vaisseau, d'un lieutenant, d'un garde-marine, du maître valet ou maître d'équipage, d'un sous-officier marinier, d'un soldat et d'un matelot. Le capitaine des soldats de marine faisait les fonctions de rapporteur, et l'écrivain du bord celles de greffier. En tout onze personnes.

Une longue table avait été préparée pour les membres du conseil; à droite il y en avait une plus petite pour le capitaine rapporteur et à gauche une seconde pour le greffier : toutes trois étaient recouvertes d'un tapis de drap vert; plusieurs écritoires, des plumes et du papier avaient été placées çà et là.

Une balustrade à hauteur d'appui séparait la pièce en deux parties égales; près de cette balustrade se tenaient immobiles deux sentinelles armées de mousquets.

Les membres du conseil pénétrèrent dans la salle, montèrent sur l'estrade, élevée d'un pied à peu près, sur laquelle reposaient les tables, et sur un signe du commandant, ils prirent place par ordre de grade à sa droite et à sa gauche.

— Messieurs, dit le commandant de Lartigues, lorsque chacun se fut assis, vous êtes appelés à remplir un grand devoir; vous devez faire justice d'un crime odieux; j'ai la conviction que vous serez à la hauteur de la pénible mission dont vous êtes chargés, que vous ne vous laisserez influencer par aucune considération et que vous agirez en gens de cœur, avec l'impartialité que l'honneur exige impérieusement de vous.

Les membres du conseil s'inclinèrent respectueusement.

— Introduisez les témoins! continua M. de Lartigues; ouvrez les portes, afin que l'équipage assiste à ce qui va se passer dans cette enceinte!

Le capitaine rapporteur se leva.

— Pardon, commandant, dit-il; avant que cet ordre soit exécuté je désirerais dire quelques mots à huis clos.

— Ce que vous demandez est contraire à la loi, capitaine, répondit le commandant: les séances du conseil, dès qu'il est constitué, doivent être publiques.

— Cependant, j'espérais, commandant, à cause de la gravité des...

— C'est impossible, capitaine, reprit M. de Lartigues. Lieutenant, ajouta-t-il en s'adressant à un officier qui se tenait respectueusemt, l'épée à la main, à l'entrée de la salle, obéissez à l'ordre que je vous ai donné.

L'officier salua militairement.

Le duc de la Torre, l'Olonnais, Pitrians et les trois autres matelots qui les accompagnaient pénétrèrent dans la salle, franchirent la balustrade, et, après avoir salué le conseil, s'assirent sur des sièges et des bancs préparés pour eux.

La partie de la pièce réservée au public fut presque aussitôt envahie par les marins, soldats et officiers de l'équipage du *Robuste* qui purent y trouver place.

Sur un signe du commandant, un calme profond succéda, comme par enchantement, au tumulte causé par l'entrée d'une partie de l'équipage dans la salle.

— Capitaine, dit alors M. de Lartigues, nous vous écoutons.

L'officier rapporteur se leva. Il était pâle et triste. Il connaissait trop bien son commandant pour hésiter à lui obéir, mais il ne le faisait qu'à regret. Autant un instant auparavant il avait désiré parler, autant maintenant il aurait voulu se taire; mais toute défaite étant impossible il fallait qu'il se résignât.

— Messieurs, dit-il d'une voix qui tremblait, sous l'oppression d'une émotion intérieure, qu'il essayait vainement de dominer, je demande au conseil à lui faire une révélation de la plus haute importance.

Il y eut un vif mouvement d'attention parmi les membres du conseil.

— Vous savez tous, messieurs, continua le rapporteur, pour quel motif nous avons été convoqués. Nous avons une terrible mission à remplir : celle de punir le lâche assassinat commis sur la personne du capitaine Guichard, commandant le vaisseau de la Compagnie des Indes, *Le Coq*, par l'officier placé immédiatement sous ses ordres. Mais cet officier, aucun de vous ne le connaît, ne sait qui il est; vous ignorez jusqu'à son nom. Il est de mon devoir, avant que le coupable comparaisse devant la cour martiale, de vous apprendre quel est cet homme.

— Capitaine! s'écria le commandant.

— Pardon, commandant, je n'ai pas terminé, dit froidement le capitaine.

M. de Lartigues baissa la tête sans répondre.

— Messieurs, reprit le rapporteur, cet homme appartient à la plus ancienne et en même temps à la plus haute noblesse de France. Officier dans la marine royale, nous l'avons honteusement chassé de nos rangs, à cause de ses vices honteux et de sa conduite indigne d'un gentilhomme et d'un honnête homme; abandonné de tous, repoussé par le mépris général, ne sachant que faire, que devenir, il obtint par pitié l'emploi de premier lieutenant à bord du *Coq*; cet homme se nomme le comte Horace de Villenomble. Savez-vous le motif puissant qui m'a engagé à vous faire cette révélation, qui n'est pas encore complète? C'est que cet homme est le proche parent de notre aimé et loyal commandant. Ce serait une cruauté à nous d'exiger que M. de Lartigues, cet homme que nous révérons tous comme un père, pour son caractère si justement apprécié et sa bonté sans bornes, présidât le conseil de guerre qui doit juger un de ses parents; un homme pour lequel il a fait d'immenses sacrifices; en un mot, qu'il a élevé dans sa maison. Il est de notre devoir, Messieurs, de nous opposer de toutes nos forces, à ce qu'une si horrible tâche soit imposée à notre brave et respecté commandant.

— Nous appuyons! nous appuyons! s'écrièrent d'une seule voix les membres du conseil.

Vent-en-Panne comprit alors pourquoi M. de Lartigues avait failli s'évanouir en commençant la lecture du rapport; il s'en voulut d'avoir causé cette cruelle douleur à un si brave officier, quoique involontairement, puisqu'il ignorait sa proche parenté avec l'assassin.

Lorsque la rumeur causée par cet incident étrange fut calmée et le silence complètement rétabli, le commandant se leva.

M. de Lartigues était pâle, mais ferme; toute trace de faiblesse avait disparu de son mâle visage; ses traits avaient pris une rigidité marmoréenne.

— Messieurs, dit-il, tandis qu'un triste sourire se jouait sur ses lèvres décolorées, je vous remercie. Monsieur le capitaine rapporteur a fait son devoir, en vous révélant ces faits que vous ignoriez ; je saurai faire le mien, en n'acceptant pas le bienveillant faux-fuyant dont vous voulez me donner le bénéfice, en me proposant de renoncer à présider cette cour martiale. Il m'est impossible de quitter cette place. Nommé par le roi au commandement de ce navire, je dois subir les conséquences de cette charge si honorable. Ce serait manquer à tous mes devoirs, et vous ne voudriez pas m'y contraindre, que de me retirer et décliner la responsabilité dont je suis investi, dans une circonstance aussi grave que celle qui se présente aujourd'hui. Lorsque je suis appelé à remplir les fonctions de grand justicier, et à faire respecter la loi indignement violée par un misérable indigne de toute pitié, plus le coupable me tient de près, plus je dois être sévère; plus il m'est défendu d'abandonner mon poste. Quoi qu'il arrive, Messieurs, je ne faillirai pas à mon devoir. Je vous dois cet exemple à vous qui, pour la plupart, commanderez un jour ; vous vous souviendrez alors qu'un homme d'honneur, si cher que cela coûte à son cœur, ne transige jamais avec son devoir.

Et se tournant vers le lieutenant qui attendait ses ordres :

— Faites comparaître l'accusé devant le conseil, dit-il.

Un murmure d'admiration, presque aussitôt étouffé, parcourut les rangs de la foule, comme un courant électrique.

On entendit le pas cadencé d'une troupe de soldats ; les matelots s'écartèrent à droite et à gauche, ouvrant ainsi un large passage au prisonnier qui, entouré de son escorte, franchit la balustrade, et s'arrêta en face du président du conseil.

Les soldats firent halte à deux pas derrière l'officier et demeurèrent immobiles.

La contenance du comte Horace était significative. Il portait la tête haute, avait le regard dédaigneux et la physionomie railleuse.

Pendant deux ou trois minutes, un siècle! un silence funèbre pesa sur l'assemblée.

— Lisez le rapport, dit froidement le commandant.

L'écrivain du vaisseau se leva et lut le rapport d'une voix lente et monotone.

Lorsqu'il eut enfin terminé il salua, et reprit sa place.

Le comte Horace souriait.

— Monsieur le duc de la Torre, dit le commandant, les faits portés sur ce rapport sont-ils exacts ?

— Je le jure sur l'honneur ! tous sans exception, monsieur, répondit le duc en saluant la cour.

— Et vous, messieurs ? reprit le commandant en s'adressant aux autres témoins.

— Nous le jurons sur l'honneur ! répondirent-ils d'une seule voix.

— C'est bien. Veuillez reprendre vos places.

M. de Villenomble souriait toujours, en promenant un regard tranquille sur l'assemblée.

Il y eut un court silence, puis le commandant reprit, mais cette fois en s'adressant au prisonnier :

— Vous avez entendu l'accusation portée contre vous, monsieur ; qu'avez-vous à dire pour votre défense ?

— J'ai à dire, mon cher oncle, répondit le comte en haussant dédaigneusement les épaules, que je trouve cette comédie odieusement ridicule.

— Monsieur, reprit sévèrement le commandant, vous n'avez pas de parent ici ; vous comparaissez devant une cour martiale régulièrement convoquée pour y rendre compte d'un crime atroce. Pour la dernière fois, répondez !

Le comte Horace pâlit affreusement, il chancela comme s'il allait tomber ; il eut un éblouissement, il se sentit perdu. Mais appelant tout son orgueil à son secours, il fit un effort suprême, se redressa, passa fiévreusement sa main sur son front moite de sueur, et, frisant sa moustache avec une inexprimable arrogance et un dédain railleur :

— Est-ce bien le frère de ma mère, l'homme qui m'a presque servi de père qui m'interroge ainsi, avec cette dureté ? dit-il en haussant les épaules. Je ne saurais le croire. Je me suis trompé, sans doute ? j'ai mal entendu ?

— Vous avez très bien entendu, monsieur ; donc, répondez ! reprit le commandant d'une voix sourde.

— Et que répondrez-vous ? vous qui me parlez, s'écria le comte avec véhémence, lorsque ma mère, votre sœur, vous demandera à vous : Caïn, qu'as-tu fait de mon fils?...

Tous les témoins de cette scène terrible étaient anxieux, haletants. Seul le comte Horace, l'œil étincelant, les narines dilatées, se tenait fier et provocant en face du tribunal. Il croyait avoir vaincu...

Le commandant se leva.

— Assez ! s'écria-t-il avec un accent formidable. Ici, je vous le répète, vous n'avez que des juges. Je suis votre oncle, dites-vous ? Erreur, monsieur. Si le même sang coule dans nos veines, sachez que lorsque j'en ai de mauvais, je me le fais tirer ! Vous ne m'êtes plus rien, je ne vous connais pas ! Répondez aux questions que je vous adresse en qualité de président du conseil. Pourquoi avez-vous tué cet homme ?

— Il m'avait provoqué, répondit le comte Horace, dominé par cet accent si ferme.

— Mensonge ! Vous vous étiez introduit avec effraction dans la cabine du duc de la Torre; le capitaine est venu à son secours.

— Il a levé son poignard sur moi.

— Vous mentez encore ! Surpris dans l'accomplissement de votre crime, sans provocation, vous lui avez fendu la tête d'un coup de hache.

— Eh bien ! soit. Après tout, qu'importe ? J'ai tué cet homme, n'était-ce pas un manant ? que signifie cette mort ? Rien. Ne suis-je pas gentilhomme ? Allons donc ! Ceci est du dernier plaisant. Depuis quand un gentilhomme n'a-t-il plus le droit de corriger ces espèces ? D'ailleurs, avant tout, j'en appelle à M. de Colbert : c'est à lui seul qu'il appartient de juger cette stupide affaire.

— Vous vous trompez, monsieur. Nous sommes ici sur les côtes de l'île de Cuba, je suis haut justicier et seul juge suprême, à bord de ce vaisseau dont Sa Majesté, que Dieu conserve ! m'a confié le commandement. Vous connaissez la loi, monsieur !

— Peut-être l'ai-je connue, mais je l'ai oubliée, répondit-il avec indifférence.

— Vous allez l'entendre lire. Et se tournant vers le rapporteur : Lisez la loi afin que l'accusé n'en ignore.

Le capitaine ouvrit un énorme in-folio placé près de lui, puis il se leva après l'avoir feuilleté un instant.

Le capitaine lut d'une voix ferme et parfaitement accentuée les paragraphes suivants :

— Article 37. Ordonnance de 1634 : « Si quelqu'un tire le cousteau dans le navire, encore qu'il ne blesse point, il sera percé avec le cousteau à travers de la main contre le mât. »

— Que m'importent ces fadaises ? dit dédaigneusement le comte.

— Attendez, monsieur, reprit paisiblement le capitaine. Voici ce qui vous regarde :

Et il continua :

— Article 40. Même ordonnance royale de 1634 : « S'il advenait que quelqu'un tuast son compagnon ou le blessast en sorte qu'il mourust, on attachera le mort avec le vivant dos à dos et seront jettez à la mer ; et s'il est à terre, sera exécuté à mort. »

Le capitaine rapporteur ferma le livre et se rassit au milieu d'un silence de plomb.

— Vous avez entendu ? dit le commandant, qu'avez-vous à ajouter pour votre défense ?

— Rien, répondit le comte avec un éclat de rire nerveux. Je vous remercie, mon oncle ; que mon sang retombe sur votre tête !

— Je ne fais pas la loi, je l'applique, répondit froidement le commandant. Et se tournant vers les membres du conseil : Quel châtiment infligez-vous au coupable ? leur demanda-t-il.

— La mort ! répondirent-ils tous sans hésiter.

— Allez! infortuné, dit alors M. de Lartigues au comte Horace; dans une heure le prévôt aura exécuté la loi. Lieutenant, emmenez le condamné; descendez-le dans la fosse aux lions, où M. l'aumônier ira lui porter les consolations religieuses. Vous n'avez plus rien à faire dans ce monde, ajouta-t-il en s'adressant au misérable; réconciliez-vous avec le Ciel, si vous le pouvez.

Une heure plus tard, tout l'équipage du *Robuste* était sur le pont en tenue de combat. A bord du *Santiago* et du *Coq*, les matelots étaient debout sur les vergues, pour assister à l'exécution.

Le barberot, aidé du chirurgien, avait fait envelopper d'un lambeau de toile le cadavre du capitaine Guichard dépouillé de ses vêtements, et transporter sur le château d'avant.

Un roulement de tambours se fit entendre : le comte Horace parut. Sa contenance n'avait pas changé : elle était toujours fière et provocante. Il avait les mains liées derrière le dos avec une corde qu'un caporal tenait par son extrémité; une forte escorte entourait le condamné.

Arrivé au pied du grand mât, le sinistre cortége fit halte. Les tambours roulèrent une seconde fois, puis le prévôt lut au comte l'arrêt prononcé contre lui, et signé de tout le conseil.

Le comte Horace ne dit pas un mot; il haussa dédaigneusement les épaules, monta sur le château d'avant et se laissa étendre par les équipemans, c'est-à-dire les chefs de hune, sur le cadavre glacé de sa victime.

Malgré toute sa féroce énergie, le comte tressaillit à cet horrible contact ; l'effroyable sensation qu'il éprouva lui arracha un cri de douleur et de répulsion.

Le cadavre vivant fut lié dos à dos à l'autre; un cartahu passé à l'extrémité tribord de la vergue de misaine les enleva tous les deux hors du navire, où ils demeurèrent suspendus et tournoyants, pendant quatre ou cinq minutes.

Les tambours battirent un ban, un pavillon jaune fut hissé au grand mât et un coup de canon à poudre, tiré sous le vent, pour annoncer à tous que justice était faite. Quand tous les hommes des trois équipages eurent bien vu ce qui se passait, et compris toute l'horreur de ce supplice épouvantable, M. de Lartigues fit un geste: le prévôt coupa la corde.

Les navires orientèrent leurs voiles, mirent le cap en route, et bientôt ils se trouvèrent à plusieurs milles de ces deux cadavres, dont un était plein de vie, et qu'on apercevait à peine dans le sillage, ballottés et roulés capricieusement sur le dos des lames.

M. de Lartigues se retira dans sa cabine, où il resta seul et enfermé jusqu'au lendemain.

Le prévôt lut au comte l'arrêt prononcé contre lui et signé de tout le conseil.

VI

OÙ L'OLONNAIS ET PITRIANS, APRÈS AVOIR REFUSÉ LES PRÉSENTS D'ARTAXERCÈS, SONT COMBLÉS D'HONNEURS PAR LES PLUS CÉLÈBRES FLIBUSTIERS.

Les boucaniers, flibustiers ou Frères de la Côte, car ils sont connus sous ces trois dénominations différentes, offrirent au xvii° siècle aux regards curieux et chercheurs des philosophes, le spectacle le plus extraordinaire qu'il leur fût jamais donné d'étudier.

En effet, jusque-là, l'histoire du monde n'avait jamais présenté l'exemple d'un fait aussi étrange et aussi significatif.

Des hommes appartenant à toutes les races, à tous les pays, professant toutes les religions; n'ayant entre eux aucun lien apparent de mœurs, de langages ni d'intérêts, viennent de toutes les contrées de la vieille Europe, poussés, comme autrefois Attila, par une volonté plus forte que la leur, se réunissent sur un rocher ignoré de l'Atlantique, et là, sans arrière-pensée, sans parti pris, sans préméditation, sans projets de conquête ou d'asservissement, ils forment entre eux une association, sanctionnée par un pacte terrible, proclament la liberté de la mer, s'affranchissent de toute obéissance étrangère, déclarent ne reconnaître d'autres maîtres qu'eux-mêmes, d'autre loi que leur volonté, adoptent le drapeau aux trois couleurs, bleu, blanc, rouge, et, fièrement groupés autour de cet éclatant symbole de liberté, défient le monde entier.

Bientôt, comme un vol de vautours, ils s'abattent sur les vaisseaux qui sillonnent l'Atlantique, accomplissent des exploits inouïs et qui dépassent toute croyance, s'emparent des deux tiers de la riche et florissante île de Saint-Domingue, dont ils font leur quartier général; fondent une magnifique colonie, se gorgent de richesses, et en moins de deux ou trois ans, se rendent si redoutables, que les rois les plus puissants recherchent leur alliance et traitent avec eux d'égal à égal.

Maintenant quels étaient ces hommes? quel but se proposaient-ils?

On les a présentés comme des hommes féroces ayant à peine figure humaine; ne se plaisant que dans le meurtre, l'incendie, le carnage; dominés par la cupidité et pour lesquels l'or était tout. En un mot, on en a fait une horde de brigands infâmes, enivrés par la passion de l'or, ne recherchant que les orgies brutales, les jouissances matérielles et versant le sang comme de l'eau, pour satisfaire leurs instincts ignobles et carnassiers.

A notre avis, tout cela est faux; les flibustiers ont été méconnus ou, pour mieux dire, on ne les a jamais compris.

Les flibustiers étaient des hommes dans toute la large acception du mot : avec tous les vices et toutes les vertus de l'espèce.

Leur nom est resté célèbre sur toutes les plages américaines. Ils ont laissé de nombreux successeurs, aussi énergiques et aussi entreprenants qu'ils l'ont été jadis. Ces aventuriers aujourd'hui disséminés et livrés à leurs propres ressources accomplissent, quand l'occasion s'en présente, les actions les plus héroïques et les faits d'armes les plus éclatants et les plus extraordinaires. C'est encore une gloire, sur les rivages du Nouveau-Monde, que de porter le titre de Frère de la Côte. Tous, par une franc-maçonnerie mystérieuse, se reconnaissent entre eux et, quand vient l'heure d'agir, se réunissent sous les ordres d'un chef choisi par eux, et qui n'est que le *primus inter pares*.

Les flibustiers étaient des hommes à l'organisation puissante et virile, aux aspirations altières, qui, ne pouvant se courber sous aucun joug, étouffaient au milieu de la civilisation barbare, despotique et féodale de la vieille

Europe. Aspirant la liberté par tous les pores, trop faibles, individuellement, pour la conquérir dans leurs patries respectives, ils protestèrent à leur façon, contre la sujétion avilissante que leur imposaient les gouvernements d'alors, en se déclarant libres de leur propre chef. En un mot, c'étaient des déclassés, qui seraient aujourd'hui des démocrates, après avoir été des héros et des révolutionnaires, comme leurs fils de 1789. Ils n'avaient qu'un but : vivre libres. Malheureusement, comme la plus grande partie d'entre eux agissaient plutôt par instinct que par calcul, ils confondirent trop souvent la licence avec la liberté.

Ces hommes qui, pendant plus de quatre-vingts ans, tinrent le vieux monde en échec, n'étaient et ne pouvaient être de vulgaires brigands. Ils étaient des précurseurs; ils donnèrent le premier coup de hache dans le tronc immense de l'arbre féodal; ils n'eurent d'autre tort que de rêver pour eux, par la violence, cette liberté dont, après tant de luttes, nous entrevoyons l'aurore et que nos fils, nous en avons la conviction, conquerront tout entière par leur sagesse.

A l'époque où se passe cette histoire, les flibustiers étaient à l'apogée de leur puissance; ils régnaient en maîtres, non seulement sur l'Atlantique, mais souvent leurs vaisseaux redoutés avaient sillonné les eaux de l'océan Pacifique et porté la ruine, le désastre et la mort dans les comptoirs si riches et si nombreux des Espagnols.

Le roi Louis XIV, ce monarque si fier et si orgueilleux, avait deux ans auparavant officiellement reconnu l'existence de l'association des Boucaniers; il avait sanctionné cette reconnaissance, en nommant un gouverneur chargé de toucher pour lui le dixième des prises; ce gouverneur, M. d'Ogeron, gentilhomme normand, vivait depuis plus de quinze ans au milieu des boucaniers qui le respectaient et l'aimaient comme un père. Il avait fixé sa résidence, le gouvernement comme disaient en riant les Frères de la Côte, au Port-de-Paix, à Léogane ou Port-Margot; habitant tour à tour, selon les circonstances, l'une ou l'autre de ces villes.

Le gouvernement de M. d'Ogeron était plutôt fictif et nominal que réel et effectif, bien qu'au fond il eût une existence et une puissances positives.

Le digne gentilhomme avait été, dans son temps, flibustier lui-même; il connaissait par conséquent ses administrés de longue date, et savait à quelle espèce de pèlerins il avait affaire. Il réglait sa conduite sur cette connaissance approfondie qu'il possédait de leur caractère; les laissait complètement libres d'agir à leur guise, n'intervenant jamais sans en être prié; en un mot, effaçant le plus possible la qualité officielle dont le roi l'avait revêtu, pour ne laisser paraître que l'ami de bon conseil et le défenseur opiniâtre de leurs intérêts. Seulement il avait eu grand soin de se lier intimement avec tous les chefs les plus célèbres de la flibuste; par ceux-là il tenait les autres, et réussissait toujours à faire faire ce qu'il voulait à ses administrés, sans que ceux-ci s'en doutassent, ou s'ils s'en doutaient, ils en riaient les premiers de tout cœur, reconnaissant que c'était de bonne guerre, et très satisfaits d'avoir pour gouverneur un homme plus fin qu'eux-mêmes.

La colonie comprenait, ainsi que nous l'avons déjà dit, plus de la moitié de l'île de Saint-Domingue : elle s'étendait sur tout le territoire compris entre le cap Lobos au midi jusqu'au cap de Samana vers le nord-ouest. Cet immense territoire contient nombre de belles savanes, arrosées par de grandes rivières, très commodes pour les communications commerciales ; les côtes jusqu'au cap Tiburon étaient, ou plutôt sont frangées de ports, dans lesquels des flottes entières peuvent se mettre à l'abri ; puis deux îles de quelques lieues de tour, l'île à la Vache, à l'est de Saint-Domingue, et l'île de la Tortue à l'est, le berceau de la flibuste, complétaient cette magnifique colonie. Les villes les plus belles et les plus riches de la partie française de l'île étaient le Port-Margot, Port-de-Paix et Léogane.

La veille du jour où nous reprenons notre récit, l'escadre improvisée de M. de Lartigues, composée des vaisseaux *Le Robuste*, *Le Santiago* et du trois-mâts *Le Coq*, était entrée dans la rade de Léogane et avait jeté l'ancre sur une seule ligne, juste en face de la ville, au milieu d'une vingtaine de bâtiments flibustiers de toutes sortes et de toutes grandeurs ; depuis la pirogue longue à cinquante rames, jusqu'à la frégate de cinquante canons ; il va sans dire que tous ces bâtiments, à bien peu d'exceptions près, étaient de construction espagnole.

Il était près de midi. Deux hommes étaient attablés avec une cruche de vin entre eux, devant le cabaret alors célèbre de l'*Ancre dérapée;* tout en fumant leurs pipes, ces deux hommes, qui n'étaient rien moins que nos anciennes connaissances, l'Olonnais et Pitrians, regardaient curieusement le spectacle bizarre qu'ils avaient sous les yeux.

En effet, rien n'était plus singulier, plus étrange pour des étrangers arrivant d'Europe et débarqués de la veille, que l'aspect de la foule bariolée qui défilait sans interruption sous leurs yeux. Jamais Callot n'avait eu au bout de son ingénieux crayon des types de bohèmes et d'aventuriers aussi pittoresques et aussi fantastiques.

Les uns, revêtus de costumes d'une richesse tellement incroyable qu'elle en était presque ridicule, couverts d'or et de pierreries, les feutres empanachés, dont la forme était entourée d'une lourde *fanfaronne*, les épaules chargées de colliers en diamants, allaient d'un pas fier, fumant une pipe microscopique, suivis de valets couverts de livrées éblouissantes et portant leurs longues rapières ; les autres, vêtus de haillons sordides, car on allait d'un extrême à l'autre, et pour ainsi dire drapés dans des ficelles, marchaient d'un pas non moins fier et imposant, et parfois causaient sur le pied de la plus complète égalité avec les boucaniers si richement vêtus et qui, peut-être le lendemain, maltraités par le jeu, seraient eux aussi réduits à porter de problématiques guenilles ; puis c'étaient des cavaliers montés sur des chevaux à demi-sauvages, piétinant et caracolant avec fracas au milieu de la foule ; de ravissantes créoles languissamment couchées dans des palanquins portés sur les épaules des esclaves à demi-nus, brûlés par le soleil et semblables à des squelettes, tant leur maigreur était affreuse. Ces malheureux étaient des Espagnols pris sur les bâtiments de leur nation ou enlevés en terre ferme dans une expédition.

Puis des engagés faméliques, aux regards craintifs et sournois, suivis par trois ou quatre de ces énormes *venteurs*, espèce de chiens féroces dont se servaient les boucaniers pour la chasse aux taureaux sauvages ; des marchands ambulants ; enfin une multitude composée capricieusement d'individus de toutes sortes, de toutes classes et de toutes couleurs.

— C'est égal, s'écria tout à coup Pitrians avec conviction, je ne me repens pas de mon voyage ! On a bien raison de dire que la Côte est un singulier pays !

— Oui, répondit nonchalamment l'Olonnais, bien singulier pays, en effet !

— Et dans lequel nous sommes arrivés d'une façon peu ordinaire.

— C'est vrai ! Pauvre capitaine Guichard !

— Ah ! à quoi bon nous attrister ! La vie est courte, hâtons-nous d'en jouir ! Pourquoi diable avons-nous reçu l'ordre de nous rendre au gouvernement à une heure ?

— Je n'en sais rien, pas plus que toi, mais qu'importe ?

— Hum ! J'ai pour principe de toujours me méfier de l'inconnu. Tu es heureux toi, le célèbre Vent-en-Panne t'a pris en amitié.

— Il est probable alors, qu'il m'achètera demain à la vente.

— Il t'achètera.

— Dame ! Est-ce que tu ne te souviens plus que nous avons un apprentissage de cinq ans à faire, avant que d'être reçus boucaniers ?

— Moi, à la rigueur c'est possible, quoique je sois aujourd'hui premier lieutenant du vaisseau *Le Coq*, mais toi qui en est le capitaine ?

— Mon cher Pitrians, sois bien convaincu qu'on ne refera pas la loi à cause de nous ; elle est précise ; nous la connaissions avant de nous embarquer, n'est-ce pas ?

— Malheureusement oui.

— Eh bien ! maintenant, il nous faut la subir.

— C'est dur, sacredieu ! Après tout, puisqu'il le faut, il le faut. Quelques années d'esclavage sont bientôt passées.

— Tu en jugeras. Mais dis-moi, cher ami, sais-tu où notre passager a été conduit par M. d'Ogeron, en descendant à terre hier soir ? je n'ai pas pu quitter le navire de sorte...

— Que tu voudrais le savoir, hein ? Rien de plus simple, comme dit ton ami le capitaine Vent-en-Panne ; vois-tu ici, à notre droite, le fort qui commande l'entrée de la rade ?

— Pardieu !

— Très bien. A cent cinquante pas environ des glacis du fort, tu aperçois cette charmante maison dont le toit est plat ?

— Oui, je la vois.

— Eh bien ! cher ami, c'est là que demeure provisoirement le duc de la Torre. Je l'y ai vu entrer moi-même, avec ses bagages.

— Merci, Pitrians ! s'écria vivement l'Olonnais, et je vais... ajouta-t-il en faisant un mouvement pour se lever.

— Tu vas rester là, cher ami, reprit Pitrians, en le retenant par la manche.

— Parce que ?...

— Pour deux raisons : la première c'est que dans un quart d'heure nous devons nous rendre au gouvernement; la seconde que M. de la Torre et sa famille sont absents de chez eux. Ils déjeunent chez M. d'Ogeron.

— Tu en es sûr ?

— Puisque je te le dis. Est-ce que je t'ai jamais trompé ?

— C'est vrai. Pardonne-moi, dit-il en se rasseyant.

Pitrians remplit les verres. Au moment où il prenait le sien pour trinquer avec son ami, une main se posa sur son bras et une voix cria gaîment à son oreille :

— Eh ! Cormoran ! un gobelet de plus ici ! En double, mon gars ! nous sommes pressés !

Le valet répondant à ce nom mélodieux, que sa ressemblance frappante avec ledit animal lui avait sans doute valu, se hâta d'obéir.

— Le capitaine Vent-en-Panne ! s'écria Pitrians avec une surprise joyeuse.

— Moi-même, tout à votre service, messieurs. Là, c'est bien ; merci, Cormoran Versez, lieutenant. A la vôtre, messieurs !

Et il dégusta son verre de vin en véritable connaisseur.

Tout cela avait été dit, fait et terminé avec une rapidité telle, que les deux marins n'étaient pas encore revenus de la surprise qu'ils avaient éprouvée.

— Quel heureux hasard vous amène par ici, capitaine ? demanda l'Olonnais en lui tendant la main par un mouvement spontané.

— Le hasard n'est pour rien dans l'affaire, répondit Vent-en-Panne en riant et en pressant chaleureusement dans la sienne, la main que lui présentait le jeune homme. Je suis venu tout exprès.

— Ici ? fit en riant l'Olonnais.

— Parbleu ! où donc ? Je sais que vous êtes appelés au gouvernement ; pour vous y rendre, vous étiez forcés de passer devant l'*Ancre dérapée*; ce renseignement m'a suffi. Vous voyez que je ne me suis pas trompé ?

— J'en conviens. Encore un verre, capitaine ! et puis si vous le voulez bien nous partirons. Voici l'heure.

— Encore un verre, soit ! Quant à partir, nous avons le temps, j'ai deux mots à vous dire.

— Quatre si cela vous plaît. Je suis à vos ordres, capitaine.

— Merci, cher ami. Et d'abord, pourquoi vous appelez-vous Pitrians, vous ? fit-il en s'adressant au matelot.

— Moi ?... fit celui-ci tout interloqué.

— Oui, vous ?

— Dame !... parce que c'est mon nom.

— Vous en êtes sûr ?

— Ah ! bien ! par exemple, elle est bonne celle-là ! Nous nous sommes toujours appelés Pitrians de père en fils dans notre famille. Mon père, mon frère...

— Vous avez un frère ? interrompit le boucanier.

— Deux, en me comptant. C'est-à-dire, non, je me trompe, un seul. Au fait, je ne sais plus ce que je dis. Mon frère doit être mort; il a dix ans de plus que moi. Je l'ai à peine connu. Il est parti matelot, que j'étais encore tout petit ; depuis lors je n'en ai jamais entendu parler. Pour sûr qu'il est mort.

— Il vit. C'est un de nos frères, des meilleurs. Il est revenu de croisière il y a deux jours ; je l'ai fait prévenir, vous le verrez aujourd'hui.

— Mon frère ! mon vrai frère ! s'écria Pitrians les larmes aux yeux. Jour de Dieu ! vous ne mentez pas, capitaine ? C'est bien vrai ?

— Hein ! fit sévèrement le boucanier.

— Pardonnez-moi, capitaine ! la langue m'a fourché ! je voulais dire... Ah ! mon frère ! mon pauvre frère !

Et, succombant à son émotion, le brave garçon fondit en larmes.

— Pleure, mon gars, cela te fera du bien.

— Oh ! oui ! mon pauvre frère !

— A nous d'eux, l'Olonnais, reprit le boucanier. Ainsi, tout ce que vous m'avez dit est vrai, n'est-ce pas ?

— A quoi faites-vous allusion, capitaine ?

— A ce que vous m'avez raconté de votre histoire.

— Hélas ! capitaine ! tout n'est que trop vrai ! Vous le voyez, je n'ai même pas de nom.

— Peut-être parce que vous en avez trop ! fit Vent-en-Panne d'une voix sourde. Mais reprenant aussitôt un accent enjoué : Il ne s'agit pas de tout cela, dit-il. Nous sommes pays.

— Vous êtes des Sables-d'Olonne, capitaine ! s'écria l'Olonnais avec surprise.

— A peu près ; à quelques lieues à peine ; donc nous sommes pays. Je vous ai vu à l'œuvre, je sais que vous êtes un homme. Je ne me lie pas facilement, et pourtant je me sens entraîné vers vous.

— Sur Dieu ! c'est comme moi, capitaine ; j'éprouve pour vous une sympathie dont je ne saurais me défendre.

— Gardez-vous bien d'y résister ; car, vrai, je vous aime de tout mon cœur. Que comptez-vous faire ?

— Je voudrais rester sur la côte.

— Qui vous en empêche ?

— Rien, murmura l'Olonnais en rougissant.

— Bon, vous avez un secret ! gardez-le. Nous ne nous connaissons pas encore assez pour que j'en demande ma part. Êtes-vous résolu à rester avec nous ?

— Oui, quoi qu'il puisse m'arriver.

— Bon, vous craignez l'esclavage ? dit Vent-en-Panne, avec un sourire narquois.

— Je ne crains qu'une chose, capitaine, dit l'Olonnais d'une voix ferme.

— Laquelle ?

— De ne pas conquérir le nom qui me manque.

— Bien, mon gars ; voilà répondre ; au besoin je vous y aiderai.

— Merci, capitaine, je retiens votre parole.

— Faites ; elle vous appartient, je vous l'ai donnée.

Les deux hommes se serrèrent la main.

— Allons, Pitrians, as-tu fini de pleurer comme un veau? reprit le capitaine, en s'adressant au matelot; il est temps de partir.

— Voilà qui est fait, capitaine, répondit le matelot en essuyant ses yeux; c'est égal, les écubiers me cuisent, mais voilà une averse qui m'a joliment rafraîchi. Mon pauvre frère!

— Allons! allons! en route!

— Est-ce que vous nous accompagnez, capitaine? demanda l'Olonnais.

— Pardieu! Je ne suis venu que pour cela. Partons.

La distance n'était pas longue de l'auberge de l'*Ancre dérapée* au gouvernement, ainsi que l'on nommait la maison de M. d'Ogeron; cette distance fut franchie en moins de dix minutes par les trois marins.

— Nous y voici, dit gaîment Vent-en-Panne en s'arrêtant devant la porte. Mais que se passe-t-il donc en vous? fit-il en se retournant vers l'Olonnais; sur ma parole, vous voilà tout interloqué! vous êtes pâle comme si vous étiez malade.

— Je vous avoue que le cœur me bat très fort, capitaine, ne vous moquez pas de moi, je vous prie. Je ne sais ce qu'on me veut; cela m'inquiète plus que je ne pourrais dire.

— Bah! fit en riant le boucanier, peut-être veut-on vous couronner de fleurs?

— Allons! voilà que vous plaisantez! dit l'Olonnais avec découragement.

— Eh! oui! poltron. Que pouvez-vous craindre?

— Ah! si je le savais, je me tiendrais sur mes gardes.

— Bah! bah! tout finira probablement mieux que vous ne le supposez; venez.

— Vous savez quelque chose?

— Je ne dis ni oui ni non. Allons, courage!

— Allons! fit le jeune homme avec un soupir étouffé.

Ils entrèrent dans la maison.

Un valet, sans rien leur demander, les précéda, ouvrit une porte et s'effaça pour les laisser passer.

Ils pénétrèrent alors dans une salle assez vaste, où une quinzaine de personnes étaient réunies.

Toutes les mains se tendirent vers Vent-en-Panne.

Les deux marins étaient demeurés modestes et confus près de la porte.

En effet l'assemblée était imposante.

Au nombre des personnes réunies dans cette salle, se trouvaient dix des chefs les plus renommés de la flibuste: Montbars l'exterminateur, Ducasse, le Beau Laurent, Michel le Basque, Ourson Tête de Fer et d'autres encore; puis M. d'Ogeron le gouverneur, et quatre personnages aux traits sévères, représentants de la Compagnie des Indes à Saint-Domingue; M. de Lartigues et deux de ses officiers se tenaient un peu à l'écart dans un angle de la salle. Toutes les autres personnes étaient assises, excepté le gouverneur.

Lorsque les deux jeunes gens entrèrent dans le salon, tous les regards se fixèrent sur eux, ce qui augmenta encore leur confusion.

— Soyez les bienvenus, messieurs, dit gracieusement le gouverneur en

— Pleure, mon gars, cela te fera du bien.

leur avançant des sièges et les forçant à s'asseoir, ce qu'ils ne firent qu'avec une maladresse extrême, tant ils étaient décontenancés. Messieurs, continua M. d'Ogeron toujours souriant, je vous ai fait prier de passer au gouvernement parce que messieurs les directeurs de la Compagnie des Indes ont certaines questions à vous adresser, je crois même des propositions à vous faire, et qu'ils ont insisté, sans m'en faire connaître les motifs, pour que cet entretien eût lieu ici en notre présence.

— Monsieur le gouverneur, répondit l'Olonnais avec assez de fermeté, car il avait eu le temps de se remettre, nous sommes, mon camarade et moi, à vos ordres et à ceux de ces messieurs; nous voici prêts à répondre aux questions qu'il leur plaira de nous adresser.

Il y eut un court silence.

Un des directeurs, après avoir échangé à voix basse quelques mots avec ses collègues, et consulté un papier qu'il tenait à la main, se leva et prit la parole.

— Vous vous nommez l'Olonnais, monsieur? dit-il, et votre ami se nomme Pitrians?

— Oui, monsieur, répondit le jeune homme.

— Vous vous êtes embarqués à Dieppe? A quelles conditions?

— Engagés par la Compagnie pour rester à la côte; mais travaillant pendant le voyage, moi comme deuxième lieutenant, mon ami en qualité de maître d'équipage.

— Tout cela est exact. Vous avez rendu de grands services à bord.

— Nous avons fait notre devoir, monsieur.

— C'est juste; mais vous avez fait aussi preuve d'un dévouement digne de tous nos éloges.

— Nous vous remercions sincèrement, monsieur; ces témoignages de votre satisfaction nous sont chers.

— Vous êtes d'excellents marins, honnêtes, énergiques. Que pourrons-nous faire pour vous prouver notre gratitude?

— Rien autre que ce que vous avez fait, monsieur. Vos éloges sont, pour nous, la plus belle récompense que nous puissions obtenir de vous.

— Ces sentiments vous honorent. Ils prouvent que nous ne nous sommes pas trompés sur votre compte. *Le Coq* repartira dans quelques jours; il dépend de vous, l'Olonais, d'y rester comme capitaine et vous, Pitrians, en qualité de premier lieutenant. Voici vos nominations, signées et approuvées par M. le gouverneur, ajouta le directeur en tendant les deux papiers aux jeunes gens.

L'Olonnais les repoussa doucement.

— Eh quoi! vous refusez! s'écria le directeur surpris.

— A notre grand regret, monsieur, et tout en vous adressant, du fond du cœur, nos remerciements les plus sincères pour un si grand honneur; mais il le faut; nous devons refuser, quoiqu'il nous en coûte, car vous pouvez nous taxer d'ingratitude, quand au contraire les mots nous manquent pour vous exprimer notre reconnaissance pour tant de bontés.

— Sans doute vous ignorez quel sort vous attend ici?

— Nullement, monsieur; nous savons tout.

— Que vous serez vendus demain à l'encan, comme esclaves?

— Oui, monsieur.

— Et vous persistez malgré cela?

— Nous persistons, monsieur

— Ces jeunes gens sont fous!

— Non, monsieur, nous avons toute notre raison. Quand nous avons résolu de venir à la côte, nous connaissions parfaitement les conséquences du parti que nous prenions; les conditions qui nous étaient imposées; nous les avions toutes acceptées d'avance parce que nous avions un but. Ce but n'a pas changé.

— Quel est-il? Le pouvez-vous révéler?

— Certes, monsieur; il n'a rien que de noble et d'honorable; nous voulons, après avoir accompli notre temps d'apprentissage, devenir, nous aussi, des Frères de la Côte, et marcher de loin sur les traces des hommes réunis ici, et qui, tous, ont commencé comme nous allons commencer demain.

Ces paroles furent accueillies avec une satisfaction générale par les célèbres flibustiers qui se trouvaient là; et tous se connaissaient en hommes.

Ils pressentirent à l'instant ce que, plus tard, deviendraient les deux jeunes gens.

— Soit, messieurs, reprit le directeur aussitôt que le calme se fut rétabli, je n'insisterai pas. Devant une résolution si fermement exprimée, je suis forcé de retirer ma proposition. Mais la Compagnie des Indes ne saurait demeurer votre débitrice.

— Oh! monsieur! fit l'Olonnais.

— Ici, monsieur, je remplis un devoir d'honneur; à votre tour vous devez vous incliner comme je l'ai fait, moi, devant votre volonté.

— Soit, monsieur, je vous obéis.

— C'est bien, monsieur, je prends acte de votre parole. Le traité que vous avez passé avec la Compagnie est nul, ou pour mieux dire il n'a jamais existé. Je le déchire devant vous. Donc, vous êtes libres, messieurs; nul n'a le droit d'attenter de quelque façon que ce soit à cette liberté qui vous est rendue. De plus je suis chargé de vous remettre à vous, capitaine l'Olonnais, une somme de quinze mille francs, et à vous, lieutenant, celle de dix mille pour les services que vous avez rendus à la Compagnie. Messieurs, voici votre argent; veuillez signer ce reçu.

— Oh! monsieur! s'écria l'Olonnais avec un accent ému, comment vous exprimer notre reconnaissance pour tant de générosité!

— Il ne s'agit ici ni de générosité ni de reconnaissance, messieurs, répondit le directeur avec un charmant sourire; je vous répéterai vos propres paroles : Je fais mon devoir. Votre main, messieurs; vous êtes braves et honnêtes, vous prospérerez.

Pitrians sanglotait. On sait que c'est de cette façon que le brave garçon exprimait sa joie.

— A mon tour maintenant, dit, en se levant, un des flibustiers.

Toutes les personnes présentes s'inclinèrent respectueusement. Cet homme était le plus célèbre chef de la flibuste : Montbars l'exterminateur.

— Frères, dit-il de sa voix mâle et sympathique, messieurs les directeurs de la Compagnie viennent de faire un grand acte de justice; nous les en remercions. Ils ont fait leur devoir; à nous de faire le nôtre. Les lois de notre association disent : que tout engagé qui a accompli fidèlement son temps d'épreuve doit faire partie de notre société. Ce temps peut être abrégé, réduit même à quelques heures seulement, si l'engagé a rendu d'éminents services ou fait une action d'éclat. Est-ce vrai?

— C'est vrai, répondirent d'une seule voix les frères de la Côte.

— Ces deux hommes, reprit Montbars, se sont engagés à Dieppe. Depuis près de trois mois ils sont donc esclaves. S'ils avaient été vendus demain, ils n'auraient fait que changer de maîtres; depuis un quart d'heure ils sont libres; ont-ils accompli leur temps d'épreuve?

— Oui, reprirent les flibustiers.

— Vous connaissez leur conduite; les trouvez-vous dignes de faire partie de notre association?

— Oui! oui! s'écrièrent-ils avec enthousiasme.

— C'est bien votre opinion?

— Oui, répondit Ourson Tête-de-Fer, ces hommes sont dignes d'être nos frères.

— C'est bien, continua Montbars; l'Olonnais, Pitrians, vous êtes Frères de la Côte. En conséquence, vous jouissez de tous les droits attachés à ce titre. Les frères ici présents vous remettront aujourd'hui même par mes mains, à chacun, un fusil de Gelin, trois livres de poudre, six de plomb, un habillement complet, deux paires de chaussures et trois venteurs. Frères, embrassez-nous!

Les deux jeunes gens, à demi-fous de joie, tombèrent dans les bras de Montbars et furent ensuite embrassés par les autres boucaniers.

— Eh! petiot! s'écria un boucanier, d'une taille gigantesque et à la mine rébarbative, qui depuis un instant regardait Pitrians d'un air attendri qui le faisait ressembler à un tigre qui pleure, eh! petiot! est-ce que tu ne me reconnais pas? Je suis ton frère!

L'ex-matelot se précipita dans les bras du boucanier, en fondant en larmes selon son habitude quand il éprouvait une grande joie.

En somme, le jeune Pitrians avait versé une si incalculable quantité de larmes ce jour-là que les boucaniers, séance tenante, le surnommèrent le Crocodile, nom qui lui resta, et sous lequel il fut connu à partir de ce moment.

Le nouveau Frère de la Côte subit en pleurant de joie ce nouveau baptême, dont il prit d'autant plus gaîment son parti, qu'il lui était impossible de faire autrement.

VII

CE QUE LES FRÈRES DE LA CÔTE NOMMAIENT L'AMATELOTAGE; EN QUOI IL CONSISTAIT

Lorsque les nouveaux Frères de la Côte sortirent du gouvernement ou plutôt de la maison de M. d'Ogeron en compagnie de Vent-en-Panne et du rébarbatif frère du jeune Pitrians, auquel, pour éviter la confusion, nous ne donnerons plus que son nom de guerre, ils étaient méconnaissables même pour leurs amis; ils semblaient transfigurés.

Ils étaient libres, comme jamais jusqu'à ce jour ils ne l'avaient été, et de plus membres d'une association redoutable, dont les bases fraternelles leur assuraient autant d'amis, de soutiens et au besoin de défenseurs, qu'elle comptait d'affiliés. Eux, pauvres matelots sans feu ni lieu la veille, ils marchaient de pair et étaient les égaux des hommes, non seulement les plus riches, mais encore les plus nobles; nul maintenant n'aurait osé leur faire une injure, sans leur donner la satisfaction à laquelle ils avaient droit en leur qualité de boucaniers et de Frères de la Côte; en un mot, ils ne reconnaissaient plus de supérieurs, mais seulement des chefs temporaires, choisis par eux pour exécuter un coup de main, ou tenter une de ces audacieuses expéditions, dont les flibustiers s'étaient donné le monopole.

Un revirement aussi subit et aussi complet dans leur position, suffisait certes pour faire tourner les têtes les mieux organisées. Pourtant, il n'en fut pas ainsi pour ces deux jeunes gens. La première ivresse passée, ils envisagèrent froidement les événements qui leur avaient valu cette magnifique récompense; ils trouvèrent que l'on n'avait fait, au résumé, que leur rendre la justice qui leur était due pour leur conduite à bord du *Coq* et, du premier coup, ils se sentirent à leur place.

C'est-à-dire que chez eux l'orgueil et l'égoïsme commençaient à faire leur office.

Vent-en-Panne habitait une charmante maisonnette construite à l'extrémité d'une pointe avançant assez profondément dans la mer et d'où l'on avait sous les yeux un panorama immense et des plus accidentés. Dans un havre en miniature situé devant la maison, quatre ou cinq pirogues assez grandes et en très bon état appartenant au boucanier, étaient tirées sur le sable.

L'intérieur de la maison répondait à ce qu'annonçait l'extérieur; les meubles commodes sans être luxueux étaient rangés avec ce soin méticuleux qui distingue les marins; tout était dans un ordre admirable, soigné et tenu propre avec une exagération, qui aurait fait le bonheur d'une ménagère hollandaise.

Une table, avec quatre couverts, était dressée dans une salle à manger boisée, dont les larges fenêtres s'ouvraient sur la mer.

— A table, frères, dit gaiement Vent-en-Panne, le dîner nous attend.

— Et il est grandement temps de manger, dit silencieusement Pitrians, en posant son fusil dans un coin de la salle.

Des engagés apportèrent les plats, et le repas commença.

Vent-en-Panne avait cinq engagés, mais contrairement à l'usage adopté par un grand nombre de Frères de la Côte, il les traitait avec une extrême douceur. Aussi en était-il adoré. Ils se seraient mis au feu pour lui.

Ces engagés avaient bonne mine, ils étaient bien vêtus; on reconnaissait au premier coup d'œil, qu'ils se trouvaient heureux, et attendaient avec assez de patience le jour de leur libération.

Ces cinq hommes étaient Tributor, ce géant débonnaire, que déjà nous avons entrevu à bord du *Santiago* gardant le comte Horace; Olivier Œxmelin, élève en chirurgie, embarqué par surprise pour la Côte et vendu comme engagé; c'est lui qui plus tard a écrit cette histoire des boucaniers si palpitante d'intérêt, et dans laquelle il nous fait si bien connaître ces hommes extraordinaires, que tous il a vus et avec lesquels il a vécu près de vingt ans; Barbe-Noire, un Dieppois à la mine efféminée, nerveux et coquet comme une jeune fille, quoique taillé en Hercule; parlant avec une voix douce et un accent prétentieux, mais en somme un brave cœur et doué d'un courage de lion; puis venait Six-Deniers, petit homme sec, nerveux, à la mine chafouine, à la physionomie railleuse et grimaçante; rusé comme un procureur, voleur comme une pie et dont le courage laissait un peu trop à désirer; cependant il possédait le talent de se tirer des situations les plus difficiles sans y perdre une seule de ses plumes. Ce groupe remarquable était complété par Mouffetard, grand escogriffe né à Paris, ainsi que l'indiquait son nom de famille; il ne s'en était jamais connu ; il avait poussé comme une plante parasite sur le pavé parisien, sans souci de l'avenir; son existence jusqu'à l'heure où les racoleurs de la Compagnie des Indes l'avaient embauché, n'avait été qu'un long problème ; en somme, cet homme était une de ces étranges personnalités dont Paris a de tout temps fourmillé et qui n'ont d'autre Dieu que le hasard. Au physique, long comme une perche, maigre comme un échalas, fendu comme un compas, mais leste, vif et adroit comme un singe, dont il avait la malice et la méchanceté. Son visage blême, émacié par la misère, était pointu comme le museau d'un furet; ses yeux gris, enfoncés sous l'orbite, pétillaient d'astuce, son regard ne se fixait jamais; sa physionomie, qu'il savait changer à sa guise au moyen des grimaces les plus invraisemblables, avait, quand elle était au repos, une indicible expression d'impudence, d'insouciance et de bonhomie narquoise et rusée ; ses bras et ses jambes, d'une longueur démesurée, sans cesse en mouvement et terminés, caprice bizarre de la nature, par des pieds et des mains d'une forme exquise et d'une petitesse microscopique, lui donnaient l'apparence d'un énorme faucheux qui se tiendrait sur ses pattes de derrière.

Tels étaient les engagés du capitaine Vent-en-Panne. Ils les avait achetés au hasard, mais les eût-il choisis exprès, il n'aurait pas mieux réussi à se compléter la collection la plus bizarre de bohémiens qui se puisse imaginer. Du reste, bientôt sans doute nous les verrons à l'œuvre et nous serons plus à même de les juger.

Lorsque l'appétit des convives de Vent-en-Panne fut calmé et que le repas tira à sa fin, le boucanier fit apporter les liqueurs, les pipes et le tabac, verser le café, puis il ordonna à ses engagés de se retirer.

Les quatre Frères de la Côte demeurèrent seuls.

— Maintenant, causons, dit Vent-en-Panne en bourrant sa pipe.

— Causons, répondirent les autres en l'imitant.

Les boucaniers disparurent bientôt presque complètement au milieu d'un épais nuage de fumée.

— Eh bien ! dit Vent-en-Panne, il me semble que tout s'est assez bien passé, hein ! compagnons ?

— Avouez que vous le saviez à l'avance ? dit l'Olonnais.

— Corbleu ! serais-je venu vous rejoindre sans cela ! fit Vent-en-Panne en riant.

— Vous vous êtes conduit avec moi comme un père.

— Eh ! eh ! qui sait ? je pourrais peut-être l'être ! Quel âge as-tu, mon gars ?

— Je l'ignore ! Ne vous ai-je pas dit que j'étais un misérable enfant trouvé, ramassé par pitié sur la grève des Sables-d'Olonne ? répondit le jeune homme avec amertume.

— Pourquoi cet accent singulier, garçon ! Cordieu ! je ne vois pourtant là rien qui te doive chagriner. Tu es enfant trouvé, soit ; partant tu n'as pas de famille ; l'un compense l'autre, fit Vent-en-Panne de cet air moitié figue moitié raisin qui lui était particulier ; d'ailleurs, ne t'inquiète pas, on est toujours le fils de quelqu'un. Peut-être un jour retrouveras-tu toute ta famille et seras-tu malheureux de l'avoir retrouvée.

— Oh ! pouvez-vous dire cela ?

— Pourquoi non, si cela est vrai ? Pour que l'on t'ait abandonné, il a fallu que ta naissance gênât ton père ou ta mère, soit même tous les deux ; alors mieux vaut pour toi ne pas les connaître. Les Espagnols, qui parfois ont du bon, je dois en convenir, quoi qu'il m'en coûte, disent que tout enfant sans famille reconnue est de droit gentilhomme et ils ont raison. C'est métier de gentilhomme que semer des bâtards ; les pauvres gens ont autre chose à faire. Toutes les grandes dames sont des coquines, voilà mon avis ; quant aux autres, elles ne valent pas mieux.

— Mais à ce compte il n'y aurait pas de femmes honnêtes ? dit l'Olonnais en riant malgré lui de cette singulière profession de foi.

— Peuh ! fit Vent-en-Panne en lâchant une énorme bouffée de fumée, il doit y en avoir, on me l'a dit ; mais quant à moi, je n'en ai jamais vu une seule, ou que le Ciel m'extermine !

— Vous êtes trop exclusif, capitaine, je vous l'affirme.

— Tu le veux ? Soit, j'y consens ; je suis de bonne composition, moi ; il y en a une.

— Bon ! ceci est déjà quelque chose. Laquelle, voyons ? La connaissez-vous ?

— Dieu m'en garde ! mais je la devine. C'est sans contredit celle que tu aimes.

Un éclat de rire général accueillit cette réponse. L'Olonnais rit plus fort que les autres, pour cacher sa rougeur.

— Vois-tu, garçon, reprit Vent-en-Panne avec bonhomie, tu es jeune ; eh bien ! crois-moi, méfie-toi de l'amour. C'est une maladie terrible que je ne saurais mieux comparer qu'à la rage. Tout homme convaincu d'être amoureux devrait être tué raide. Ce serait lui rendre un immense service, en l'empêchant de devenir idiot et de commettre une foule de sottises, plus graves et plus compromettantes les unes que les autres.

— Il me semble, capitaine, que vous tenez les femmes en assez médiocre estime, fit le jeune homme en riant.

— Moi ! s'écria le boucanier ; dis donc que je les déteste ! Ces sottes femelles ne sont sur terre que pour notre malheur.

— Il serait cependant difficile de s'en passer absolument.

— Bah ! on trouverait un autre moyen et tout le monde y gagnerait, crois-le bien. Mais assez sur ce sujet. J'ai quelque chose à te dire de sérieux. Ces femelles m'agacent tellement, seulement quand j'y pense, qu'elles me font oublier même mes affaires.

— Bon ! repartit légèrement le jeune homme, c'est un parti pris de votre part de dénigrer les femmes ! je suis sûr qu'avant un an vous serez marié vous-même.

— Moi ! Corbleu ! j'aimerais mieux cent fois être pendu par ces brutes de Gavachos ! s'écria-t-il avec énergie. Mais revenons à ce que je voulais te dire, ajouta-t-il plus doucement.

— Je vous écoute, capitaine.

Pitrians et son frère causaient entre eux avec une grande animation sans prêter aucune attention à ce que Vent-en-Panne et l'Olonnais se disaient.

Le boucanier reprit après un instant de profonde méditation :

— Nous sommes du même pays ou à peu près ; je suis de Luçon. Tu connais Luçon, hein?

— Pardieu ! c'est la ville la plus crottée et la plus ennuyeuse que j'aie jamais vue !

— C'est cela même, dit en riant le boucanier. Je ne sais pourquoi, mais je veux que le diable m'emporte si je ne me suis pas pris pour toi d'une vive amitié.

— Vous me rendez heureux en me parlant ainsi, capitaine ; la même chose m'est arrivée à moi-même quand je vous vis pour la première fois.

— Vrai? s'écria joyeusement le boucanier.

— Sur l'honneur, capitaine.

— Merci. Mais à propos, fais-moi le plaisir de me parler comme je te parle et de me dire *tu* et *frère*, et non capitaine, car je pourrais t'en rendre autant et mieux encore. Je suis une espèce d'ours, moi ; je vis toujours seul, eh bien ! je ne sais ni pourquoi ni comment il me vient une envie extrême de t'avoir pour matelot. Veux-tu être mon matelot, dis, l'Olonnais?

— Vous me faites... mais se reprenant aussitôt sur un geste de Vent-en-Panne : tu me fais le plaisir le plus grand, veux-je dire ; tu me causes la joie la plus vive que jamais j'aie ressentie ; c'est mettre le comble à toutes tes bontés que de me faire une telle proposition !

— Alors tu acceptes?

— Certes ! plutôt mille fois qu'une !

— C'est donc entendu ! Embrasse-moi, matelot !

— Oh ! de grand cœur !

Les deux hommes tombèrent dans les bras l'un de l'autre.

— Mais ce brave Pitrians, le Crocodile, fit en riant l'Olonnais, c'est mon plus ancien ami.

— Qu'importe cela ! il le sera toujours ; seulement nous, nous serons matelots.

— Ne t'inquiète pas de moi, l'Olonnais, lui dit alors son ancien compagnon qui justifiait son nouveau surnom en pleurant comme un veau ; mon frère et moi nous venons de nous amateloter. Je lui devais la préférence, pas vrai ! Mais c'est égal, toi et moi nous serons toujours de bons et véritables amis.

Deux engagés conduisant chacun trois chiens en laisse accompagnaient Montbars.

— Oui, dit Pitrians senior d'une voix lugubre, c'en est fait, Vent-en-Panne, le petiot est mon matelot.

— Tu as eu raison de le prendre, frère; je l'ai vu à l'œuvre, c'est un homme, tu peux être tranquille.

— Tu me fais grand plaisir en me disant cela, Vent-en-Panne. Comme depuis que je cause avec lui le petiot semble changé en fontaine, j'avais peur qu'il ne fût qu'une poule mouillée.

Le Frère de la Côte débita cette plaisanterie terminée par un ébrouement qui voulait être un rire, d'un ton à faire frissonner l'homme le plus brave.

— Maintenant à nous deux, l'Olonnais, reprit Vent-en-Panne, d'un air de bonne humeur.

— A tes ordres, matelot.

— Je dois t'instruire de tes devoirs, car probablement tu ne te doutes pas le moins du monde de ce que nous entendons par être matelots.

— Je suppose que c'est être amis, s'aimer comme des frères. Pour moi, ce sera très facile : je t'avoue que je t'aime comme si je te connaissais depuis vingt ans.

— Merci, moi de même. Mais tu n'y es pas quoiqu'il y ait un peu de ce que tu dis. Tu vas voir; c'est très simple.

— Parle, frère; je suis tout oreilles.

— Écoute donc et profite. Le matelotage est une des plus sérieuses institutions de la flibuste. Il a été créé par les premiers Frères de la Côte dans le but de nous réunir en un faisceau compact et fraternel. Lorsqu'une expédition est formée, le premier soin des flibustiers est de s'amateloter deux par deux afin de s'aider et de se secourir au besoin. S'il n'en était pas ainsi, nos instincts de bêtes fauves prendraient le dessus, notre avarice et notre intérêt personnel nous domineraient et nous serions seulement un ramassis de brigands sans foi ni loi, essayant continuellement de nous voler et de nous assassiner et par conséquent, incapables d'accomplir de grandes choses; il fallait porter remède à ce mal mortel, qui aurait amené la destruction de notre association; grâce au matelotage il fut coupé dans sa racine.

— Voici qui me paraît très intéressant.

— Plus encore que tu ne le crois. Être matelots, c'est n'être qu'un seul homme en deux corps, une seule âme, une même pensée; confondre ses amitiés et ses haines; en un mot mettre tout en commun, ne conserver aucun secret l'un pour l'autre, partager fraternellement gloire, fortune, misères, douleurs, sans envie et sans reproches. Un flibustier ne peut, sous peine d'infamie, abandonner son matelot en péril; il doit combattre pour lui, le soigner s'il est blessé, le porter sur ses épaules pendant les marches; mourir avec lui si la circonstance l'exige, plutôt que de le laisser tomber aux mains de l'ennemi; et tout cela sans discussion comme sans hésitation. Ce que veut faire l'un, l'autre doit le vouloir, et faire réussir si cela lui est possible les projets de son matelot, quand même ces projets contrarieraient ceux que lui-même aurait conçus. En un mot, chacun de ces deux hommes est tenu de faire abnégation complète de tout sentiment personnel au profit de l'autre. Quant aux querelles, elles sont formellement interdites et ne peuvent être vidées qu'à la fin du matelotage; tant qu'il dure, il est défendu de se témoigner même la plus légère aigreur en paroles. Tu m'as bien compris, n'est-ce pas, matelot?

— Oui, matelot. Tout ce que tu m'as dit est maintenant gravé non pas dans ma mémoire mais dans mon cœur.

— Et tu acceptes ces conditions?

— Toutes, sans hésitation.

— Maintenant il ne nous reste plus qu'à fixer le temps de notre matelotage. Quelle en sera la durée? je te laisse libre d'en marquer toi-même l'époque.

— Tu m'y autorises franchement?

— Certes, et même je t'en prie.

— Eh bien ! puisqu'il en est ainsi, reprit l'Olonnais en lui tendant la main, je désire que notre matelotage ne finisse qu'à la mort de l'un de nous. A toi maintenant à me répondre.

Vent-en-Panne lui serra la main.

— J'accepte, matelot, dit-il avec émotion. Je t'avais bien jugé; tu es un brave cœur.

Et le rude boucanier se détourna pour essuyer une larme qui, sans qu'il comprît pourquoi, mouillait sa paupière.

Après avoir vidé son verre et rallumé sa pipe pour se donner une contenance, il reprit :

— Il va sans dire que tu accrocheras ton hamac ici. Quant à de l'argent je ne t'en parle pas, fit-il en riant, tu es cousu d'or. Je te montrerai l'endroit où je serre mes piastres et mes onces espagnoles; quand tu auras dépensé ce que tu as, tu puiseras dans le tas à ta guise.

— Merci, fit simplement l'Olonnais.

— Tu n'as pas d'engagés. Il t'en faut au moins deux. Demain commence la vente des passagers du vaisseau de la Compagnie.

— *Le Coq?*

— Oui, et comme tu connais ces braves gens, tu feras plus facilement ton choix. Tu en achèteras deux.

— Excuse-moi, matelot, je connais ces braves gens, c'est vrai; d'autant plus que ce matin encore j'étais moi aussi dans la même situation qu'eux.

— Eh bien !

— Eh bien ! je t'avoue qu'il me répugnerait de faire un choix parmi eux; j'aurais l'air d'insulter à leur malheur.

— Ce sentiment est honorable, je l'approuve; mais moi qui ne suis pas dans les mêmes conditions que toi, je ferai l'achat pour mon compte. Cependant comme je veux respecter ta juste susceptibilité, je te céderai deux de mes engagés. Cela te convient-il?

— Parfaitement.

Vent-en-Panne frappa sur un gong.

Tributor parut.

— Dis à Barbenoire et à Mouffetard de se rendre ici en double.

Les deux engagés entrèrent presque immédiatement.

— Écoutez-moi, garçons, leur dit le boucanier : à partir d'aujourd'hui l'Olonnais et moi nous sommes matelots; il n'a pas d'engagés, je vous cède à lui; j'espère que votre conduite ne lui laissera rien à désirer; d'ailleurs, comme je ne vous perdrai pas de vue, je vous surveillerai. Ainsi, voilà qui est entendu, vous n'êtes plus mes engagés mais ceux de l'Olonnais; veillez au grain, garçons. Et maintenant, allez au diable, je n'ai plus rien à vous dire.

Les deux engagés se retirèrent moitié tristes, moitié gais; mais comme ils savaient qu'ils ne quitteraient pas leur premier maître, cela les consolait un peu.

— Ce sont de braves gens, dit Vent-en-Panne, seulement ils ont besoin d'être surveillés; Mouffetard surtout. En les tenant un peu sévèrement, tu en feras ce que tu voudras.

En ce moment Tributor rentra dans la salle; un valet vêtu d'une riche livrée le suivait.

— Cet homme demande le capitaine l'Olonnais, dit l'engagé.

— C'est moi, répondit le jeune homme.

Le valet le salua respectueusement et lui remit une large lettre au cachet armorié en lui disant :

— De la part de Sa Seigneurerie le duc de la Torre.

L'Olonnais tressaillit et prit la lettre d'une main tremblante.

— Mon maître m'a ordonné d'attendre la réponse de monsieur le capitaine, reprit le valet; il suffira que la réponse soit verbale.

— Tributor, aie soin que ce brave garçon ne manque de rien, dit Vent-en-Panne.

Le valet salua et sortit en compagnie de l'engagé.

— A présent, voyons la missive du noble duc, fit gaiement le boucanier.

L'Olonnais décacheta la lettre et la lut à haute voix après l'avoir parcourue des yeux.

— Écoutez, frères, dit-il.

Voici ce que contenait la lettre :

« Monsieur le Capitaine,

« Depuis que j'ai quitté le navire *Le Coq*, je n'ai pas eu l'avantage de vous voir. Dans quelques jours, très probablement, M. d'Ogeron me fournira les moyens de me rendre au Mexique où je suis attendu. Je serais désespéré de quitter Léogane, sans doute pour toujours, avant que d'avoir pu vous exprimer toute la reconnaissance que ma famille et moi nous avons conservée dans notre cœur pour les éminents services que vous et votre lieutenant, M. Pitrians, nous avez rendus, et les soins dont vous nous avez entourés pendant la traversée de Dieppe à Léogane. Vous nous comblerez de joie, Monsieur le Capitaine, si vous consentez, vous et M. Pitrians, à accepter l'invitation que j'ai l'honneur de vous faire de venir sans cérémonie, comme vous faisiez sur *Le Coq*, dîner chez moi. Nous serons presque en famille. Il vous suffira de dire oui au serviteur qui vous remettra cette lettre pour nous rendre tous heureux.

« Croyez, Monsieur le Capitaine, à la vive sympathie et à la profonde reconnaissance

« de votre ami et sincèrement dévoué,

« Don Blas Sallazar y Fonseca, comte de Médina del Campo, duc de la Torre.

« Léogane, 9 septembre 1674.

« P.-S. — Nous vous attendons ainsi que M. Pitrians, votre ami, à six heures précises au plus tard. Nous serions très heureux de vous voir auparavant. »

— Mais il est charmant, cet hidalgo! dit Vent-en-Panne en riant.

— Et il possède une kyrielle de noms, ajouta le lugubre Pitrians, qui, mis à la suite les uns des autres, font un très bon effet et préviennent en sa faveur.

— Que faut-il répondre? demanda l'Olonnais.

— Pardieu! que tu iras! cela ne fait pas de doute.

Le jeune homme jeta un coup d'œil sur ses vêtements.

— Coquet! fit le boucanier toujours riant, rassure-toi, rien ne te manquera.

L'Olonnais sourit en lui tendant la main.

Tributor fut appelé ainsi que le valet du duc.

— Mon ami, dit l'Olonnais au serviteur, M. Pitrians et moi, nous aurons l'honneur de nous rendre à l'invitation que nous adresse monsieur le duc de la Torre.

Le valet salua et sortit.

La conversation recommença, mais cette fois elle devint générale.

On causait, on riait, on fumait du meilleur cœur, lorsque la porte s'ouvrit et Montbars entra.

Deux engagés chargés de paquets et deux autres conduisant chacun trois jeunes chiens en laisse l'accompagnaient.

Les engagés demeurèrent sur le seuil de la porte.

Quant à Montbarts, après avoir salué les quatre hommes d'un : « Bonjour, frères, » il prit sans cérémonie place autour d'eux, se versa une rasade qu'il but d'un trait, prit une pipe, la bourra et, après l'avoir allumée et s'être enveloppé d'un nuage de fumée, il se décida enfin à expliquer les motifs de sa présence.

Nous noterons en passant ce fait caractéristique de l'étrange association des Frères de la Côte :

Aucune maison ne fermait; tout flibustier, que le maître y fût ou n'y fût pas, avait le droit d'entrer, de se faire servir par les engagés ce que bon lui semblait et même d'y demeurer tout le temps qu'il lui plaisait, sans que jamais le propriétaire le trouvât mauvais, ou fit même la plus légère observation à son hôte sur la durée de son séjour.

C'était l'hospitalité antique dans toute son extension, sans phrases et sans ostentations; la seule vraie, la seule bonne.

Du reste, jamais un Frère de la Côte n'abusait de l'hospitalité, non pas qu'on lui donnait, mais bien qu'il s'offrait ainsi à soi-même; il était au contraire d'une discrétion et d'une délicatesse extrêmes. Sans doute il songeait que ce qu'il faisait chez un autre, n'importe lequel des associés le faisait ou du moins le pourrait faire au même moment chez lui : de là cette retenue.

— Frères, dit Montbars entre deux bouffées de fumée, vous voyez en moi, non pas un ambassadeur, le mot est trop ambitieux, mais un délégué du Conseil des Douze.

— Bah! s'écrièrent les autres.

— Ma foi oui, reprit-il. Ainsi veuillez, je vous prie, me traiter avec tout le respect et le sérieux que la circonstance exige. A votre santé! ajouta-t-il.

— A la tienne, répondirent les boucaniers.

— Veux-tu de la musique? demanda Vent-en-Panne avec un grand sérieux.

— Merci, c'est inutile. Vrai! c'est à mourir de rire! les membres du Conseil ont pris la chose au tragique; ils ne tarissent pas sur le compte de nos nouveaux frères l'Olonnais et le Crocodile.

— Vrai!

— Positivement, c'est à faire dresser d'admiration les cheveux sur la tête. J'aurais voulu te voir là, Pitrians, et toi aussi, Vent-en-Panne.

— Baste! on est mieux ici.

— Je le crois sans peine. D'ailleurs tu es philosophe, toi, Vent-en-Panne. C'est connu.

— *L'aurea mediocritas*, je ne connais pas cela.

— Farceur! tu roules sur des millions. Tu me fais l'effet de Sénèque écrivant son traité du *Mépris des richesses* sur une table d'or. Tu as raison, après tout.

— Comment s'est terminée la réunion du Conseil?

— Quant à cela, je l'ignore. Dès qu'on m'a eu donné la mission que j'accomplis si bien en ce moment, je me suis sauvé à toutes jambes.

— Je te reconnais bien là, poltron, dit Pitrians.

— Poltron tant que tu voudras; je ne me sentais pas le courage d'écouter plus longtemps les divagations de notre ami Bras-de-Fer. Ce brave garçon a l'éloquence lugubre. Pour ces choses-là je suis poltron par prudence, afin de ne pas commettre l'incongruité de m'endormir au nez de l'orateur. Au diable! les discours de Bras-de-Fer! S'il parlait auvergnat encore, mais il essaye malheureusement de faire ses discours en français et alors on n'y comprend plus rien du tout; c'est épouvantable!

Un rire homérique accueillit cette saillie.

— Riez! riez, mauvais cœurs! je voudrais bien vous y voir! reprit Montbars sur le même ton. A présent que je me sens un peu remis des fortes émotions que j'ai éprouvées, laissez-moi m'acquitter de ma mission. Frères, ajouta-t-il en désignant les engagés, ces drôles vous apportent les habits, les fusils, la poudre, le plomb et la chaussure auxquels vous avez droit en votre qualité de Frères de la Côte et que le conseil est convenu de vous donner, plus les venteurs que voilà; ils sont excellents pour le taureau et l'Espagnol, je les connais. Et maintenant c'est fini. Ouf! j'ai la langue qui me pèle. A boire! Vent-en-Panne.

Les Frères de la Côte recommencèrent à boire. Sur un signe de Montbars les engagés déposèrent leurs paquets, ceux qui conduisaient les venteurs les enfermèrent au chenil et tous se retirèrent.

L'Olonnais était tout joyeux.

— Eh! matelot! lui dit en ricanant Vent-en-Panne, tu te plaignais de manquer d'habits pour te rendre à l'invitation du duc de la Torre, voilà ton affaire. Ainsi vêtu, le diable m'emporte! tu reluiras dans les salons comme un crabe sur le sable. Ce sera magnifique!

— Tu plaisantes, matelot, tu as tort. J'étais inquiet il y a un instant parce que ces vêtements n'arrivaient point. Ce sont eux en effet que je mettrai pour me rendre chez le duc. Je ne suis pas un muguet, moi, ni un coureur de ruelles; je serais ridicule avec vos flamboyants habits à paillettes qui n'ont pas été faits pour moi et prêteraient à rire à mes dépens. Je suis un franc marin; toute ma vie s'est passée sur mer; j'ai été bercé par la tempête, ma peau s'est gercée et tannée aux caresses incessantes de l'eau salée, mon teint s'est bruni au souffle violent du vent du nord, la terre n'est pour moi qu'un accident; j'ignore ses usages et ne veux pas les connaître. De plus, j'ai l'honneur d'être Frère de la Côte. Quel plus bel uniforme pour se rendre chez un Espagnol que celui de boucanier! et contraindre ce Castillan hautain, ce vice-roi du Pérou, cet homme, presque un souverain, qui commande à des millions d'hommes, à s'incliner avec respect devant l'un des membres de cette association puissante dont le nom seul glace de terreur tous ses compatriotes et cause de si terribles insomnies à son maître le roi d'Espagne et des Indes ! Je te remercie, matelot, de l'offre que tu m'avais faite, mais je ne puis l'accepter. Voilà le seul vêtement qui me convienne, ajouta-t-il en le dépliant, et le seul que je porterai ce soir et toujours.

— Bravo ! s'écrièrent les boucaniers avec enthousiasme.

— Je ne sais, le diable m'emporte ! où ce démon-là va chercher tout ce qu'il dit, fit Vent-en-Panne avec un sourire joyeux. Cordieu! matelot! tu m'as réellement gagné le cœur. Plus je te connais, plus je t'aime.

— Alors nous nous comprenons bien, matelot, repartit vivement le jeune homme, car il m'arrive à moi aussi absolument la même chose.

— Frère, dit Montbars de cette voix harmonieuse et sympathique qui donnait tant de charme à ses moindres paroles, si je n'avais compris déjà que vous êtes le matelot de Vent-en-Panne, j'aurais sollicité de vous l'honneur d'être le vôtre. Et il ajouta avec un accent profond en lui tendant la main : Si nous ne sommes pas matelots nous serons amis, n'est-ce pas ?

— Je n'ai encore rien fait pour mériter tant d'honneur, répondit le jeune homme en pressant chaleureusement la main de Montbars; mais bientôt je vous prouverai, je l'espère, frère, que je suis digne de cette amitié que vous daigniez m'offrir et que j'accepte avec joie.

— Décidément, Vent-en-Panne, reprit Montbars en souriant, tu as eu la main heureuse, ton matelot est charmant. Pour ma part j'en raffole. Je pardonne à Bras-de-Fer ses interminables discours.

Quelques instants plus tard les flibustiers se séparèrent.

Vent-en-Panne et l'Olonnais demeurèrent seuls.

VIII

DÉTAILS RÉTROSPECTIFS SUR LE DUC DE LA TORRE ET SA FAMILLE.

Bien que le duc de la Torre ait joué un certain rôle dans les premiers chapitres de cette histoire, l'importance que ce personnage ne tardera pas à prendre nous oblige à le faire parfaitement connaître au lecteur. Nous devons surtout expliquer par quel concours de circonstances lui, gentilhomme castillan, vice-roi du Pérou, au moment même où la guerre était déclarée entre la France et l'Espagne, avait, sur l'ordre exprès de M. de Colbert, été embarqué avec sa famille sur le bâtiment de la Compagnie des Indes, *Le Coq*, à défaut de la frégate *Le Porc-Epic*, mise d'abord si gracieusement à sa disposition, par le tout-puissant ministre du roi de Louis XIV.

La famille des ducs de la Torre est sans contredit une des plus nobles de l'Espagne. L'antiquité de leur maison remonte jusqu'aux premiers temps de la monarchie espagnole. Au nombre des compagnons de Pélage, réfugiés dans les cavernes de la Cavadonga et qui en sortirent avec lui en 718 pour gagner sur les Maures cette célèbre bataille à la suite de laquelle il fut élu roi par les habitants des Asturies, se trouvait un certain don Blas de Sallazar y Fonseca, espèce de géant doué d'une vigueur extraordinaire, qui se distingua pendant la bataille et fit un horrible massacre des Maures en défendant le roi Pélage qu'il n'abandonna pas un instant dans la mêlée.

Ce don Blas Sallazar, qui plus tard devint comte de Médina del Campo, fut le chef de la famille des ducs de la Torre.

Cette illustre maison dont l'importance s'accrut encore sous les rois qui se succédèrent sur le trône d'Espagne, auxquels ils ne cessèrent de rendre d'éminents services, était fière de la blancheur de sa peau, de la fraîcheur de son teint et surtout de la couleur blonde de sa chevelure, particularité qui lui étaient communes avec les Gusmans et quelques autres maisons de la grandesse espagnole et qui dénotaient sa pure origine gothique sans mélange de sang étranger.

Sous le règne de Philippe IV, lors de la lutte de la maison d'Autriche contre le cardinal de Richelieu, le duc de la Torre, père de celui qui joue un rôle dans cette histoire, fut injustement mêlé aux troubles de la Catalogue auxquels cependant il n'avait pris aucune part, et accusé de haute trahison.

Le duc de la Torre, sachant que cette accusation était portée contre lui par le comte-duc d'Olivarès, son ennemi mortel et le tout-puissant ministre du faible Philippe IV, jugea prudent, malgré son innocence bien constatée, de ne pas se livrer aux mains de ses ennemis; et comme le château qu'il habitait n'était pas éloigné de la frontière française, il n'hésita pas à la franchir, emportant avec lui tout ce qu'il put sauver de sa fortune. Il s'arrêta pendant quelques jours à Perpignan pour y attendre la duchesse et son fils qui le rejoi-

Le roi entra calme et souriant.

gnirent bientôt; puis il se rendit à Versailles où il reçut l'accueil le plus chaleureux et le plus honorable.

Mais le duc, malgré les avances qui lui furent faites, se tint constamment à l'écart, ne voulant pas prendre parti contre son pays et justifier ainsi les accusations de ses ennemis. Cette conduite porta ses fruits. Quelques années plus tard, sous le règne de Charles II, grâce à l'influence dont jouissait don

Juan d'Autriche, frère naturel du roi, l'innocence du duc fut reconnue. Il rentra en Espagne avec tous ses droits et prérogatives.

Sept ou huit ans avant cet heureux événement, le duc avait marié son fils, le comte de Médina del Campo, avec une jeune orpheline puissamment riche et alliée aux premières familles de France. On était alors à la fin de la minorité de Louis XIV.

Le docteur Guénaud, médecin du cardinal de Mazarin et de la reine-mère, régente du royaume, avait été, à la mort de la comtesse de Manfredi-Labaume, nommé tuteur de sa fille qu'il avait vue naître et pour laquelle il éprouvait une amitié réellement paternelle. La reine et le cardinal s'intéressaient beaucoup à la jeune Sancia qui était admirablement belle et d'une douceur angélique.

Le comte de Médina del Campo n'avait pu voir la jeune fille sans en devenir amoureux. De son côté, Sancia ne semblait pas le voir avec indifférence. De plus, disons-le, à cette époque la situation du duc de la Torre était assez précaire. Sa fortune, placée toute en Espagne, avait été mise sous séquestre ; il ne touchait pas ses revenus. Contraint de vivre sur ce qu'il avait emporté avec lui dans sa fuite, ses ressources étaient d'autant plus restreintes que, bien qu'il lui eût été facile de puiser dans la bourse de ses nombreux amis, il était trop fier pour contracter des emprunts qu'il n'avait pas la certitude de pouvoir acquitter un jour : l'obligation de tenir un rang honorable ajoutait encore aux difficultés, déjà très grandes, de sa position.

Ce fut donc avec un vif sentiment de joie que le duc accueillit les ouvertures qui lui furent faites par la reine elle-même, un soir pendant le jeu du cardinal. L'amour de son fils pour Mlle de Manfredi-Labaume, acheva de le décider à donner son consentement à cette union, en le persuadant qu'il ne cédait pas à une vile question d'intérêt, mais bien à son amour paternel et au désir de faire le bonheur de son fils. Légère capitulation de conscience qui satisfit son orgueil et le rendit tout heureux.

La reine voulut se charger de toutes les dépenses du mariage ; il fut célébré en grande pompe à l'église cathédrale de Notre-Dame ; la plus haute noblesse de France y assista en corps.

Cette union, contractée sous les plus heureux auspices, demeura cependant stérile pendant plusieurs années, au grand désespoir du vieux duc de la Torre ; désespoir qui s'accrut encore lorsque Mme de Médina del Campo, après plusieurs grossesses malheureuses, accoucha d'une fille ; elle reçut en naissant le nom de Violenta. Le duc attendait un petit-fils qui continuât son nom.

En 1661, lorsque Monsieur épousa Henriette d'Angleterre, la comtesse de Médina fut nommée dame d'honneur de Madame.

Cinq ans plus tard, le duc de la Torre partit pour l'Espagne ; il était rentré en grâce. Le vieux gentilhomme ne devait plus revoir la France. Il mourut deux ans après son rappel dans son palais de la Calle de Alcala, à Madrid.

Le nouveau duc de la Torre fit alors un voyage en Espagne, ce pays qui était le sien, qu'il avait quitté tout enfant, mais dont il n'avait conservé aucun souvenir.

Le duc était grand d'Espagne de première classe, *caballero cubierto*, conseiller intime du roi, etc., etc. Quand il eut terminé ses affaires avec ses intendants, il se rendit à Madrid et se présenta au lever du roi.

Charles II avait alors sept ans : il reçut fort bien le duc, le traita de cousin et le tutoya ainsi que l'exigeait l'étiquette. En somme le duc fut très satisfait de la réception.

Mais comme la duchesse était demeurée en France et qu'il avait hâte de la revoir et d'embrasser sa fille, le duc ne fit qu'un très court séjour à la cour d'Espagne et revint à Paris dès que cela lui fut possible.

Cependant les années s'écoulaient; le duc était fatigué de son inaction et se dépitait d'être tenu à l'écart à l'âge où il aurait pu le mieux servir son pays. Chaque fois qu'il avait été en Espagne, où il avait fait de nombreux voyages, il avait insisté auprès de ses amis et de ses parents pour qu'ils sollicitassent pour lui le ministre lui-même; il s'était présenté aux plus puissants personnages de la monarchie. On lui avait fait de grandes promesses, mais c'était tout; ce mauvais vouloir constant l'affligeait, le rendait triste, morose. Il ne comprenait rien à ce parti pris de ne pas accepter ses services, et cela d'autant moins, qu'il ne se connaissait aucun ennemi à la cour d'Espagne.

On était en 1674.

Un soir le duc de la Torre assistait au jeu de Madame, il y avait foule de gentilshommes des meilleures maisons de France. On parlait beaucoup dans les groupes disséminés çà et là, d'une nouvelle guerre contre l'Espagne. Quelques courtisans, se prétendant mieux informés que les autres, affirmaient que la guerre était résolue, et qu'une semaine ne se passerait pas sans qu'elle fût définitivement déclarée.

Le duc de la Torre, assez inquiet de ces bruits de guerre, causait à voix basse avec le comte de Guiche auprès duquel il essayait de se renseigner, lorsqu'on annonça le roi.

Toutes les conversations cessèrent à la fois et il se fit un silence profond.

Le roi entra calme et souriant.

Louis XIV était alors dans toute la force de l'âge et dans l'épanouissement complet de sa mâle beauté, car il n'y avait rien d'efféminé dans sa personne. Il avait à cette époque trente-six ans : sa taille était plutôt petite que grande, mais il était parfaitement fait et admirablement proportionné. Il portait la tête haute. Son visage était beau quoique légèrement marqué de la petite vérole. Son regard clair, droit, incisif, avait quelque chose de magnétique, qui faisait baisser tous les yeux devant lui; sa physionomie était empreinte d'une indicible majesté; ses gestes étaient gracieux sans affectation, sa démarche d'une noblesse qui complétait l'ensemble attrayant de toute sa personne. Jamais souverain ne sut jouer avec une aussi incontestable supériorité le rôle si difficile de roi. Louis XIV, pour nous servir d'une expression moderne qui rend bien notre pensée, avait élevé la *pose* à la hauteur d'un art. Il posait sans s'en apercevoir, toujours et continuellement; poser était devenu pour lui une seconde nature; il posa jusqu'à son dernier soupir.

Lorsque le roi entra dans le salon tous les regards se fixèrent ardemment sur lui. Mlle de la Vallière s'était retirée la veille aux Carmélites. Les courtisans essayaient de surprendre sur le visage du maître l'impression que lui avait causée cette retraite depuis longtemps prévue, mais que personne ne soupçonnait si proche. La curiosité fut déçue. Rien dans les traits ni dans les manières du roi ne décelait sa pensée intime.

Louis XIV traversa le salon dans toute sa longueur en distribuant des sourires à droite et à gauche, se dirigea vers l'essaim de jolies femmes qui entouraient Madame et semblaient faire cortège à sa beauté; baisa galamment la main mignonne de sa belle-sœur avec laquelle il échangea quelques gracieux compliments, et s'adressant à Mme de la Torre assise auprès de la duchesse :

— Eh quoi! madame, lui dit-il en s'inclinant avec un charmant sourire, nous allons avoir le chagrin de vous perdre?

— Moi! sire, répondit Mme de la Torre toute confuse.

— Hélas, oui! reprit le roi toujours souriant. Ne vous proposez-vous pas, en femme soumise, d'accompagner votre mari?

— Accompagner mon mari, sire! fit-elle de plus en plus décontenancée.

— Certes. Après cela, c'est si loin, l'Amérique!

— Sire, je supplie Votre Majesté de me pardonner, mais je ne comprends pas.

— Comment, vous ne comprenez pas, duchesse? Est-ce que nous jouerions aux propos interrompus? Ce serait charmant. Ainsi le duc ne vous a rien dit?

— Mais non, sire.

Le duc de la Torre s'était rapproché du roi; il avait tout entendu; pas plus que sa femme il ne comprenait.

— Voyez-vous cela! fit le roi. Et s'adressant à M. de la Torre :

« Comment! duc! vous n'avez pas appris à madame que mon frère, le roi d'Espagne et des Indes, vous avait nommé vice-roi du Pérou?

— Moi, sire! vice-roi du Pérou! s'écria le duc au comble de la joie et de la surprise.

— Vous l'ignoriez donc?

— Sur l'honneur, sire!

— Alors je comprends...

— Et moi aussi, sire, dit le duc en coupant hardiment la parole au roi, et moi aussi, je comprends.

— Ah! fit le roi en souriant.

— Oui, sire, je comprends que Votre Majesté a toutes les bontés comme elle a toutes les délicatesses, et qu'elle a tenu à m'annoncer elle-même cette haute faveur.

— Et quand cela serait, duc? fit le roi d'un ton de douce raillerie, m'en conserveriez-vous rancune?

— Oh! sire! s'écria le duc en s'inclinant sur la main du roi qu'il baisa, pourquoi ne suis-je pas votre sujet par la naissance comme je le suis par le cœur, pour vous prouver mon sincère dévouement!

— Je sais ce que vous valez et je vous apprécie, duc. Voilà votre brevet;

sur ma demande, le roi, mon frère, me l'a adressé directement; je suis heureux de vous le remettre et de voir que justice vous a été enfin rendue.

— Oh! sire!

— Sous quelques jours vous recevrez vos instructions. Quant à votre départ ne faites aucun préparatif. Voyez Colbert. Je me suis entendu avec lui à ce sujet.

— Sire, Votre Majesté me comble!

— Non, je veux seulement vous donner une preuve de la haute estime dans laquelle je vous tiens, mon cher duc. Je désire que vous ne quittiez pas ma cour avant de m'avoir fait vos adieux.

Le roi s'inclina légèrement; c'était un congé. Le duc salua profondément et sortit du salon.

Malheureusement les bruits de guerre n'étaient que trop fondés. Elle fut quelques jours plus tard déclarée à l'Espagne.

M. de Colbert, qui avait désigné la frégate *Le Porc-Épic* pour transporter en Amérique le duc de la Torre et sa famille, fut obligé de donner une autre destination à ce navire. Ce fut alors qu'il prit des renseignements auprès des directeurs de la Compagnie des Indes, et qu'il traita avec eux pour le passage de M. de la Torre jusqu'à Saint-Domingue, sur un de leurs bâtiments nommé *Le Coq*.

Nous connaissons les événements qui suivirent jusqu'au moment où nous sommes arrivés. Nous fermerons donc cette longue parenthèse et nous reprendrons notre récit.

Vers cinq heures ou cinq heures un quart, l'Olonnais et son camarade Pitrians junior, dit le Crocodile, auquel il avait donné rendez-vous, sortirent de la maison de Vent-en-Panne, qui les accompagna jusqu'au seuil de sa porte en leur souhaitant bien du plaisir, et se dirigèrent vers la maison habitée provisoirement par le duc de la Torre.

Les deux jeunes gens avaient revêtu leurs costumes de boucaniers, costumes simples mais très propres et qu'ils portaient avec cette aisance particulière aux marins et qui relevait leur bonne mine.

En passant devant la taverne de l'*Ancre dérapée*, Pitrians voulut s'arrêter, sous le fallacieux prétexte qu'il avait la gorge sèche, mais en réalité parce que le pauvre garçon avait une peur effroyable. La pensée de se trouver dans une compagnie si fort élevée au-dessus de lui paralysait toutes ses facultés. Mais heureusement l'Olonnais s'était aperçu de l'état dans lequel se trouvait son camarade; il le raisonna, réussit à lui rendre un peu de courage, et, bon gré mal gré, le digne garçon continua son chemin.

Le duc de la Torre attendait les deux jeunes gens; il les reçut de la manière la plus cordiale et les présenta à la duchesse et à sa fille qui, sans doute prévenues, les accueillirent le sourire sur les lèvres, et, par leurs douces paroles et le charmant laisser-aller de leurs façons nullement cérémonieuses, réussirent à vaincre leur timidité et à les mettre parfaitement à leur aise.

Les jeunes gens causèrent ainsi presque sur le ton d'une complète intimité avec le duc pendant près d'une demi-heure. La duchesse et lui les interrogèrent sur leur position actuelle, leurs projets d'avenir, semb'ant s'intéresser beaucoup à ce qui pouvait leur arriver d'avantageux. M¹¹ᵉ de la Torre ne se mêlait qu'à de rares intervalles à la conversation, mais ses regards doux et rêveurs se reposaient avec complaisance sur l'Olonnais. Elle paraissait prendre plaisir à l'écouter ; parfois un sympathique sourire se posait sur ses lèvres, quand elle entendait le jeune homme exposer ses rêves d'avenir avec tout le feu et l'enthousiasme de ses vingt ans.

Cependant les personnes invitées par le duc de la Torre arrivaient les unes après les autres. La conversation intime cessa, au grand regret de l'Olonnais, et on parla de choses indifférentes.

Bientôt toutes les personnes invitées se trouvèrent réunies au nombre de sept : M. d'Ogeron, le commandant de Lartigues, Montbars l'Exterminateur, Michel le Basque, un célèbre boucanier anglais nommé Bothwell, en relâche depuis quelques jours à Léogane, enfin Pitrians et l'Olonnais, ce qui, y compris le maître de la maison et sa famille, complétait le nombre de dix convives.

L'Olonnais apprit plus tard que Vent-en-Panne avait reçu une invitation du duc, mais que le vieux flibustier l'avait déclinée, sous le singulier prétexte qu'il était très fatigué de son voyage à la recherche du *Robuste*. Bien que le duc de la Torre eût été fort contrarié de ce refus si leste, il n'en laissa rien paraître.

Par une attention délicate, lorsqu'on se mit à table, M. de la Torre plaça l'Olonnais auprès de sa fille et Pitrians à la droite de la duchesse. Le jeune homme, d'abord assez interdit, reprit peu à peu courage et, excité par les sourires charmants de M¹¹ᵉ de la Torre, il se hasarda à lui dire quelques mots ; sa séduisante voisine se prêta de fort bonne grâce au désir qu'il témoignait de causer avec elle. Bientôt l'Olonnais et la jeune fille furent en conversation réglée. A la vérité il ne se disait que des riens, mais la glace était rompue entre eux. L'Olonnais s'enivrait du son harmonieux de la voix de la jeune fille, qui retentissait dans son cœur comme une suave et douce harmonie, et ces riens qu'il échangeait avec elle le rendaient si heureux, qu'il aurait désiré que le repas ne se terminât jamais.

Le commencement du dîner fut presque silencieux, sans doute à cause du peu d'intimité qui régnait entre la plus grande partie des convives. Cependant, grâce aux vins d'Espagne et de France servis à profusion, les têtes s'échauffèrent, le mur de glace qui séparait les invités s'écroula, la conversation s'anima, devint générale et la gaîté remplaça définitivement la froideur première.

Lorsque, selon la coutume espagnole, les valets eurent disposé le *postre* et servi les *dulces*, le duc, après avoir fait circuler des bouteilles de *Val de Peñas* et invité d'un geste les convives à remplir leurs verres, prit la parole :

— Messieurs, dit-il, ce repas est un repas d'adieu. Sous peu de jours j'aurai la douleur de vous quitter, peut-être pour ne plus vous revoir. Laissez-moi, je vous prie, oublier un instant que je suis né Espagnol, pour ne me souvenir que de la France, où j'ai passé trente années de ma vie, où l'hospitalité m'a été si douce, dont j'ai épousé une des plus charmantes femmes, de la France enfin qui pour moi est une seconde patrie, plus chère peut-être à mon cœur que ma patrie native et dont, hélas! je m'éloigne en exilé, des larmes dans les yeux, car je crains de l'avoir quittée pour toujours! Nos deux nations sont puissantes; toutes deux sont voisines l'une de l'autre; elles se jalousent et sont rivales. La guerre que se font nos gouvernements, guerre qui, je l'espère, sera de courte durée, oblige-t-elle les particuliers à se haïr? Je ne le crois pas. Chacun de nous doit faire son devoir, rien de plus, rien de moins. Dans quelques jours, ainsi que j'ai eu l'honneur de vous le dire, je pars; non pas pour le Mexique, mais pour le Pérou, ainsi que je l'ai appris des dépêches qu'a reçues M. d'Ogeron pour moi et qu'il m'a fait l'honneur de me remettre. S. M. Catholique, à la prière de certains de mes amis, a daigné changer la vice-royauté du Mexique pour celle du Pérou.

— Mais, monsieur, pardonnez-moi cette observation, dit Montbars, la vice-royauté du Mexique...

— Est la plus belle de tout le continent américain, je le sais, monsieur, et pourtant je l'ai refusée, reprit le duc en souriant; en voici la raison : Je ne suis ni un ambitieux, ni un homme dévoré de la soif de l'or; je suis tout simplement un homme qui désire servir son pays. Mais, ainsi que j'ai l'honneur de vous le dire, si le hasard m'a fait naître en Espagne, ma vie presque entière s'est écoulée dans votre pays; j'aime la France de toutes les forces vives qui ont été mises en moi par le Créateur. La pensée de verser le sang français me fait horreur; je ne m'y résoudrai qu'à la dernière extrémité et avec douleur. Vice-roi du Mexique, Messieurs les Frères de la Côte, je suis votre voisin, exposé chaque jour à entrer malgré moi en lutte avec vous. Ma femme, ma fille sont Françaises; moi-même j'ai été élevé au milieu de vous, je suis presque votre compatriote; mon cœur se briserait, je le répète, s'il me fallait vous combattre : voilà pourquoi j'ai préféré la vice-royauté du Pérou, moins importante peut-être que celle du Mexique, mais qui possède pour moi l'inappréciable avantage de me permettre, tout en faisant mon devoir de fidèle sujet du roi mon maître, de conserver la neutralité pendant cette guerre qui commence. De plus, sachez-le, Messieurs, mon estime pour vous est si grande que, tout navire de Saint-Domingue assailli par la tempête sur les côtes du Pérou pourra, sans craindre d'être inquiété, chercher un refuge dans ses ports et s'y ravitailler en toute sûreté. Voilà ce que je tenais à vous dire avant de me séparer de vous, Messieurs, afin que vous comprissiez bien de quels sentiments je suis animé à votre égard.

— Monsieur le duc, répondit M. d'Ogeron, les paroles que vous avez prononcées nous ont profondément touchés. Elles ont trouvé de l'écho dans nos cœurs. Elles sont dignes de cette chevaleresque nation espagnole, si généreuse, et d'un de ses fils les plus nobles et les plus braves. Je vous remercie sincèrement des sentiments de reconnaissance que vous avez exprimés pour la France. Quoi qu'il advienne, vous ne serez jamais notre ennemi et ne pourrez jamais l'être. L'hospitalité que vous avez reçue dans notre patrie, et dont vous conservez un si touchant souvenir, vous rend inviolable à nos yeux.

— Merci pour nous tous, monsieur d'Ogeron, dit Montbars avec noblesse;

nous nous associons de tout cœur à vos généreuses paroles. Nous saurons nous élever à la hauteur de vos sentiments, et vous exprimer ainsi notre profond respect pour vous, monsieur le duc, ajouta-t-il en s'inclinant avec grâce devant le gentilhomme espagnol ; au nom des Frères de la Côte de Saint-Domingue et de la Tortue, dont j'ai l'honneur d'être l'un des principaux chefs, je vous prie d'agréer les sincères remerciements qu'ils vous adressent, pour les sentiments généreux que vous avez si bien exprimés ; vous avez parlé avec votre cœur, nous apprécions ce qu'il y a de grand et de véritablement noble, dans la détermination que vous avez prise à notre égard. Tant qu'il plaira à S. M. Catholique le roi d'Espagne de vous conserver la vice-royauté du Pérou, les côtes de ce beau pays ne seront jamais visitées par nos bâtiments, que comme amis ou alliés. Au cas où par un hasard que nul ne saurait prévoir, vous auriez besoin de notre concours, vous pourriez y compter, comme nous comptons pleinement sur vos promesses.

— Messieurs, reprit le duc avec élan, ces paroles me comblent de joie. Je vous confirme ce que je vous ai dit. Je bois à vos succès et à notre neutralité.

Depuis le moment où pour la première fois le noble Espagnol avait pris la parole, Bothwell avait affecté de ne pas prêter attention à ce qui se disait. Quand les bouteilles lui arrivaient, il les passait nonchalamment sans remplir son verre qui restait vide devant lui. Enfin, quand le duc proposa la santé que nous avons enregistrée plus haut, le flibustier anglais retourna son verre sur la table et se renversa sur le dossier de sa chaise en haussant les épaules.

Cet oubli complet des convenances, de la part d'un homme comme Bothwell, surtout à la table de l'homme dont il avait accepté l'invitation et en présence de deux dames, surprit tous les convives. Mais aucun d'eux ne commit la faute de faire une observation. Le maître de la maison avait seul le droit d'intervenir ; lui enlever cette initiative eût été le blesser gravement. Chacun le comprit et attendit silencieusement, mais avec une anxiété secrète, ce qui allait se passer.

Le duc avait tout vu, mais il avait un tact trop exquis pour ne pas se contenir.

— Mon Dieu ! dit-il de l'air le plus naturel, on a donc oublié de vous servir, monsieur, que vous n'avez pas bu ?

— Nullement, monsieur. Il m'était au contraire facile de remplir mon verre, mais je ne l'ai pas voulu.

— Sans doute, monsieur, vous avez eu de puissants motifs pour agir ainsi ?

— De puissants, de très puissants motifs, oui, monsieur, répondit-il sur le même ton.

— Ces motifs sont-ils un secret, monsieur ?

— En aucune façon, monsieur le duc.

— Alors je ne commets pas une indiscrétion en vous priant de me les faire connaître ?

— Pas le moins du monde.

— Puisqu'il en est ainsi, monsieur, je vous prie de vous expliquer.

— Auriez-vous par hasard la prétention de m'y contraindre ? reprit Bothwel avec hauteur.

— A quoi bon ? dit Bothwell légèrement.
— Mais tout simplement pour justifier, ce que peut avoir d'étrange pour les personnes présentes, la conduite d'un homme assis à ma table, dont je suis l'hôte, et qui me fait sans provocation de ma part une mortelle injure.
— Je n'ai pas voulu vous insulter, monsieur, mais seulement constater le droit que je possède de ne pas m'associer, quand elles me déplaisent, aux santés que vous portez.

— J'attends que vous parliez.

— Soit, puisque vous l'exigez. Cette explication sera brève et vous satisfera, je le crois. Je ne suis pas Français, monsieur : j'ai, grâce à Dieu, l'honneur d'être Anglais.

— Pardon, monsieur, interrompit l'Olonnais, je ne comprends rien au commencement de votre explication.

— S'il vous plaît ? fit le boucanier avec une hauteur dédaigneuse.

— Il ne me plaît pas, reprit le jeune homme d'une voix ferme, que vous sembliez, devant nous, vous glorifier insolemment de ne pas être Français, quand c'est nous qui devons être fiers, au contraire, de ne pas vous avoir pour compatriote.

— Monsieur ! s'écria Bothwell avec violence.

— Silence, monsieur ! Nous ne pouvons, ne le voyez-vous pas, continuer cet entretien devant des dames.

— Soit, monsieur, mais il nous est facile de nous rencontrer ailleurs.

L'Olonnais allait répondre vertement, mais Montbars l'arrêta d'un geste, et se tournant vers l'Anglais :

— Assez sur ce sujet, Bothwell, lui dit-il d'une voix sévère. Votre conduite est inqualifiable. C'est vous qui avez sollicité de M. de la Torre l'invitation qui justifie votre présence parmi nous, vous n'êtes venu à ce dîner que dans le but de chercher une querelle.

— Montbars !

— Ne niez pas ; je le sais. Je sais aussi que cette querelle, c'est à Vent-en-Panne, notre ami à tous, que vous la vouliez faire. Vent-en-Panne n'est pas ici, vous avez alors essayé de nous insulter tous ; l'Olonnais a relevé votre défi au moment où j'allais le faire ; tout est bien. Achevez ce que vous aviez commencé à dire à M. de la Torre ; nous vous écoutons tous.

— Soit ! fit-il d'un air goguenard. Je voulais dire, monsieur de la Torre, qu'en ma qualité d'Anglais je me mets en dehors des arrangements que vous avez eu la prudence...

— Voilà encore un mot de trop, dit Montbars.

— C'est vrai, fit-il en riant, je voulais dire que vous avez eu la courtoisie de prendre avec les boucaniers français.

— Ce qui veut dire, monsieur ? demanda sèchement le duc.

— Tout simplement, monsieur, que je me propose de vous faire un de ces jours ma visite.

— Je vous recevrai de mon mieux, monsieur, et de façon, je l'espère, à ce que vous conserviez de cette visite un long souvenir. Et quand vous proposez-vous de me visiter ainsi, monsieur ? Puis-je le savoir ?

— Parfaitement, monsieur ! Je désire vous laisser le temps de bien vous installer dans votre vice-royauté. Ce sera donc dans six mois au moins ; dans un an au plus tard.

— Je serai exact à ce double rendez-vous, monsieur.

— A votre aise.

Bothwell se leva.

— Adieu, messieurs, dit-il.

— Pardon, cher capitaine, dit Montbars, je vous accompagne. Vous m'excusez, monsieur le duc. Dans cinq minutes je serai de retour.

Les deux hommes sortirent en effet, et, cinq minutes plus tard Montbars rentrait, reprenait sa place et, son verre rempli :

— Messieurs, dit-il en souriant, j'ai l'honneur de boire à monsieur le duc de la Torre, notre amphitryon!

Cette santé fut accueillie avec enthousiasme, puis la conversation reprit gaiement son cours. L'incident fâcheux provoqué par Bothwell était complètement oublié, ou il semblait l'être.

IX

DANS LEQUEL REPARAISSENT D'ANCIENS PERSONNAGES

Voici ce qui s'était passé entre Montbars et Bothwell, pendant leur courte entrevue.

En sortant de la maison du duc de la Torre, les deux flibustiers s'étaient dirigés à grands pas et sans échanger un seul mot du côté de la mer. Arrivés sur la plage, après s'être assurés que personne ne pouvait les entendre, ils s'arrêtèrent comme d'un commun accord.

— Causons, dit Montbars.

— Vous voulez dire que vous causerez, répondit Bothwell avec un sourire ironique; je n'ai rien à vous dire, moi!

— Peut-être!

— Dans tous les cas, ce n'est pas moi qui vous ai conduit ici, mais c'est vous au contraire qui m'y avez amené. C'est donc vous qui avez une ou plusieurs communications à me faire. Eh bien! je consens à vous entendre! Voyons! parlez.

— Vous consentez à m'entendre? dit Montbars en fronçant le sourcil.

— Auriez-vous par hasard la prétention de m'y contraindre? reprit Bothwell avec hauteur.

— Peut-être, vous dirai-je encore.

— Essayez.

Un éclair brilla dans l'œil du flibustier; mais se remettant aussitôt :

— Sur mon âme, je suis fou, dit-il en souriant, nous ne sommes pas venus ici pour nous quereller.

— Pourquoi donc, alors?

— Pour nous expliquer comme doivent le faire deux hommes comme nous, dont le courage est éprouvé et qui s'estiment, c'est-à-dire franchement et loyalement.

— Vous savez, Montbars, que je ne vous comprends pas du tout?

— Bon, vous allez me comprendre, cher ami, n'ayez peur.

— Je vous avoue que je le désire vivement.
— Bon! soyez donc satisfait. Mon cher Bothwell, voici fort longtemps déjà que nous nous connaissons, quoique vous soyez bien jeune encore. Nous avons plusieurs fois navigué de conserve et combattu côte à côte.
— Où voulez-vous en venir?
— A vous faire comprendre ceci, que je vous connais aussi bien et peut-être mieux que vous ne vous connaissez vous-même. Vous êtes très fin, très délié; aussi réussissez-vous facilement à tromper tout le monde, excepté moi, et à donner le change à ceux qui essaient de vous surveiller de trop près.
— Tout cela est possible, mais je ne vois pas jusqu'à présent?...
— Patience, j'y arrive : Vous étiez avec votre navire qui est fort beau et fort bien espalmé, je dois en convenir; vous étiez, dis-je, mouillé à Port-Margot, en partance pour la Jamaïque, lorsqu'au moment où, après avoir dérapé, vous orientiez pour mettre le cap en route, une pirogue venue de je ne sais où accosta votre bâtiment. Une demi-heure plus tard cette pirogue s'éloignait, et vous, au lieu de vous rendre à la Jamaïque, vous viriez de bord et vous vous dirigiez grand largue vers Léogane.
— Cela prouve, tout simplement, que j'avais changé d'avis.
— C'est vrai, mais pourquoi aviez-vous changé d'avis? voilà ce qu'il m'importait de savoir.
— Ah! ah! Et pourquoi donc cela, s'il vous plaît?
— Excusez-moi de ne pas vous répondre, cher ami; chacun a ses secrets, j'ai les miens comme sans doute vous avez les vôtres.
— C'est juste, continuez.
— J'ignore comment il se fit que votre navire arriva sur rade presque en même temps que le *Robuste*, le *Santiago* et le *Coq*; toujours est-il que cela est.
— Le hasard...
— Oui, disons le hasard, cela explique tout. D'ailleurs le hasard est comme Atlas, ses épaules sont larges et solides. A peine mouillé, vous descendez à terre, vous vous rendez chez M. d'Ogeron et là encore, le hasard vous vient en aide, en vous plaçant à l'improviste en face de M. le duc de la Torre auquel vous vous faites présenter et que vous accablez de témoignages d'amitié si vifs que le digne gentilhomme s'est cru, par reconnaissance, obligé de vous adresser une invitation pour le dîner d'aujourd'hui.
— Que voyez-vous donc là d'extraordinaire, mon cher Montbars?
— Rien en effet, excepté ceci : Vous ne vous êtes fait inviter à ce repas que pour faire une esclandre et chercher une querelle; non pas à l'Olonnais que vous ne connaissez pas, mais à Vent-en-Panne que vous espériez rencontrer chez le duc de la Torre, et qui s'y serait trouvé en effet, si je ne l'avais pas dissuadé de s'y rendre.
— Ah! c'est vous qui l'en avez empêché! fit Bothwell en fronçant le sourcil.
— Mon Dieu oui, cher ami, c'est moi! Votre querelle avec l'Olonnais n'a donc été que la conséquence de votre mauvaise humeur, en voyant vos calculs déjoués, car vous n'en voulez aucunement à ce jeune homme, n'est-ce pas?

— Ceci n'est pas encore prouvé. Nous attendrons jusqu'à demain avant de savoir qui de nous deux tuera l'autre.

« Est-ce tout ce que vous aviez à me dire ?
— Pardon, quelques mots encore.
— Faites vite ! je suis pressé.
— Bothwell, mon cher camarade, vous êtes jeune, brave et intelligent, trois raisons suffisantes pour atteindre aussi haut que vous le pouvez prétendre ; mais vous êtes envieux, fourbe et avare ; prenez garde que ces trois vices ne vous jouent quelque jour un mauvais tour. L'intérêt que je vous porte est très vif ; il me peinerait de vous voir rouler au fond de l'abîme, sur lequel vous vous penchez imprudemment. Je vous le conseille, arrêtez-vous lorsqu'il en est temps encore. Quels que soient les projets que vous ayez formés, ils avorteront misérablement. Je vous devais cet avertissement, à cause des bonnes relations que nous avons eues ; je vous le donne ; faites-en votre profit. Quant à votre affaire avec l'Olonnais, demain à huit heures, il vou attendra dans la grande Savane. Adieu.

Il fit un léger salut et s'éloigna.
— Un mot, Montbars ? lui cria Bothwell.
— Parlez, répondit le flibustier en se rapprochant.
— Si je poursuis les projets auxquels vous faites allusion et que vous semblez avoir devinés...
— Je les ai à peu près devinés, en effet.
— N'importe, serez-vous neutre ?
— Non, répondit nettement Montbars.
— Vous serez contre moi alors ?
— Oui.
— Merci de votre franchise et à demain.

Ils se séparèrent.

Montbars rentra chez le duc de la Torre, laissant Bothwell seul sur la grève.
— Eh bien, soit ! murmura le corsaire anglais ; sois contre moi, si cela te plaît, démon ! mais advienne que pourra, ce que j'ai résolu, je le ferai. *By God !* il y a longtemps que ta renommée me blesse et que je désire me mesurer avec toi ! la lutte sera belle au moins !

Il faisait nuit noire, la lune n'était pas encore levée ; les cabarets chantaient au loin. Le flibustier anglais continua pendant quelques instants encore à se promener de long en large, sur la grève déserte.

Il réfléchissait.

Bothwell était le fils d'un riche fermier de la province de Galles ; tout jeune encore, il s'était échappé de la maison paternelle, et s'était rendu à la Barbade, où il s'embarqua sur un corsaire. Bientôt, grâce à son courage et surtout à son bonheur dans ses expéditions, il acquit une grande réputation parmi les Frères de la Côte ; son nom devint la terreur des Espagnols.

A l'époque où nous le mettons en scène, depuis près de dix ans déjà, il faisait la course, et cependant il était tout jeune encore, puisqu'il avait à peine trente ans ; il était grand, bien fait, admirablement beau, et doué d'une force corporelle extraordinaire.

Sa physionomie douce, presque timide, avait une expression peut-être trop efféminée pour un homme; sa voix fraîche, harmonieusement timbrée, avait des notes d'une suavité singulière. Mais lorsque la passion le maîtrisait, que la colère gonflait son cœur, une métamorphose étrange s'opérait en lui : ses traits se décomposaient, se heurtaient et prenaient une expression terrible ; ses yeux, d'un bleu sombre, lançaient de fulgurants éclairs ; ses pupilles dilatées, laissaient filtrer à travers ses longues paupières des lueurs phosphorescentes et magnétiques, comme celles des fauves ; son visage d'une pâleur verdâtre prenait une expression de férocité indicible ; son nez aux ailes mobiles semblait aspirer le carnage, et sa bouche railleuse, sardonique, aux lèvres violacées, et aux dents larges et blanches, comme celles des carnassiers, lui donnait un cachet de cruauté implacable ; sa voix devenue stentoréenne résonnait en sinistres accents, dominait les grondements de la tempête et les clameurs stridentes de la bataille ; en un mot, la transfiguration était complète.

Au moral Bothwell était un tigre, doublé d'une hyène ; il ne croyait à rien ; professait un profond mépris pour les hommes ; se jouait comme à plaisir des choses les plus respectables ; poussait l'hypocrisie jusqu'à s'en être fait presqu'une seconde nature, la luxure jusqu'à la bestialité, l'avarice jusqu'au crime ; il ne reculait devant rien pour assouvir ces passions dominantes de son organisme. Son courage était celui de la brute, tuant pour tuer ; il éprouvait une féroce jouissance à faire couler le sang ou à le verser lui-même ; se délectant, se pourléchant à la vue des horribles souffrances de ses victimes, qu'il se plaisait à martyriser et à faire mourir dans d'effroyables tortures ; comme les brutes aussi, il avait ses heures de lâcheté ; mais sa nature perverse n'était susceptible ni de remords, ni d'aucuns sentiments de bonté ou de clémence ; tout était calcul en lui ; il n'avait de l'homme que l'apparence.

Tel était Bothwel : c'était plutôt un pirate avide, sanguinaire qu'un flibustier. Les Frères de la Côte avaient pour lui une haine mêlée de mépris et de terreur. Quelques-uns d'entre eux, très braves cependant, le redoutaient à ce point, qu'ils n'osaient contrecarrer ses moindres volontés, ou même résister à ses caprices.

Cet effroyable bandit avait, à plusieurs reprises, tenté de faire partie du conseil suprême de la flibuste ; mais toujours les chefs l'avaient impitoyablement repoussé ; aussi nourrissait-il une haine secrète et implacable contre ces hommes qui l'avaient deviné, et avaient su par leur indomptable courage échapper à la fascination exercée par ce misérable sur tous les autres, à se faire respecter et presque craindre de lui.

Parmi ces chefs de la flibuste, cinq étaient plus particulièrement ses ennemis ; il savait que ceux-là avaient découvert toute la profonde perversité de son caractère, qu'il leur était odieux et qu'ils ne le toléraient qu'avec peine à Saint-Domingue ; par conséquent il les redoutait davantage.

Ces cinq chefs étaient : Monbars l'Exterminateur, Ourson Tête-de-Fer, le Beau-Laurent, Michel le Basque et Vent-en-Panne.

Vent-en-Panne surtout.

Pourquoi Bothwel le haïssait-il plus que les autres ?

Ceci était un secret, connu des deux flibutiers seuls.

Nous avons tenu à bien faire connaître Bothwell, parce que cet homme est appelé à jouer un rôle assez important dans cette histoire.

Bothwell avait continué, tout en se promenant, à s'éloigner de la maison du duc de la Torre, dont les contours s'effaçaient déjà dans les ténèbres, et dont les lumières étaient à peine visibles ; arrivé à un certain point du rivage, s'avançant un peu dans la mer et dessinant une espèce de cap de très médiocre étendue, le flibustier s'arrêta, jeta autour de lui un regard investigateur comme pour percer les ténèbres, et s'assurer que nul espion blotti dans l'ombre ne surveillait ses mouvements ; mais l'obscurité était profonde, il ne vit rien ; il prêta l'oreille, il n'entendit d'autre bruit que celui du ressac de la mer brisant contre les rochers de la côte, bruissant à travers les galets, et les chants avinés des buveurs dans les tavernes lointaines.

Le flibustier siffla alors doucement et d'une façon particulière à deux reprises différentes ; presque aussitôt un bruit de rames se fit entendre, et l'avant d'une pirogue grinça sur la plage.

— Est-ce toi, Franck ? demanda Bothwell d'une voix étouffée.

— Qui serait-ce, sinon moi ? *By God !* répondit une voix bourrue, qui serait assez sot, pour attendre ainsi, blotti comme un lamantin dans les rochers, par cette nuit infernale ?

— Allons, ne te fâche pas, grognon ! reprit en riant le flibustier, me voilà !

— Pardieu ! vous me baillez là une bonne nouvelle ! répondit le matelot dont la gigantesque silhouette était alors parfaitement visible, vous aurez mis le temps à venir !

— C'est bon ! il ne s'agit pas de cela ; garde tes réflexions pour toi, répondit sèchement le flibustier.

Et il sauta dans la pirogue.

Franck, puisque tel est le nom du matelot, poussa la frêle embarcation à la mer, puis il s'embarqua à son tour.

— Nous retournons à bord ? demanda-t-il en saisissant les avirons.

— Non pas ; tu connais l'anse au Lamantin ?

— Certainement, je la connais.

— Eh bien ! c'est là que tu vas me conduire.

— Chien de métier ! grommela le matelot, qui semblait jouir d'une certaine privauté auprès de son chef ; jamais un instant de repos ; toujours bourlinguer jour et nuit.

— Je te conseille de te plaindre ; et les bénéfices ?...

— Oui, je sais bien ; mais ce soir ?

— Eh bien ! ce soir, voilà deux piastres pour acheter du cognac de France, grognes-tu encore ?

— Non ! c'est bien comme cela, dit le matelot en empochant les deux pièces espagnoles ; ainsi nous allons à l'anse du Lamantin ?

— Oui, et le plus promptement possible.

— Soyez calme, nous y serons bientôt.

Bothwell s'enveloppa soigneusement dans son caban de marin, se coucha à demi sur son banc et sembla s'endormir. Quant au matelot, sans plus d'observations, il commença à nager vigoureusement vers l'endroit indiqué.

L'anse au Lamantin est une baie de médiocre étendue, mais assez profonde, située à l'E.-N.-E. de Léogane, dont elle n'est, par mer, éloignée que de deux ou trois lieues à peine. Par terre, cette distance est presque triplée.

Les bâtiments d'un très faible tonnage entrent seuls dans cette baie, dont le fond est d'une parfaite tenue; les grandes pirogues, les goélettes et les senauds, s'y abritent et s'y tiennent parfaitement en sûreté; un fortin en terre, armé de quatre canons en fer de six livres de balles, défendait tant bien que mal l'entrée de cette baie, dont il commandait la passe.

Une colonie de pêcheurs s'était établie depuis quelques années à l'anse au Lamantin; cette colonie s'était promptement accrue; elle comptait à cette époque près de quinze cents habitants; braves gens recrutés un peu partout et jouissant de la plus exécrable réputation : chose grave à Saint-Domingue, où généralement on était fort peu scrupuleux sur les questions de moralité ! En somme, à tort ou à raison, ces gens passaient pour des drôles de la pire espèce, d'effroyables bandits. Les colons paisibles de Léogane les craignaient comme le feu, et à la dernière extrémité seulement, les flibustiers consentaient à les prendre comme matelots à bord de leurs navires.

Il était environ dix heures du soir, quand la pirogue, vigoureusement manœuvrée par Franck, fit grincer son avant sur le sable de la baie.

Toutes les maisons groupées pêle-mêle sur la plage, étaient encore éclairées, les tavernes flamboyaient comme des fournaises; les cris, les rires, les chants, retentissaient, comme si cette singulière colonie eût été en liesse.

— Tire la pirogue sur le sable, dit Bothwell en sautant à terre; je n'ai pas besoin de toi, tu as deux heures pour te divertir; mais ne t'éloigne pas trop, surtout conserve ta raison; il nous faudra rentrer à bord.

— Soyez calme, capitaine, tout sera paré, répondit l'autre déjà en train de pousser la pirogue au plein.

— Surtout ne laisse ni les avirons, ni la voile, tu ne les retrouverais plus.

— Oui, le pays est bon; rien n'est abandonné à la traîne, dit le matelot en riant.

— Ainsi c'est convenu : dans deux heures?

— Entendu, capitaine, je serai là.

Bothwell rabaissa sur ses yeux les ailes de son feutre, s'enveloppa dans son caban, puis s'éloigna à grands pas en longeant la plage; sans doute afin de donner le change au matelot, et l'empêcher de savoir vers quel point il se dirigeait.

Mais celui-ci ne songeait nullement à l'espionner; après avoir chargé sur ses épaules les agrès de la pirogue, il se rendit tout droit à une taverne dans laquelle il entra et dont il ne sortit plus.

Quand Bothwell se crut bien certain de ne pas être surveillé, il obliqua sur la gauche, et après s'être orienté pendant deux ou trois minutes dans l'obscurité, il sembla reconnaître le point vers lequel il voulait se diriger, et il marcha vers une lumière, brillant comme une étoile, dans une position complètement isolée, éloignée de quatre ou cinq cents toises des dernières maisons du village.

Danican referma la porte, l'assujettit solidement au moyen d'une barre...

Plus il se rapprochait de cette lumière, plus elle grandissait; bientôt elle fut assez intense pour lui permettre de distinguer, à une assez courte distance devant lui, une maisonnette, à demi enfouie sous les hautes ramures de fromagers et de liquidembars centenaires et entourée d'une haie vive de cactus vierges, très serrés les uns contre les autres.

— Je ne me suis pas trompé, c'est bien ici, murmura-t-il; allons, il n'y a plus à hésiter.

Il doubla le pas et presque aussitôt il s'arrêta devant une porte pleine, qu'il poussa, mais contrairement aux habitudes simples du pays, cette porte était fermée par une serrure solide et probablement maintenue au dedans par une barre, car elle ne bougea pas.

— Recommence un peu à pousser comme ça, mon homme, et tu vas recevoir une prune dans la caboche; dit une voix goguenarde, derrière la haie.

— Tiens! c'est toi, Danican! s'écria le flibustier, tant mieux!

— Le capitaine! fit Danican, espèce de colosse aux traits hâves, émaciés par la misère et la débauche; et il s'empressa d'ouvrir.

— Merci, dit Bothwell, en examinant les haillons sordides dans lesquels se drapait le géant et dont il avait la prétention de se couvrir, bien qu'en réalité, il fût plus qu'à demi-nu, prends cette once, elle te servira à acheter un caleçon.

— Merci, dit joyeusement le bandit; la main toujours ouverte, selon votre habitude; l'once est la bienvenue, mais si cela vous est égal, capitaine, je la boirai; j'aurai plus de profit.

— Mais des vêtements?

— Bah! il fait si chaud!

— C'est juste, dit Bothwell en riant; eh bien! à ton aise, mon brave, je t'ai donné cet argent, donc il est à toi, tu es libre d'en faire ce que tu voudras.

— A la bonne heure; voilà parler!

— J'avais donné rendez-vous chez toi à deux personnes, sont-elles venues?

— Oui, capitaine; depuis une demi-heure, elles vous attendent.

— Bon! je désire ne pas être dérangé; tu feras le guet au dehors.

— C'est entendu, capitaine; personne n'entrera, je vous le promets.

— Conduis-moi.

Danican referma la porte, l'assujettit solidement au moyen d'une barre, puis il mit son fusil sous son bras et précéda le flibustier.

Il ne leur fallait que quelques minutes pour traverser le jardin et atteindre la maison dans laquelle on entrait par un perron de trois marches.

Malgré l'apparence sordide et misérable de son propriétaire, car cette maison appartenait à Danican, dans un jour de *reine*, il l'avait gagnée au jeu à celui qui l'avait fait construire; cette maison, disons-nous, était blanche, coquette, bien entretenue, garnie de meubles en parfait état et avait un air honnête tout à fait réjouissant. Dieu sait cependant, si ces murailles avaient pu parler, les horribles récits qu'elles auraient pu faire; les sinistres histoires dont elles avaient été les témoins discrets et impassibles.

Danican, ou Pied-d'alouette, ainsi qu'on le nommait plus souvent, était peut-être le plus hideux brigand de l'anse au Lamantin, qui cependant en possédait une si riche collection; ce bandit s'était souillé des crimes les plus effroyables; abruti par la boisson et les vices les plus honteux, il s'était presque ravalé au niveau de la brute; pour de l'or il était capable de tout; ce n'était plus un homme, mais un chacal.

Il introduisit Bothwell dans une salle assez vaste, coquettement meublée, dans laquelle deux hommes, assis face à face devant une table couverte des restes d'un copieux repas, fumaient en buvant du café et des liqueurs.

Sur un geste de Bothwell, le bandit se retira en refermant la porte derrière lui.

A l'entrée du flibustier, les inconnus interrompirent brusquement leur conversation. Ils posèrent leurs pipes sur la table, se levèrent et semblèrent attendre que Bothwell leur adressât la parole.

Celui-ci demeura un instant immobile, écoutant le bruit des pas du bandit qui s'affaiblissaient de plus en plus; quand le silence se fut rétabli, il fit deux pas en avant, et saluant courtoisement les deux hommes :

— Sauriez-vous me dire, messieurs, leur demanda-t-il avec une exquise politesse, quel est l'oiseau qui après l'alouette chante le premier dans les sillons?

— La perdrix, répondit un des deux hommes en s'inclinant.

— Vous mettriez le comble à votre obligeance, messieurs, s'il vous plaisait de me dire, reprit le flibustier, avec un nouveau salut, quel est le félin qui, revenu à la vie sauvage, fait les plus grands dégâts dans les bois.

— Le Chat-Tigre, répondit aussitôt le second inconnu.

Le flibustier s'inclina.

— A présent que nous avons satisfait à vos questions, dit alors un des deux inconnus, nous permettrez-vous, monsieur, de vous en adresser quelques-unes à notre tour?

— J'aurais mauvaise grâce de vous refuser, messieurs, après la complaisance que vous avez mise à me répondre; interrogez, je vous prie.

— Vous avez beaucoup voyagé, monsieur; pendant vos courses à travers le monde, quel est le phénomène dont vous avez été le plus frappé?

— Celui que j'ai observé un jour près du détroit de Messine, presque en vue de Reggio.

— Et ce phénomène était?

— Un mirage étrange, comparable à aucun autre, auquel les habitants du pays donnent le nom de *Fata morgana*.

— Quel est le nom composé de deux voyelles et trois consonnes que vous préférez?

— Astor.

— Je n'abuserai pas davantage de votre complaisance, monsieur : je me nomme le Chat-Tigre, voici mon ami Chanteperdrix; capitaine Astor Bothwell, veuillez nous faire l'honneur de prendre place à notre table; la présentation a eu lieu dans toutes les règles; nous nous connaissons maintenant, comme si nous étions de vieux amis.

— Ce qui se réalisera bientôt, je l'espère, messieurs; je suis pour ma part tout disposé à vous donner mon amitié; je vous dirai presque que vous l'avez déjà.

— Vous nous comblez! répondit le Chat-Tigre.

Après l'échange de quelques poignées de main, les trois hommes s'assirent à table côte à côte, les pipes furent allumées, les verres remplis, et pendant quelques instants, on entendit un choc de verres tout à fait cordial.

Cependant, malgré cette apparente cordialité de manières, et leur laisser-aller affecté, les trois hommes s'observaient à la dérobée, avec une persistance prouvant que toute inquiétude n'était pas encore bannie de leur esprit.

Le Chat-Tigre et Chanteperdrix, mis en scène déjà dans un de nos précédents chapitres, paraissaient âgés de quarante-cinq à cinquante ans, séparés l'un de l'autre par un ou deux ans de différence; il existait entre eux une ressemblance physique si singulière que sans leurs dénégations obstinées, on les aurait supposés frères; c'était la même coupe de visage, la même harmonie dans les traits, la même physionomie railleusement cruelle; tous deux étaient blonds, bien faits, élégants de parler et de manières, et paraissaient doués d'une souplesse de corps et d'une vigueur extraordinaires; pour compléter cette ressemblance surprenante, ils avaient la même expression dans le regard et un timbre de voix si complètement semblable, qu'en entendant parler l'un, on entendait parler l'autre, il était impossible de ne pas y être trompé; la seule différence existant entre eux était celle-ci : autant l'un portait la tête droite, avait le regard provocateur, la parole brève et le geste prompt, autant l'autre affectait la douceur et l'humilité, baissait modestement les yeux, regardait comme par surprise et à son insu, les frais et riants minois qui passaient près de lui en l'agaçant, et affectait dans toute sa personne la candeur la plus naïve et le dédain le plus profond pour les choses de ce monde, n'aspirant qu'à se retirer au fond d'un cloître, pour y faire pénitence de ses erreurs.

Celui-là était le plus redoutable des deux; aussi, bien que lui-même se fût donné le nom de Chanteperdrix, afin sans doute de bien constater la pureté de son âme, les boucaniers l'avaient entre eux baptisé le Chacal.

Au premier coup de dix heures sonnant à une pendule posée sur un piédouche, Bothwell, désirant sans doute en finir, vida son verre et s'adressant au Chat-Tigre :

— Dites-moi, compagnon, fit-il, ne pensez-vous pas, comme moi, qu'il serait temps de mettre de côté pipes et liqueurs, et de causer de choses sérieuses, ne serait-ce que pendant cinq minutes?

— En effet, répondit le Chat-Tigre, nous oublions qu'il se fait tard, et que nous n'avons pas encore entamé la question pour laquelle nous nous sommes réunis ici; il serait important de nous entendre une fois pour toutes.

— Parlez, cher monsieur, dit Chanteperdrix d'un air béat, nous vous écoutons.

— Soit, je m'expliquerai, et franchement, mes maîtres; ainsi que vous-mêmes l'avez dit, il est important de bien nous entendre; l'affaire dont il est question entre nous est hérissée de difficultés; donc veuillez, s'il vous plaît, m'accorder quelques minutes de sérieuse attention tout d'abord...

Il ne put continuer.

La porte s'ouvrit tout à coup, et une ravissante jeune fille s'encadra dans le chambranle, calme et le sourire sur les lèvres.

Les trois hommes, ainsi dérangés à l'improviste, se retournèrent par un mouvement machinal.

Mais en apercevant cette délicieuse apparition, ils poussèrent un cri de surprise, ou plutôt l'admiration, ne comprenant rien à la présence au milieu d'eux de cette angélique créature.

X

PLUSIEURS PHYSIONOMIES DE DÉMONS COMPLÉTÉES PAR UNE TÊTE D'ANGE

A cette époque, on racontait une histoire étrange à Saint-Domingue.
Cette histoire avait déjà quinze ans de date.
Elle était passée à l'état de légende.
La voici, dans toute sa naïve et effrayante simplicité.
Y changer un seul mot serait la gâter.
Nous la copions donc textuellement dans le volume poudreux, à demi-rongé des vers, où nous avons puisé les principaux éléments de notre récit.

L'année 1659 est demeurée dans le souvenir des marins et dans celui des habitants des colonies américaines comme une date sinistre.

En effet, pendant le cours de cette année fatale, les côtes de terre ferme; depuis le cap Rau à l'extrémité de Terre-Neuve, jusqu'au cap San-Roque sur la côte de Natal et toutes les îles si capricieusement semées dans cette partie de l'Atlantique, et à l'entrée du golfe du Mexique, c'est-à-dire sur un parcours de plusieurs milliers de milles marins, furent ravagées par des tourmentes, des tempêtes, des ouragans, des raz de marée, des cyclones, auxquels se joignirent, comme si cette collection de calamités n'était pas suffisante pour amener un effroyable cataclysme, des éruptions volcaniques et des tremblements de terre, qui causèrent la mort de milliers d'individus, renversèrent de fond en comble des villes florissantes et occasionnèrent des pertes irréparables.

Ces fureurs de la nature, contre lesquelles tous moyens de défense sont impuissants, frappèrent d'une superstitieuse terreur ces malheureuses populations, ruinées sans retour et impitoyablement décimées. Leurs souffrances étaient si cruelles, qu'elles perdirent tout espoir ; ne se sentirent plus le courage de vivre et se mirent à errer comme des bêtes fauves, sans but et sans pensées, à travers les débris informes de leurs demeures.

Ce fut surtout pendant le printemps de cette année, que les ouragans sévirent avec le plus de force sur le littoral américain, et plus particulièrement dans les îles.

Pendant près de six semaines, ces tempêtes se succédèrent presque sans interruption avec une intensité si grande, que certaines îles basses furent presque complètement submergées.

Depuis cinq jours un effroyable ouragan s'était abattu sur l'île de Saint-

Domingue et grondait avec furie sur ses côtes; un cyclone parcourait les savanes, bouleversant et renversant tout sur son passage; les cases avaient été réduites en poussière ; des arbres, plusieurs fois centenaires, tordus comme des fétus de paille, étaient emportés dans l'espace; de sourds mugissements sortaient des profondeurs inconnues des mornes, se mêlant aux éclats stridents de la foudre; les lames blanches d'écume, hautes comme des montagnes, accouraient du large avec une rapidité vertigineuse, et venaient se briser sur la plage avec des remous terribles, et un bruit comparable à celui de cent batteries d'artillerie, enlevant dans leur retraite tous les objets qu'elles avaient recouverts; les embarcations emportées par ces lames furieuses revenaient, avec un bruit horrible, se briser contre les rochers.

Çà et là, au milieu des débris des maisons, des meubles de toutes sortes, et d'arbres déracinés, on voyait surgir des cadavres d'hommes ou d'animaux domestiques.

La désolation était à son comble; les habitants, épouvantés par un si grand désastre, réfugiés avec le peu qu'ils avaient réussi à sauver sur le sommet des hauteurs, assistaient, en proie à une douleur poignante, aux ravages causés par cet effroyable fléau. Quelques-uns priaient, d'autres blasphémaient, levaient le poing vers le ciel, avec des gestes de menace, en s'arrachant les cheveux de désespoir; mais le plus grand nombre, accroupis sur le sol, la tête basse, jetaient autour d'eux des regards sans expression, avec une résignation stupide, ne voyant et n'entendant rien, complètement anéantis.

Pendant la nuit du 2 au 3 mai, l'ouragan sembla un peu diminuer d'intensité.

Le 3 au matin, le soleil, bien qu'à demi-voilé sous les nuées, se leva au milieu d'un calme relatif.

Cependant le temps était lourd, le jour gris ; les nuages très bas et bordés d'une large bande jaunâtre, couraient dans l'espace avec la rapidité d'une armée en déroute, la chaleur était étouffante ; le vent soufflait par rafale avec de lugubres sifflements; soudain les vapeurs se dilatèrent sous la pression de l'atmosphère, un torrent de pluie se mêla au fracas de l'ouragan, reprenant avec une fureur nouvelle; le soleil se voila, et il se fit une obscurité profonde, dans laquelle on ne distinguait plus rien que les lignes d'eau fouettant la nappe d'écume de la mer, ou les plaines inondées.

Une rafale plus forte que les autres balaya les nuages, le jour reparut; alors les habitants, ceux du moins que la terreur n'avait pas complètement affolés ou rendus indifférents à ce qui se passait autour d'eux, poussèrent une immense clameur d'épouvante.

Ils avaient aperçu un beau navire de huit cents tonneaux au moins, entièrement démâté, rasé comme un ponton, incapable de se diriger, arrivant avec la rapidité d'un cheval de course, le cap droit sur la passe étroite de la baie du Lamantin.

Ce navire désemparé, privé de son gouvernail, était drossé, par les courants sous-marins qui l'entraînaient avec une force irrésistible vers l'entrée de la baie, sur les rochers de laquelle du premier choc il serait réduit en poudre.

La perte de ce beau navire n'était malheureusement que trop certaine dans l'état où il était réduit ; aucune puissance humaine, quand même l'ouragan se fût calmé et la mer redevenue mansc, n'aurait pu le préserver de la catastrophe terrible dont il était menacé, et vers laquelle il accourait avec une rapidité toujours croissante.

Il était évident pour les spectateurs anxieusement groupés sur la plage, que personne n'essayait, à bord du navire inconnu, de lutter contre la tempête et de diriger la marche du bâtiment de façon à le faire s'échouer sur le sable de la baie, au lieu de s'aller briser sur les rochers, dont les crêtes menaçantes et couronnées d'écume apparaissaient à droite et à gauche de la passe.

Une réaction s'était opérée parmi les habitants, le danger du malheureux navire leur avait fait presque oublier celui non moins terrible auquel eux-mêmes étaient exposés.

L'homme n'est ni entièrement bon, ni entièrement méchant ; pris en masse, les individus deviennent meilleurs, l'humanité ne perdant jamais ses droits ; les colons s'ingénièrent pour porter secours au navire en perdition, mais à leur grand regret, les moyens manquaient ; ils ne pouvaient que former des vœux ardents mais stériles pour que, par un hasard providentiel, il échappât au naufrage.

Mais déjà le pauvre navire n'était plus, pour ainsi dire, qu'une épave, flottant au caprice des flots ; son allure devenait de plus en plus significative, l'eau s'engouffrait dans sa cale par quelques déchirures faites au-dessous de la flottaison ; tantôt il tournoyait sur lui-même, ou bien il s'avançait par le travers, ou l'arrière en avant parfois, il donnait tellement à la bande, soit sur tribord, soit sur bâbord, qu'il semblait sur le point de chavirer ; d'autres fois, il plongeait avec une telle force de l'arrière ou de l'avant qu'il disparaissait au milieu des lames furieuses, et que pendant quelques instants on le croyait sombré ; mais il n'en était rien : il se relevait comme un cheval sous l'éperon, reprenait sa course affolée et se rapprochait de plus en plus du rivage, ou plutôt des rochers dont bientôt il ne fut plus éloigné que d'une portée de fusil, et vers lesquels il continuait opiniâtrément à se diriger.

Personne n'apparaissait à bord.

Ou l'équipage avait été enlevé par les coups de mer, ou il avait abandonné le bâtiment ; la seconde hypothèse semblait beaucoup moins probable que la première à cause de la force de la tourmente ; une embarcation quelconque n'eût pas impunément flotté pendant cinq minutes sur le dos des lames furieuses, elle eût été broyée contre les flancs du navire ou engloutie en essayant de s'en éloigner.

Cependant la situation du bâtiment devenait de plus en plus critique et désespérée ; quelques brasses le séparaient seules des rochers où il allait trouver son tombeau.

Tout à coup deux personnes surgirent par une écoutille de l'arrière et apparurent sur le pont.

La foule rassemblée sur la plage les distinguait parfaitement.

C'était un homme et une femme, ou plutôt une jeune fille.

Elle paraissait âgée de dix-huit ans à peine; malgré la pâleur livide de son visage, elle était d'une admirable beauté.

L'homme aussi était jeune et beau; le riche costume dont il était vêtu montrait qu'il appartenait à la plus haute classe de la société.

En apercevant ces deux créatures humaines, rampant plutôt qu'elles ne marchaient sur le pont glissant du navire, où elles ne réussissaient à se maintenir qu'avec une difficulté extrême, la foule poussa une exclamation d'horreur et de pitié.

Ces deux personnes portaient une légère corbeille entre leurs bras entrelacés.

Arrivées près du guindeau, dont les bittes seules restaient, l'homme et la jeune femme se levèrent, s'accrochèrent désespérément après les bittes et, soulevant la corbeille en dessus de leurs têtes, ils la montrèrent à la foule.

L'homme prononça quelques mots, que malgré la proximité du rivage, la fureur du vent empêcha de comprendre; la jeune femme joignit les mains avec prière, semblant implorer la pitié des spectateurs de cette scène douloureuse.

On avait entrevu un enfant dans la corbeille; une frêle créature, blanche et rose, âgée d'un an à peine.

L'anxiété était générale, la pitié immense.

Il était évident que le malheureux père réclamait des secours pour son enfant; ses gestes désespérés, l'expression anxieusement douloureuse de son visage, les pleurs de la jeune femme, tout le prouvait.

Mais que faire? comment venir en aide à ces infortunés? se jeter à la mer? c'était courir à une mort presque certaine, sans espoir de sauver la pauvre créature.

Le navire touchait presque les rochers; quelques minutes encore et c'en était fait!

Soudain un homme d'une taille athlétique, nu jusqu'à la ceinture, s'élança du milieu des groupes effarés écartant tous ceux qui se trouvaient sur son passage.

— Sur ma foi de Breton! s'écria-t-il, il ne sera pas dit que nous aurons laissé ce chérubin du bon Dieu périr, sans essayer de le sauver, et se tournant vers le navire : Courage! me voilà! cria-t-il d'une voix tellement stridente qu'elle parvint jusqu'aux naufragés.

— Courage! s'écrièrent tous les assistants, Danican sauvera l'enfant!

Danican, celui qui s'était si spontanément offert pour tenter ce sauvetage presque impossible, passait pour être le meilleur nageur de l'île; on lui avait vu maintes fois accomplir des prodiges de natation. L'eau semblait être son élément naturel.

Sans perdre un instant, le hardi nageur s'attacha autour de la ceinture l'extrémité d'une longue ligne extrêmement ténue, mais d'une solidité à toute épreuve; puis après avoir confié l'extrémité de cette ligne aux mains des spectateurs, qui devinant son projet se hâtèrent de la saisir, l'audacieux boucanier fit joyeusement le signe de la croix, s'avança résolument sur la grève,

Danican atteignit enfin le rivage, l'enfant était sauvé!

et se laissa emporter par une lame énorme qui, après s'être abattue avec fracas sur le rivage, se retirait avec une vélocité extraordinaire.

Pendant deux ou trois minutes, des siècles, en pareille circonstance, les spectateurs de cette action étrange, le cœur serré par la crainte, les yeux agrandis par l'inquiétude, essayèrent d'apercevoir le téméraire boucanier; il semblait avoir disparu pour toujours; mais bientôt ils virent sa tête pâle surgir au milieu de la nappe d'écume; il nageait vigoureusement vers le navire, dont il n'était plus qu'à quelques brasses.

Un cri de joie s'exhala de toutes les poitrines oppressées, et se changea bientôt en une clameur joyeuse, quand on aperçut le brave Danican, après avoir échangé quelques rapides paroles avec les naufragés, retournant vers la plage, portant la corbeille solidement amarrée sur sa tête, et recouverte d'une toile goudronnée, pour garantir l'enfant du contact de la mer.

Le sauveteur avait accompli la première partie de sa tâche avec une hardiesse incomparable et un bonheur incompréhensible; mais il lui fallait maintenant revenir : le péril était immense, la mort presque certaine.

Danican était homme de tête et surtout d'imagination ; il dénoua la ligne serrée autour de ses flancs, l'attacha solidement après le navire; dès quelle fut tendue à son gré, il bondit au-dessus de la lame, empoigna fortement la ligne des deux mains et presque debout, se *pomoyant* main sur main, selon l'expression maritime, il s'avança majestueusement vers la plage. Parfois les lames passaient en rugissant au-dessus de lui et le recouvraient tout entier; mais il ne lâchait pas prise malgré les horribles secousses qu'il recevait; l'eau lui brûlait les yeux, l'aveuglait, fouettait à coups redoublés son torse nu, il n'en tenait pas compte ; ce fut ainsi qu'il atteignit le rivage, où les spectateurs émerveillés de tant d'audace et de sang-froid, le recueillirent à demi évanoui dans leurs bras.

L'enfant était sauvé !

Les deux personnes demeurées sur le navire avaient suivi d'un regard anxieux le retour du nageur sur la plage; lorsqu'ils le virent aborder, ils poussèrent un cri de joie et tombèrent dans les bras l'une de l'autre ; au même instant elles se redressèrent avec épouvante : le navire venait de toucher les brisants; un bruit terrible suivit ce choc effroyable et l'eau commença à inonder la cale, avec de sourds et sinistres mugissements.

Les deux jeunes gens parurent échanger quelques mots, une fois encore ils s'embrassèrent dans un adieu suprême ; puis tout à coup un poignard brilla dans la main de l'homme et s'abattit sur la gorge de la jeune femme, toute frissonnante, dont la tête pâle se pencha sur l'épaule de son meurtrier, fixant sur son visage un dernier regard plein d'une expression d'amour et de joie douloureuse; le poignard brilla une seconde fois, et la lame sanglante disparut tout entière dans la poitrine de l'homme.

Celui-ci, demeura pendant une minute, droit, immobile, les yeux fixés sur le ciel, puis il courba la tête, imprima un dernier baiser sur le front blêmi de sa compagne, l'enleva dans ses bras par un effort puissant, marcha d'un pas ferme vers l'arrière du navire; il s'élança avec son précieux fardeau, et s'engloutit à jamais au milieu des lames rugissantes.

Au même instant, une lame monstrueuse passa par-dessus le navire, dont toutes les membrures frémirent, un craquement sinistre se fit entendre : ce fut en vain que les spectateurs terrifiés cherchèrent le bâtiment, il avait disparu, émietté par les rochers; au loin quelques planches flottaient au hasard, tristes épaves surnageant seules à ce beau navire, dont le nom même devait rester un mystère.

Les années s'écoulèrent, le temps passa sur cette terrible catastrophe, et elle fut, ou du moins parut complètement oubliée.

Danican n'avait pas voulu se séparer de l'enfant auquel il avait si miraculeusement sauvé la vie, il l'avait adopté et l'aimait, comme s'il eût été son père. On s'attache encore plus par les services qu'on rend que par ceux qu'on reçoit. Le farouche boucanier, espèce de bête fauve, dont la vie avait toujours été solitaire, éprouvait un bonheur inouï, quand après une périlleuse expédition contre les Espagnols, ou une rude chasse aux taureaux, dans les savanes, il était accueilli au retour par les frais et cristallins éclats de rire de la charmante fillette ; nous avons oublié de noter ce détail important que l'enfant sauvé par le boucanier était une fille. Il lui ouvrait ses bras, dans lesquels elle se jetait avec bonheur, le couvrant de ces bons baisers de l'enfance dont le charme est si puissant que rien ne les égale, et en l'appelant : « Mon père ! »

Fleur-de-Mai, Danican l'avait ainsi nommée en souvenir de son sauvetage, se croyait la fille du boucanier. Pourquoi lui aurait-on enlevé cette croyance ? nul n'avait intérêt à le faire ; d'ailleurs la plupart des témoins du sauvetage étaient morts ou disparus ; ceux demeurés à Saint-Domingue, tout en se souvenant de l'événement, en avaient oublié les détails.

Pendant les trois ou quatre premières années, le Frère de la Côte n'avait reçu qu'avec une certaine hésitation les caresses enfantines de Fleur-de-Mai ; ce titre de père, qu'elle lui donnait de sa voix si douce, lui causait une émotion délicieuse. D'où cela provenait-il ? personne excepté lui n'aurait su le dire, et ce secret, il le conservait caché au plus profond de son cœur.

Cette émotion, ou plutôt cette confusion qu'il éprouvait à la vue de l'enfant, devint même si forte, qu'il résolut de s'y soustraire.

Danican s'était retiré dans le *Grand-fond*, où il avait établi un boucan ; il chassait, avec son engagé, les taureaux sauvages et les sangliers. A quelques portées de fusil du campement du boucanier, vivait depuis nombre d'années, sous la protection efficace et souvent effective des flibustiers, à cause de leurs constantes luttes avec les Espagnols, une famille caraïbe, dont le chef descendait directement de l'un des plus anciens et des plus puissants Caciques, de cette malheureuse nation, alors presque éteinte, par suite de la barbarie espagnole, et dont les quelques familles survivant encore étaient venues chercher un refuge auprès des boucaniers ; ceux-ci, si féroces qu'on se plût à les représenter, avaient accueilli ces infortunés comme des frères, et les traitaient comme tels.

A plusieurs reprises, le boucanier avait eu des rapports intimes avec ses voisins indiens, il y avait eu entre eux échange de bons procédés et même de services.

L'Œil-Brillant, le chef de la famille, était très considéré par le boucanier, qu'il avait guéri d'une grave blessure, faite par la défense d'un sanglier.

Danican n'hésita pas ; un soir il se présenta, sa fille adoptive dans les bras, au seuil de l'*ajoupa* des Caraïbes ; en deux mots il leur expliqua que, contraint de prendre la mer peut-être pour longtemps, il ne savait à qui confier son enfant, et qu'il la leur apportait.

— Bon ! répondit l'Œil-Brillant, en prenant dans ses bras et embrassant affectueusement la fillette, alors âgée de quatre ans à peine, la fille de mon frère sera celle de l'Œil-Brillant ; l'*ajoupa* est grand, il y a place pour elle ; mon frère peut partir le cœur tranquille, quand il reviendra, Fleur-de-Mai lui sera rendue ; les Caraïbes sont les frères des longs fusils, les *garachos* n'approcheront pas de l'*ajoupa*.

Ce fut tout.

Le boucanier serra l'enfant sur sa poitrine, l'embrassa les yeux pleins de larmes et partit.

Son absence fut longue.

Il s'engageait pour toutes les expéditions ; chaque fois qu'il revenait à Saint-Domingue, il allait visiter ses amis caraïbes, embrassait avec admiration la fillette, qui se développait avec la rapidité et l'ampleur d'une jeune plante en liberté et devenait délicieusement belle ; puis après quelques heures heureuses passées auprès de cette enfant, qu'il sentait lui devenir de plus en plus chère, il repartait pour courir de nouveaux hasards, affronter de nouveaux dangers.

Il en fut ainsi pendant près de dix ans ; Fleur-de-Mai avait grandi, elle était dans tout l'épanouissement de sa beauté, l'enfant était devenue jeune fille, le bouton était changé en fleur. L'Œil-Brillant vieillissait, sa protection n'était plus assez sérieuse pour une jeune fille de cet âge ; il s'en expliqua avec le boucanier ; celui-ci comprit ses observations, le remercia et résolut de reprendre son enfant avec lui.

Mais là surgit, ou plutôt se révéla une difficulté nouvelle.

L'existence du boucanier pendant les dix ans qu'il avait vécu seul, avait été fort accidentée de toutes les façons, c'est-à-dire fort peu exemplaire ; en somme et pour parler net, Danican était devenu un affreux bandit, orné des vices les plus crapuleux, et dans le cœur duquel il ne restait plus rien de bon, que son amour véritablement paternel pour son enfant d'adoption.

Le Frère de la Côte ne possédait plus un sou vaillant ; il avait été contraint de vendre jusqu'à ses bagages, pour subvenir aux premiers frais de l'installation de sa pupille auprès de lui, heureusement, il eut la pensée diabolique de risquer, sur une seule carte, la somme assez rondelette, produite par la vente.

Il gagna. Un autre se serait retiré en empochant son gain ; le boucanier s'en garda, au contraire, il continua à jouer avec une chance si extraordinairement favorable qu'il ruina son adversaire, et cela d'une façon si radicale, que celui-ci se retira, sans autre costume qu'un caleçon de toile, après avoir laissé à Danican tout son argent, trente mille piastres environ, une maison dont il était le propriétaire, deux engagés, trois venteurs et jusqu'à ses vêtements.

Une heure plus tard, le boucanier ainsi dépouillé se brûlait la cervelle ; mais cette catastrophe n'influa en rien sur la joie du Frère de la Côte ; il était riche, peu lui importait le reste.

Il s'installa aussitôt dans sa nouvelle propriété, la disposa à sa guise, et la fournit de tout ce dont elle avait besoin ; mais comme les mauvais instincts dominaient plus que jamais en lui ; qu'il avait perdu jusqu'au sens moral ; il métamorphosa cette charmante demeure en un tripot du plus bas étage ; sans songer un instant à l'innocente créature qu'il allait introduire dans cet enfer, et condamner à avoir sans cesse sous les yeux le spectacle repoussant des vices les plus ignobles et des plus effroyables orgies.

Dieu n'abandonne jamais aucune de ses créatures ; il veillait sur la jeune fille ; malgré le contact odieux auquel elle était journellement exposée, il la préserva de toute souillure.

Fleur-de-Mai, lorsque le boucanier la retira aux Caraïbes auxquels il l'avait confiée pendant de si longues années, avait quinze ans. Elle était grande, svelte, élancée, fine, cambrée et flexible comme un arc ; ses pieds et ses mains étaient d'une petitesse extrême ; il y avait dans sa démarche quelque chose de majestueux, de noble dont étaient surpris tous ceux qui la voyaient pour la première fois ; ses cheveux d'un blond ambré, d'une longueur et d'une épaisseur extraordinaires, tombaient en larges boucles jusqu'à sa ceinture ; ses yeux d'un bleu pâle transparent, presque toujours fixés dans l'espace, avaient dans le regard quelque chose d'incertain, de mystérieux et de rêveur, impossible à définir ; sa bouche mignonne, admirablement dessinée, laissait constamment errer sur ses lèvres demi-closes un sourire doux et pensif ; sa peau d'un blanc nacré, était d'une transparence telle, qu'on voyait comme à travers un nuage ciculer sous son épiderme le bleu réseau de ses veines.

Elle était délicieusement belle ; mais sa beauté avait un cachet d'étrangeté farouche, qu'elle tenait sans doute de l'existence presque sauvage que toujours elle avait menée, et qu'elle continuait sans entraves ni contrôle, depuis que son père adoptif l'avait reprise avec lui.

Ses journées presque tout entières se passaient à errer seule dans les grands bois des savanes, rêvant sous leur épaisse ramure, cueillant des fleurs au bord des rivières, tressant des couronnes et des guirlandes, qu'elle enroulait autour d'elle, ou plaçait dans sa blonde chevelure.

Cette séduisante créature exerçait, sur tout ce qui l'approchait, hommes ou animaux, une fascination singulière. Pendant ses longues courses, les oiseaux semblaient, comme à plaisir, venir de tous les coins des bois voleter au-dessus de sa tête, se poser sur ses épaules et jusque sur son sein, tandis que les abeilles se jouaient dans sa chevelure, couvraient ses bras et se posaient presque sur ses lèvres. Les animaux même les plus farouches, ceux que leur instinct porte à attaquer l'homme, oubliaient leur férocité à son approche. Ils connaissaient le timbre harmonieux de sa voix, obéissaient, avec une docilité qui jamais ne se démentait, à son moindre geste, à une seule parole. Elle paraissait comprendre leur langage, elle leur parlait ; souvent de longues heures s'écoulaient pendant que, assise sur le gazon, près d'un ruisseau ignoré, entourée de tous ses amis, oiseaux et quadrupèdes, couchés autour d'elle, volant sous sa tête, ou perchés sur les branches d'un arbre voisin, elle causait avec eux, ainsi qu'elle disait avec une naïve conviction.

Puis un peu après le coucher du soleil, la jeune fille reprenait à pas lents, le front rêveur, le chemin de la maison, escortée jusqu'à l'extrémité du couvert par la foule de ses amis emplumés ou autres, en compagnie desquels elle avait passé tout le jour.

Ainsi s'écoulait la vie de Fleur-de-Mai, solitaire et mystérieuse ; constamment concentrée en elle, indifférente à tout ce qui se passait autour d'elle ; semblant ne rien voir, ne rien entendre, ne vivre que par la pensée ; demeurant étrangère à ce monde, qu'elle ne voulait pas connaître, et pour lequel elle éprouvait une répulsion invincible. Ses grands yeux aux regards effarés se fixaient avec lassitude sur ceux qui l'interrogeaient ; puis elle baissait la tête sans répondre ; si parfois elle laissait échapper quelques paroles, c'était une réponse qu'elle se faisait plutôt à soi-même qu'aux personnes qui lui parlaient et ne pouvaient les comprendre. Seuls les tout jeunes enfants partageaient son amour avec les animaux, et trouvaient grâce auprès d'elle ; elles les recherchait, les comblait de caresses, et se plaisait à leur babil enfantin.

— C'est une *innocente !* se disaient entre eux les boucaniers avec une tendre pitié.

Ces rudes natures s'étaient émues devant tant de candeur et de naïve simplicité. Tous ils aimaient et respectaient la jeune fille ; ils éprouvaient pour elle, au fond de leurs cœurs, ce sentiment de mystérieuse vénération que l'homme ressent presque instinctivement pour ceux que Dieu semble avoir placés sous sa garde spéciale, en les privant de cette faculté intellectuelle dont il a doté la foule, et qu'il condamne ainsi presque toujours à traverser la vie sans en comprendre ni les joies ni les angoisses ; n'existant que par le rêve, et tendant malgré eux vers l'infini.

Fleur-de-Mai ainsi devenue un être privilégié pour ces hommes féroces ; leur sollicitude était sans bornes, presque paternelle ; des sentinelles invisibles veillaient continuellement à sa sûreté, elle pouvait ainsi, malgré sa beauté, s'égarer à sa guise à toute heure de jour et de nuit sous le couvert, sans craindre la moindre insulte. Malheur à qui aurait osé lui manquer de respect ; il aurait payé ce crime de sa vie.

Les boucaniers, gens pour la plupart ignorants et surtout superstitieux, s'imaginaient que cette chaste enfant, jetée par la Providence dans leur enfer, leur portait bonheur. La rencontrer, en obtenir un mot, était un gage assuré de succès pour les entreprises qu'ils méditaient ; un reproche tombé des lèvres de l'*innocente*, les faisait rentrer en eux-mêmes et presque devenir meilleurs ; en un mot la *Vierge aux fleurs*, ainsi qu'ils s'étaient plu à la nommer, était à son insu devenue le véritable *Palladium* de la grande association flibustière ; elle comptait autant de fervents admirateurs et de défenseurs dévoués, qu'il y avait de Frères de la Côte.

Telle était la jeune fille qui avait entr'ouvert la porte du salon et était apparue à l'improviste aux regards émerveillés des trois flibustiers réunis dans un sinistre conciliabule.

Les trois hommes se levèrent, ils mirent à la main leurs feutres, dont les longues plumes balayaient le sol, et saluèrent respectueusement la jeune fille.

Celle-ci leur fit une silencieuse révérence ; elle se préparait à traverser, la pièce, et à sortir par une autre porte donnant sur l'escalier en haut duquel se trouvait sa chambre à coucher, lorsque Bothwell fit un pas en avant et après l'avoir saluée de nouveau avec autant de respect que la première fois :

— Bonsoir, Fleur-de-Mai ; lui dit-il avec douceur.

La jeune fille s'arrêta indécise.

— Ne veux-tu pas accepter mes souhaits pour ton repos, chère enfant ? reprit le boucanier.

La jeune fille hocha doucement la tête, une expression de mélancolie envahit son visage, et laissant errer autour d'elle un regard rêveur :

— Les souhaits des méchants déplaisent au Seigneur, murmura-t-elle presque à voix basse.

— Que veux-tu dire, enfant ? reprit le boucanier en tressaillant ; suis-je donc un méchant ? suis-je donc ton ennemi ?

— Je n'ai pas d'ennemis, moi, pauvre fille, dit-elle en hochant la tête ; capitaine Bothwell, laisse-moi passer ; je n'ai pas fait encore ma prière.

Elle fit un pas pour s'éloigner, mais s'arrêtant aussitôt :

— Capitaine Bothwell, dit-elle, prends garde ! Dieu n'aime pas les hommes de sang. Tu viens dans cette maison avec des pensées de trahison ; Dieu te voit ; il te punira !

Et laissant les trois hommes atterrés de cette prédiction sinistre, l'enfant s'envola légère comme un oiseau et disparut.

La porte, en se refermant, apprit aux boucaniers qu'ils étaient seuls de nouveau.

— Cordieu ! s'écria le Chat-Tigre, voilà une donzelle bien hardie, de proférer de telles paroles ; ne craint-elle pas ?...

— Elle n'a rien à craindre, ni de moi, ni de personne, dit Bothwell en relevant la tête.

— Quelle est donc cette femme ? demanda Chanteperdrix en ricanant, et de quel droit ose-t-elle ?...

— Assez sur ce sujet, messieurs, interrompit sèchement Bothwell ; vous êtes nouveaux à Saint-Domingue, sans cela vous ne parleriez pas de cette femme, ainsi que vous la nommez, comme vous le faites. Fleur-de-Mai, ou plutôt la Vierge aux fleurs, a le droit de tout dire ; s'attaquer à elle c'est vouloir mourir ; tout le monde la protège ici ; et moi-même, si l'on osait l'insulter, je me ferais tuer pour la défendre. Donc, je vous le répète, assez sur ce sujet ; revenons, s'il vous plaît, aux affaires qui ont motivé notre entrevue ; notre temps est précieux, ne le perdons pas davantage.

— Soit, nous sommes à vos ordres, monsieur.

Les trois hommes reprirent leurs places autour de la table.

Bothwell remplit son verre, le vida d'un trait et saluant les deux étrangers d'un signe de tête :

— Ce n'est pas à moi, mais à vous de parler, messieurs, leur dit-il, puisque c'est vous qui m'avez recherché et mandé ici ; veuillez donc vous expliquer sans plus de retard.

XI

QUEL FUT LE RÉSULTAT DE LA CONVERSATION DE BOTHWELL AVEC LES DEUX BOUCANIERS ESPAGNOLS

Les deux étrangers semblèrent, non pas réfléchir, mais hésiter pendant quelques instants.

Bothwell les examinait à la dérobée avec une expression narquoise qui n'était pas exempte de dédain.

Enfin, celui qui se faisait appeler le Chat-Tigre se décida à prendre la parole, non cependant sans avoir échangé un regard d'intelligence avec son compagnon.

— Capitaine, dit-il, nous voulons jouer cartes sur table avec vous, afin que nous puissions bien nous entendre.

— A votre aise, messieurs, si vous le désirez ; je vous donnerai, moi, l'exemple de la franchise, répondit Bothwell d'une voix railleuse.

— Qu'est-ce à dire ? fit Chanteperdrix avec hauteur.

— Pardieu ! comme disent les Français, reprit le boucanier, croyez-vous par hasard que je me suis rendu à Saint-Domingue à l'aveuglette et sur votre seule parole ? Je serais un grand sot d'avoir agi ainsi ; vous vous gausseriez de moi, et vous auriez raison.

— Je ne vous comprends pas, capitaine, vous parlez par énigmes, dit le Chat-Tigre.

— Nullement, mes maîtres, je parle franc. Lorsque votre émissaire m'a remis votre lettre, lettre dans laquelle vous me proposiez une affaire, devant me rapporter un bénéfice net de 200,000 livres, la pomme me parut ce qu'elle est en effet, c'est-à-dire fort belle. J'aime l'or, je ne m'en cache pas ; je ne me suis fait flibustier que pour en amasser en peu de temps, le plus possible ; mais je ne suis pas un niais facile à piper ; avant de quitter la Jamaïque et de me rendre ici, où vous m'aviez assigné rendez-vous, je suis allé tout droit chez le banquier auquel, me disiez-vous, toujours dans votre lettre, les 200,000 livres avaient été confiées par vous, pour être mises à ma disposition après le succès de l'affaire en question.

— Eh bien ? firent les deux hommes, l'argent est déposé.

— Et me voilà ! reprit-il ; les bons comptes font les bons amis : une fois certain de votre loyauté, je me suis rendu à votre appel. J'attends maintenant que vous me disiez quelle est cette affaire pour laquelle vous me voulez payer une pareille somme ; si je ne me trompe, elle doit être grave et surtout difficile, donc je brûle de la connaître.

— Fort bien, capitaine, nous ne mettrons pas votre curiosité à une longue épreuve, dit le Chat-Tigre ; à présent surtout que votre présence ici nous assure de votre concours.

— Capitaine Bothwell, dit-elle, tu viens dans cette maison avec des pensées de trahison;
Dieu te voit, il te punira...

— Pardon, messieurs, je n'ai encore dit ni oui ni non; je n'ai pas pour habitude de conclure de semblables affaires sans les connaître; je n'ai aucune opinion préconçue; je me réserve; expliquez-vous d'abord : puis quand vous m'aurez tout dit, je vous répondrai franchement. Diable! fit-il en riant, je ne me soucie pas d'acheter chat en poche.

— Cependant, capitaine, dit Chanteperdrix, il se peut faire que lorsque nous vous aurons confié notre secret, vous refusiez de vous associer à nos projets?

— Ce n'est pas probable, mais c'est possible.

— Bah! fit le Chat-Tigre en ricanant, vous accepterez; 200,000 livres ne se trouvent pas toujours ainsi.

— C'est vrai; 200,000 livres sont bonnes à gagner; mais ce n'est pas une fortune, après tout !

— Ainsi vous persistez dans votre résolution?

— Avec acharnement.

— Mais, au cas où nous ne nous entendrions pas, qui nous garantit votre silence?

— Ma parole, messieurs! répondit-il avec hauteur, la parole de Astor Bothwell !

Il y eut un court silence; le capitaine le rompit.

— D'ailleurs, messieurs, dit-il avec ironie, il me semble que vous vous y prenez un peu tard, pour aviser de telles subtilités; non seulement je suis renseigné sur votre fortune immense, paraît-il, mais encore j'ai obtenu sur vous certains renseignements suffisants pour vous perdre si telle était ma pensée; ainsi, croyez-moi, jouons cartes sur table, ainsi que vous le disiez si bien tout à l'heure.

— Nous ne demandons pas mieux, capitaine, reprit Chanteperdrix, mais ces renseignements auxquels vous faites allusion...

— Sont positifs. Voulez-vous en juger? soit! Vous vous cachez sous des noms supposés, cela n'a rien d'extraordinaire à la Côte; la plupart d'entre nous, Montbars, le beau Laurent, Ourson Tête de fer, Vent-en-Panne, le Polelais et tant d'autres en font autant; vous êtes arrivés il y a quatre mois à Saint-Christophe, sur un bâtiment portugais. D'où veniez-vous? Quels noms portiez-vous alors? peut-être pourrais-je vous le dire, et plus encore, si cela me convenait; mais je n'aime pas à me mêler de ce qui ne me regarde pas; d'ailleurs, dans les îles, nous ne demandons jamais compte à personne de sa vie passée; son présent seul nous importe : nous acceptons chacun pour ce qu'il lui plaît de paraître; vous vous faites passer pour des flibustiers de Saint-Christophe, on ne vous en a pas demandé davantage; il n'en manque pas parmi nous; cependant le bruit court que vous êtes dans les meilleurs termes avec les gavachos; quelques-uns de nous croient même vous avoir aperçus à la Havane, seuls vous pourriez répondre à cette allégation; il est certain pour nous tous qu'un grand intérêt vous a conduits dans les îles. Quel est cet intérêt? je l'ignore ainsi que tous mes compagnons.

— Ah! fit le Chat-Tigre en souriant.

— Oui, reprit froidement le boucanier; mais nous le soupçonnons, moi surtout.

— Et cet intérêt?... demandèrent les deux hommes, avec une légère altération dans la voix.

— Ne saurait être qu'une vengeance.

— Une vengeance! s'écria le Chat-Tigre en pâlissant malgré sa puissance sur lui-même.

— Allons donc! fit Chanteperdrix, avec un sourire forcé ressemblant à s'y méprendre à une grimace.

— Ce que j'admire le plus dans tout cela, reprit le Chat-Tigre, avec une feinte légèreté, c'est la facilité avec laquelle on forge des histoires en ce pays, et la créance qu'elles obtiennent, même auprès des personnes les plus sérieuses.

— Vous trouvez, monsieur? reprit le boucanier en ricanant. Eh bien! foi de Bothwell, vous avez tort d'être aussi surpris; vous n'êtes pas au bout, vous en verrez bien d'autres; vous connaissez encore mal la Côte; étudiez-la, croyez-moi, cela en vaut la peine. Nous sommes le peuple le plus singulier qui soit. Toutes les castes y sont mélangées; la haine, la misère, la débauche, et surtout les *fours* parisiens de la Compagnie des Indes, nous amènent à foison les personnalités les plus disparates.

— Vraiment? dit Chanteperdrix d'une voix railleuse.

— Mon Dieu oui! figurez-vous que nous avons de tout ici, ajouta Bothwell, en les couvrant de son regard clair, aux effluves magnétiques : des comtes, des barons, jusqu'à des marquis et des princes; mais assez sur ce sujet. A votre santé, messieurs! fit-il en remplissant les verres, et revenons, s'il vous plaît, à votre ou plutôt à notre affaire.

Les deux hommes étaient livides; pour se donner une contenance, ils saisirent leurs verres et les vidèrent machinalement.

— Tout ce que vous nous apprenez est fort intéressant, capitaine, reprit le Chat-Tigre, après un instant, mais en admettant que cela soit, sans avoir l'intention de mettre une seconde votre véracité en doute, je vous avoue que je suis de plus en plus surpris.

— De quoi donc, monsieur?

— De la connaissance que vous possédez de toutes ces choses.

— C'est cependant bien facile à comprendre : nous avons en France, en Angleterre, en Espagne, partout enfin où notre intérêt l'exige, des agents que personne ne connaît, que nous payons fort cher, et qui nous renseignent admirablement sur tout ce qu'il nous importe de savoir. Ces agents ont un pied dans toutes les familles; l'oreille dans les conseils les plus secrets des rois. Rien ne se trame contre nous, sans que nous en soyons immédiatement informés. Personne ne débarque à la Côte, ajouta-t-il en pesant avec intention sur les mots, sans que nous sachions à l'avance qui il est.

— Quelle police! s'écria Chanteperdrix.

— Oui; elle est admirablement faite, reprit Bothwell avec bonhomie; cela prouve le haut degré de civilisation auquel nous sommes parvenus. Règle générale, plus un gouvernement est civilisé, plus un gouvernement est fort, plus la police est nombreuse et habilement faite. En France, par exemple, ajouta-t-il avec une mordante ironie, il n'existe pas un individu qui ne soit espionné par un autre. Cela tient à la civilisation avancée et aux progrès incessants faits par les Français en philosophie pratique. Aussi, je le constate à la honte des gouvernements européens, jamais leur police, si bonne qu'elle soit, n'atteindra un tel degré de perfection. A moins toutefois que ce ne soit chez les Moscovites, qui, dit-on, marchent rapidement à coups de sabre vers la civilisation; avant un siècle, ils auront, grâce à l'excellence de leur police, surpassé les autres nations plus anciennes. A propos, connaissez-vous la France? ajouta-t-il d'un air narquois.

Pris à l'improviste par cette question à bout portant, les deux hommes tressaillirent, mais se remettant au plus tôt :

— Non, répondirent-ils.

— Ah!... tant pis. Je suis allé en France, il y a quelques années; je vous assure que c'est un pays très curieux; il y a là un roi tout mignon, juché sur de grands talons rouges, peut-être afin que le sang ne s'y voie pas. Ce petit bonhomme a pris on ne sait pourquoi le soleil pour emblème, et depuis qu'après avoir un jour menacé son parlement de la cravache, il a dit : « L'État c'est moi! » il se fait adorer par ses sujets, dont il est beaucoup plus redouté que s'il était vraiment Dieu. C'est fort drôle en vérité; dès que vous aurez terminé votre grande affaire, je vous engage à aller voir cela. Et maintenant, messieurs, vous décidez-vous à vous décider? dit-il d'une voix railleuse; il serait temps d'en finir.

— Soit, monsieur, finissons-en donc, répondit nettement le Chat-Tigre. Pour des raisons qui nous sont personnelles, nous voulons nous emparer d'un Frère de la Côte, connu parmi vous sous le nom de Vent-en-Panne.

— Je le savais.

— Vous? Comment ?

— Eh mon Dieu! comme je sais tout; voilà pourquoi j'avais sollicité une invitation au dîner donné aujourd'hui par le duc de la Torre. Vent-en-Panne devait assister à ce dîner; j'étais résolu à lui chercher querelle, mais il a sans doute été prévenu et s'est abstenu de paraître. C'est une affaire manquée, il nous faudra employer un autre moyen; je n'ai réussi qu'à ramasser un duel avec un jeune coq, nommé l'Olonnais, qui me paraît assez solide sur ses ergots, mais que, dans quelques heures, j'espère mettre à la raison. Continuez.

— Ce Vent-en-Panne, reprit le Chat-Tigre, est notre ennemi mortel, implacable; nous ne reculerons devant rien pour le tenir entre nos mains.

— Comme lui vous a tenus entre les siennes, n'est-ce pas? fit le boucanier en ricanant.

— Eh bien oui! s'écria le Chat-Tigre avec rage, puisque vous semblez si bien instruit de ces choses que nous croyions secrètes, c'est ainsi, nous voulons venger une injure horrible par une plus effroyable encore. Voilà pourquoi nous réclamons votre concours. Quel que soit le prix que vous exigez de nous, il vous sera intégralement payé le jour où vous nous livrerez notre ennemi pieds et poing liés.

— Ce que vous me demandez est impossible, répondit Bothwell en hochant la tête.

— Comment, impossible!

— Oui. Vent-en-Panne est un redoutable lutteur; je lui ai vu accomplir des faits d'une audace incroyable. S'attaquer à lui, c'est vouloir combattre, armé d'un cure-dent, un lion furieux. Ignorez-vous de quelle manière il s'est emparé avec vingt-cinq hommes du vaisseau espagnol le *Santiago*, et cela en vue de Cuba, presque à l'entrée du port? Non, vous dis-je, vous ne réussirez pas à vous emparer de lui; il vous brisera comme verre; renoncez à ce projet insensé.

— Soit, mais au lieu de lutter face à face contre ce démon, n'est-il pas d'autres moyens de s'emparer de lui?

— Peut-être y en a-t-il un; encore n'affirmerais-je pas qu'il réussira. Vent-en-Panne est aussi fin que brave; c'est un lion doublé d'un renard; il déjouera toutes les trames ourdies contre lui.

— C'est d'une trahison que vous parlez, n'est-ce pas? une embuscade? un guet-apens?

— Oui.

— Pourquoi ne pas essayer?

Bothwell hocha la tête sans répondre,

— Cependant vous le haïssez? dit Chanteperdrix.

— En servant notre vengeance, vous servez votre haine.

Le flibustier leur imposa silence d'un geste de la main.

Quelques minutes s'écoulèrent pendant lesquelles on n'entendit d'autre bruit dans la salle que celui de la respiration haletante des trois hommes.

Enfin Bothwell releva la tête; il se versa une large rasade, la but d'un trait et reposa le verre sur la table, avec une telle force qu'il se brisa en éclats.

— Écoutez-moi, et surtout comprenez-moi bien, dit-il d'une voix sourde. Vent-en-Panne est mon ennemi mortel; je le hais de toutes les forces vives de mon cœur; le jour où je le verrais se débattre à mes pieds, dans les affres de l'agonie, ce jour, ma joie serait au comble; cependant, malgré mon désir de vengeance, je ne puis vous aider dans vos projets contre lui. Je suis malgré moi contraint de rester neutre, dans cette lutte que vous voulez entreprendre.

— Capitaine, sur l'honneur, je ne comprends rien à vos paroles, interrompit le Chat-Tigre.

— Oui, cela vous surprend, n'est-ce pas, de m'entendre parler ainsi, après l'aveu que je vous fais, vous ne comprenez rien à mes paroles; en effet, il doit en être ainsi. Deux mots d'explication suffiront pour faire cesser votre étonnement. D'après les lois de notre association, tout Frère de la Côte, convaincu d'avoir usé de trahison pour se venger d'un autre, si légitime que soit cette vengeance, est jugé par le grand conseil, et condamné à mourir de faim sur la roche de Tiburon, après avoir eu les pieds et les mains coupés à coups de hache. Or, si grande que soit ma haine contre Vent-en-Panne, elle ne va pas jusqu'à risquer un pareil supplice pour la satisfaire. De plus, j'ajouterai que même si cette menace n'était pas suspendue sur ma tête, je ne consentirais pas à employer contre lui les moyens que vous me proposez. A mon avis, la trahison est l'arme des lâches; jamais je ne m'en servirai. Donc ce moyen ne vaut pas mieux que l'autre, il vous faut y renoncer si vous êtes toujours dans l'intention de me prendre pour complice dans la vengeance que vous méditez contre cet homme.

— Toujours!

— Mais il doit y avoir un moyen, pourtant! s'écria Chanteperdrix en se frappant le front avec colère.

— Certes, il y en a un, reprit Bothwell avec un sourire.

— Lequel? s'écrièrent les deux hommes en se rapprochant.

Ils sentaient leur espoir renaître.

— Un certain proverbe, que je vous engage à méditer, prétend que la vengeance se mange froide. Vous me comprenez, n'est-ce pas, mes maîtres? reprit le boucanier avec cet accent narquois qui lui était particulier. Supposez par exemple ceci : tous les jours les Frères de la Côte tentent des expéditions plus ou moins formidables, plus ou moins lointaines; supposez, dis-je, que Vent-en-Panne, dans un but ou dans un autre, demain, dans quinze jours, ou dans un mois, peut-être plus tard, organise une expédition contre n'importe quoi... Vous suivez bien mon raisonnement?

— Nous ne perdons pas un mot, capitaine!

— Très bien; supposez toujours que ce n'importe quoi, contre lequel est organisée cette expédition, soit un homme, ou si vous le préférez un pays auquel je m'intéresse; ceci est possible, n'est-ce pas?

— Non seulement possible, mais encore probable, dit en souriant Chanteperdrix, vous avez tant d'amis, capitaine.

— Le fait est, que j'en ai beaucoup. Or cet homme ou ce pays, justement effrayé de ces armements formidables, et voyant son existence menacée, se souvient de mon amitié; en un mot, de l'intérêt que je lui porte.

— Naturellement vous ne voulez pas laisser accabler ceux auxquels vous portez un si tendre intérêt; vous armez de votre côté, et sans perdre un instant, vous volez au secours de l'homme ou du pays en question.

— Voilà! dit le boucanier en remplissant son verre. Vous comprenez? ajouta-t-il après avoir bu.

— Parfaitement, capitaine, mais il me semble que ce que vous nous avez dit précédemment à propos de votre association, doit cadrer assez mal avec le parti que vous prenez.

— Pardon, vous commettez une grave erreur; ceci n'est pas de ma part acte de flibuste, mais affaire de sentiment; nous nous trouvons jetés dans deux partis différents, et ce, contre notre volonté; de même que l'association reconnaît à Vent-en Panne le droit d'attaquer mes amis, elle me reconnaît, à moi, celui de les défendre; nous n'en sommes pas moins, Vent-en-Panne et moi, l'expédition terminée, les meilleurs amis du monde; chacun a fait son devoir, voilà tout.

— Ainsi le cas est prévu par vos statuts?

— Non seulement il est prévu, mais encore il s'est présenté plusieurs fois.

— Voilà qui lève tous les doutes. Ainsi...

— Ainsi, maître Chat-Tigre, et vous digne Chanteperdrix, il faut attendre.

— Longtemps?

— Je ne crois pas. J'ai le pressentiment que Vent-en-Panne ne tardera pas à organiser une expédition.

— Contre de vos amis?

— Pardieu! j'en ai tant !

— Et alors?

— Alors je les défendrai, soyez tranquilles. Mais jusque-là, de la prudence;

prenez garde surtout d'éveiller les soupçons ; vivez retirés, croyez-moi : les yeux sont ouverts sur vous.

— Ah !

— Oui, vous voilà prévenus.

— Merci ; nous profiterons de l'avis ; nul ne nous verra.

— Comment cela ?

— Nous croiserons au large.

— Vous avez donc vraiment un navire ?

— Mais oui, capitaine ; un navire que vous connaissez qui plus est.

— Moi ?

— Avez-vous remarqué ce brick de vingt canons, mouillé tout près de vous, par la hanche de tribord ?

— Un charmant navire, étroit, allongé, ras sur l'eau, avec ses mâts outrageusement inclinés sur l'arrière, la coque noire, une batterie rouge, et les voiles de même couleur ; *God bless me !* si je le connais ! je passe mon temps à l'admirer : ce doit être un excellent marcheur !

— Il a été construit pour la traite ; au plus près, les boulines roustées, il atteint douze nœuds, avec deux quarts de largue seulement, il dépasse quatorze.

— Hum ! et il se comporte à la mer ?

— Comme une dorade.

— Voilà un navire comme il m'en faudrait un !

— Cela ne tient qu'à vous, capitaine.

— Hein ? comment dites-vous cela ?

— Je dis que vous pourrez, quand il vous plaira, être propriétaire de ce charmant navire.

— Sérieusement ?

— Je ne plaisante jamais, quand il s'agit d'affaires sérieuses ; ce navire est le mien.

— Ah ! ah ! et vous me le donnez ?

— Entendons-nous, capitaine, je vous le donnerai ; mais donnant, donnant.

— Alors il faut ?...

— Me donner Vent-en-Panne ! troc pour troc.

— C'est dur.

— Je ne puis faire mieux.

— Et les 200,000 livres ?

— En même temps.

— *By God !* vous êtes méfiant, mon maître ?

— Nullement, je traite commercialement, voilà tout ; vous savez qu'à la Côte le crédit n'existe pas ; on ne traite qu'au comptant.

— Hélas !

— Vous dites ?

— Rien.

— Pardon, j'ai entendu un mot ?

— C'est vrai.

— Et ce mot signifie?
— Que j'accepte le marché.
— C'est promis?
— C'est juré; voici ma main.
— Voici la mienne.
— Et la mienne aussi; ajouta Chanteperdrix.
— Et maintenant que faut-il faire?
— Attendre; et louvoyer en vue de la passe; un feu allumé à dix heures précises à l'extrémité du cap, vous indiquera le moment exact où je quitterai la rade, pour aller vous rejoindre au large. Jusque-là, veillez au grain; ne dites que ce que vous voulez qui soit entendu; si dans dix jours, vous n'avez pas reçu de mes nouvelles, vous vous rendrez à la Jamaïque, où vous m'attendrez.
— Ainsi vous demeurez ici?
— Oui, quelques jours encore; ne vous ai-je pas dit que j'ai un pressentiment?
— En effet.
— Eh bien! reprit Bothwell avec un mauvais sourire, je veux voir s'il se réalisera.
— Quand devons-nous partir?
— Tout de suite, si cela vous est possible.
— Alors, adieu, capitaine, avant une heure nous serons sous voiles
— Adieu et bonne chance; à bientôt!
Les deux étrangers se levèrent et se dirigèrent vers la porte; au moment où ils allaient l'atteindre, Bothwell les rappela.
— Ah! pardon, leur dit-il, j'oubliais.
— Quoi donc? fit Chanteperdrix en se rapprochant.
— Oh! presque rien: un simple avertissement.
— Un avertissement?
— Non, je m'explique mal, un conseil; il est bien entendu que nous n'avons plus rien de caché entre nous, n'est-ce pas?
— Franchise entière! dit Chanteperdrix d'un air béat.
— Eh bien! puisqu'il en est ainsi, voici mon conseil.
— Nous écoutons.
— Souvenez-vous qu'on ne doit jamais chasser deux lièvres à la fois, parce que l'on risque de n'en prendre aucun.
— Ce qui veut dire?
— Vous ne comprenez pas?
— Non, sur l'honneur.
— Allons, je vois qu'il faut mettre les points sur les i.
— Mettez, capitaine; de cette façon, toute équivoque sera impossible.
— Soit; eh bien! en venant à la Côte, vous avez un double but: choisissez entre les deux. Que préférez-vous? Vous venger de Vent-en-Panne, ou essayer de vous emparer de l'île de la Tortue pour le compte de l'Espagne?
— Hein? quoi? que dites-vous? s'écrièrent les deux hommes avec effarement.

LES ROIS DE L'OCÉAN 477

— Prends, prends, mon vieux camarade, je n'admets pas de refus...

— Voulez-vous que je répète ma question ?
— C'est inutile, dit Chanteperdrix ; mais nous ne comprenons pas...
— Messieurs, dit Bothwell en fronçant le sourcil, prenez-y garde le jeu que vous jouez avec moi peut devenir mauvais; vous vous obstinez à me montrer une méfiance blessante; je crois, cependant, vous avoir prouvé que j'en sais assez sur votre compte pour vous perdre si telle était mon intention.

— Au diable la méfiance ! s'écria le Chat-Tigre, franchise pour franchise, capitaine ! Ce que nous voulons d'abord, c'est notre vengeance, nous laisserons quant à présent dormir notre second projet.

— Non pas ! s'écria vivement Bothwell, vous y renoncerez complètement ; sinon, rien de fait.

— Comment ? que vous importe que nous enlevions l'île de la Tortue aux flibustiers ?

— Il m'importe beaucoup. D'abord je suis moi-même un flibustier ; pour rien au monde je ne consentirai à laisser trahir mes frères au profit de ces Gavachos maudits que je méprise encore plus que je les déteste. Ainsi, je vous en avertis : ceci est très sérieux, mes maîtres ; autant je vous aiderai contre Vent-en-Panne, autant vous me trouverez hostile, si vous essayez de nuire aux Frères de la Côte dont je m'honore d'être l'un des chefs. Après tout, que vous importe ? votre fortune n'est pas aux mains des Espagnols ; ce charmant navire que vous avez réussi à vous faire donner par eux, est entre vos mains, vous avez joué au plus fin avec eux ; c'est de bonne guerre, vous ne leur devez plus rien. Croyez-moi, soyez franchement flibustiers, puisque quant à présent vous ne pouvez pas être autre chose ; il est bon d'avoir des amis vaillants et résolus. Que deviendrez-vous si la Côte vous manque ? Que diable ! toutes ces considérations sont sérieuses ! Laissez maugréer les Gavachos et moquez-vous d'eux. Quant à moi, mon influence est grande, vous le savez ; je réussirai à faire revenir mes amis de la mauvaise opinion qu'ils ont de vous ; bientôt vous serez considérés ici et admis sur le même pied que nous le sommes tous ; est-ce entendu ?

— Pardieu ! vous avez raison, capitaine, fit Chanteperdrix. Le Chat-Tigre vous dira que j'ai toujours, pour ma part, été opposé à cette affaire. Que nous importe l'Espagne ? c'est des flibustiers que nous devons avoir souci. Capitaine Bothwell, vous avez ma parole.

— Et la mienne, capitaine, ajouta le Chat-Tigre ; vos raisons sont excellentes, il est impossible de ne pas être de votre avis.

— Eh bien, sur ma foi ! messieurs, votre détermination me fait plaisir ; cette fois je vous dis, en toute sincérité : vous pouvez compter sur moi. Au revoir, messieurs.

Les trois hommes se saluèrent, puis les deux étrangers quittèrent la maison, dont la porte fut solidement barricadée derrière eux par Danican, et ils se dirigèrent vers le rivage, éloigné d'environ une demi-lieue de la maison.

Ils marchèrent assez longtemps côte à côte sans échanger une parole. La lune était levée, la nuit, si sombre quelques heures auparavant, était maintenant claire, étoilée, tiède et embaumée d'âcres senteurs marines ; l'atmosphère d'une grande pureté permettait de distinguer à une longue distance les divers accidents du paysage, dont les masses confuses prenaient, sous les rayons lunaires, une apparence fantastique.

Quand ils eurent atteint le bord de la mer, les deux hommes firent halte ; non loin de l'endroit où ils s'étaient arrêtés, une pirogue était tirée sur le sable, un homme la gardait.

En apercevant les étrangers, il parut les examiner attentivement pendant quelques secondes, puis, satisfait sans doute de ce muet examen, il siffla d'une certaine façon à deux reprises différentes.

Le Chat-Tigre répondit aussitôt par un sifflet semblable.

L'inconnu se rapprocha alors tout à fait de la pirogue, la fit glisser sur le sable, la mit à l'eau, sauta dedans, saisit les avirons, et saluant les deux hommes en ôtant son bonnet :

— Paré ! leur dit-il.

— Attends et veille au grain, répondit le Chat-Tigre.

Puis se tournant vers son compagnon :

— Eh bien ? lui dit-il.

— Eh bien ? répéta laconiquement l'autre.

— Que penses-tu de ce qui s'est passé ?

— Beaucoup de choses.

— Bonnes ou mauvaises ?

— Bonnes et mauvaises ; plutôt mauvaises que bonnes.

— Ainsi tu n'as pas confiance dans la loyauté du capitaine Bothwell ?

— Très peu.

— Cependant nous avons sa parole ?

— Cela ne signifie rien.

— Alors, à ton avis ?

— Nous avons agi comme des niais ; cet homme sait beaucoup trop de choses sur nous pour que l'envie ne lui vienne pas de nous trahir.

— Tu as peut-être raison, mon frère.

— J'ai raison certainement. Si nous ne le surveillons pas ; si nous le quittons un instant des yeux, nous sommes perdus ; il joue avec nous un double jeu, c'est facile à voir.

— Ainsi nous ne partirons pas ?

— Au contraire, ainsi que tu le lui as annoncé, dans une heure nous serons sous voiles.

— Mais ?...

— Attends ; dès que le brick aura appareillé, nous nous déguiserons et nous descendrons à terre, non pas à Léogane, mais à Port-de-Paix, où nous prendrons langue.

— D'ailleurs nous avons là-bas de bons amis, chez lesquels au besoin nous nous cacherons.

— Non pas, mon frère, interrompit Chanteperdrix, nous ne devons nous faire voir à aucune de nos connaissances ; il est au contraire très important pour nous et pour la réussite de nos projets, de conserver le plus strict incognito ; je me souviens des paroles du capitaine Bothwell à propos de la façon dont la police est faite à Saint-Domingue ; du reste, cher ami, moins notre présence sera remarquée, plus il nous sera facile d'obtenir les renseignements que nous désirons.

— En effet, je n'avais pas songé à cela, laisse-moi maintenant te donner une nouvelle.

— Intéressante ?

— Je le crois, pour toi surtout; du reste le hasard a tout fait, c'est donc lui que tu auras à remercier. Voici la chose en deux mots. Cette après-dînée, je me promenais je ne sais trop pourquoi aux environs du gouvernement, lorsque j'entendis parler derrière la haie de cactus cierges servant de clôture au jardin de M. d'Ogeron; deux personnes causaient tout en suivant une allée; ces deux personnes étaient le gouverneur et son neveu M. Philippe d'Ogeron.
— Le célèbre boucanier?
— Lui-même. M. Philippe d'Ogeron s'étonnait que Mme la duchesse de la Torre parlât aussi purement le français et sans accent, ce qui lui paraissait extraordinaire de la part d'une Espagnole...
— Bon! que nous font ces histoires? interrompit Chanteperdrix en haussant les épaules; que nous importe ce nouveau vice-roi du Mexique ou du Pérou, je ne sais pas au juste?
— Peut-être plus que tu ne penses, cher ami; écoute seulement la réponse du gouverneur.
— Allons, parle, bavard implacable, et finis au plus vite.
— Tu te repentiras de cela, mon mignon! D'ailleurs ma vengeance est toute prête, la voici : Mon cher Philippe, répondit le gouverneur, je ne vois rien que de très naturel à ce que Mme la duchesse de la Torre parle correctement le français; elle n'est point Espagnole, mais Française; elle appartient à une des grandes familles italiennes venues en notre pays à la suite de la reine Catherine de Médicis; c'est une Manfredi-Labaume tout simplement.
— Comment! s'écria Chanteperdrix, la duchesse serait?...
— Dame! répondit l'autre en ricanant, c'est M. d'Ogeron qui l'a dit; il doit le savoir, je suppose.
Chanteperdrix était livide, un tremblement convulsif agitait tous ses membres.
— Tu ne me trompes pas? reprit-il d'une voix sourde en fixant un regard inquisiteur sur son compagnon.
— J'ai dit vrai, sur l'honneur.
— Plus que jamais, je dois à présent rester à Saint-Domingue, du moins pendant tout le temps qu'elle y résidera; retournons à bord, il nous faut tout préparer, puis nous redescendrons à terre.
— Ici, à Léogane?
— Oui, ici à Léogane; après?
— Tu es fou, cher ami, songe donc que nous ne pourrons pas faire un pas sans être reconnus.
— Nous prendrons nos précautions; d'ailleurs, quand on nous reconnaîtrait! que m'importe!
— Mais enfin que prétends-tu faire? que veux-tu?
— Ce que je veux?
— Oui.
— Je veux la voir! s'écria-t-il avec un accent impossible à rendre.
Et, sans attendre son compagnon, il se dirigea à grands pas vers la pirogue.

— Cordieu! grommela entre ses dents le Chat-Tigre, tout en le suivant d'un pas plus modéré; cordieu! j'ai merveilleusement travaillé, moi! quel besoin avais-je de mettre ainsi le feu aux poudres? Eh bien! nous allons patauger dans un joli guêpier! sur ma foi! je me dois à moi-même d'avouer que je suis un fier imbécile!

Et il se donna une énorme bourrade dans l'estomac.

Cinq minutes plus tard, la pirogue faisait force de rames vers le brick, mouillé à une encâblure du rivage, et qu'elle ne tarda pas atteindre.

— Pardieu! fit à part lui le Chat-Tigre, en montant à son bord, il n'y a pas à hésiter; j'ai fait le mal comme un sot que je suis, c'est à moi de le réparer; je réussirai, quelles qu'en doivent être les conséquences; ce serait folie que de le laisser faire!

Là-dessus, il rejoignit d'un air guilleret Chanteperdrix, déjà entré dans la cabine.

XII

QUELLES ÉTAIENT LES LOIS DU DUEL CHEZ LES FRÈRES DE LA CÔTE DE SAINT-DOMINGUE

Bothwell était demeuré seul dans le salon de la maisonnette de Danican; il s'était levé, avait pris son chapeau et sans doute il se préparait à se retirer lui aussi, lorsque le boucanier, qui venait de reconduire les deux étrangers, entr'ouvrit la porte et jeta un regard curieux dans la chambre.

— Que veux-tu? demanda Bothwell qui s'était retourné au bruit et l'avait aperçu.

— Rien, capitaine, rien; répondit-il assez interloqué d'être surpris ainsi en flagrant délit d'espionnage; je voulais seulement voir si vous aviez besoin de quelque chose.

— Oui, j'ai besoin de deux bouteilles de ton meilleur vin d'Arbois et d'un flacon de vieille eau-de-vie de France, si par hasard il t'en reste encore?

— J'en ai pour vous, capitaine.

— Alors hâte-toi de me servir et, comme je n'aime pas à boire seul, tu me tiendras compagnie en me faisant raison.

— Je suis à vos ordres, capitaine, s'écria le boucanier en s'élançant joyeusement au dehors.

Cinq minutes plus tard, il reparut, non seulement chargé des bouteilles, mais apportant, en sus, un magnifique pâté de venaison, des pains, des tranchoirs et une serviette, destinée à servir de nappe.

En un tour de main le couvert fut mis.

— Voilà, capitaine, dit-il en saluant Bothwell; il est onze heures passées; j'ai supposé que, peut-être, vous ne seriez pas fâché de manger une bouchée.

— Pardieu! ta supposition est juste, Pied-d'Alouette, mon ami, répondit le flibustier en riant; je t'avoue que j'ai grand appétit; ton admirable pâté est le bienvenu.

— Alors attendez, ce n'est pas tout, reprit-il en se frottant les mains.

Il fit une nouvelle sortie; cette fois il rentra portant deux autres bouteilles, des viandes froides, des fruits et une bouilloire pleine de café, chantant sur un réchaud allumé.

Ce n'était plus un encas, mais un souper complet, dont un gourmet aurait été satisfait.

— A table! dit Bothwell.

— A table! répéta le boucanier.

Ils se placèrent en face l'un de l'autre, et commencèrent une vigoureuse attaque contre les mets placés devant eux.

Le capitaine n'avait dit que la stricte vérité en annonçant qu'il se sentait un grand appétit; il dévorait littéralement. En fait, il n'avait que fort peu mangé chez le duc de la Torre; à peine avait-il goûté à quelques-uns des plats qu'on lui avait présentés, de sorte qu'il était presque à jeun depuis le matin.

Cependant, grâce aux assauts réitérés livrés aux pâtés et aux autres comestibles, étalés à profusion sur la table, cet appétit ne tarda pas à se calmer; alors, après avoir bu une énorme rasade, sans doute pour s'éclaircir la voix, il rompit le silence que jusqu'alors il avait obstinément gardé.

— Cordieu! dit-il en s'essuyant la moustache, quelle triomphante idée tu as eue, Pied-d'Alouette, d'improviser cet excellent souper!

— N'est-ce pas, capitaine? répondit le boucanier, tout en préparant le café; le fait est que vous aviez grand'faim, à ce qu'il m'a semblé.

— Le fait est que je tombais d'inanition tout simplement; aussi, sois tranquille, je ne serai pas ingrat.

— Oh! je sais à qui j'ai affaire, capitaine, fit-il en riant; aimez-vous votre café chaud?

— Bouillant.

— Alors vous êtes servi à souhait; tenez, le sucre est là près de vous, capitaine, à côté de l'eau-de-vie.

— Merci; après un bon souper, une tasse de café et une pipe de tabac, je ne connais pas de jouissance pareille.

— Vous avez bien raison, capitaine; rien au monde n'égale cela; surtout avec une bonne causerie, les coudes sur la table et la bouteille d'eau-de-vie à portée de la main.

— Eh! eh! tu es un sybarite, maître Danican!

— Ma foi, je ne m'en cache pas, capitaine. Dame! la vie est si courte!

— Après nous la fin du monde, n'est-ce pas?

— C'est cela même, capitaine, à votre santé!

— A la tienne, mon brave!

— Sans indiscrétion, capitaine, est-ce que vous comptez rester longtemps par ici, j'entends à Léogane?

— Ma foi, je l'ignore; je voudrais y passer quelque temps; ce pays me plaît; malheureusement tu connais le proverbe : « l'homme propose et le diable dispose ». Mon séjour ici est subordonné à certains événements indépendants de ma volonté; ainsi par exemple, il se pourrait faire que j'y demeurasse éternellement.

— Vous plaisantez, capitaine.
— Pas le moins du monde, tu vas en juger; je me bats au lever du soleil.
— Vous!
— Mon Dieu oui, et qui sait si je ne serai pas tué?
— Allons donc! vous êtes bien trop adroit pour cela, capitaine.
— C'est possible, mais le hasard est plus fort que tout; dans un duel à la boucanière, c'est presque toujours lui qui décide.
— Quant à cela, c'est vrai. Me permettez-vous de vous demander contre qui vous vous battez?
— Oh! parfaitement; c'est avec un nouveau débarqué; il se fait, je crois, nommer l'Olonnais.
— J'en ai entendu parler; on le dit d'une bravoure et surtout d'une adresse extraordinaire.
— Tu vois bien!
— Oh! je ne dis pas cela pour ça.
— Bah! que m'importe? tu connais bien ce pays, n'est-ce pas?
— Moi? je le crois bien, capitaine; je l'habite depuis plus de vingt ans.
— Alors cela tombe à merveille; tu sais où est le grand fond?
— J'y ai boucané pendant quatre années de suite; il y a deux petites lieues d'ici, tout au plus.
— En marchant bien, c'est l'affaire d'une heure?
— A peu près, oui, capitaine.
— Peux-tu m'y conduire?
— Je ne demande pas mieux; c'est là que vous vous battez?
— Oui.
— A quelle heure avez-vous rendez-vous?
— Au lever du soleil.
— C'est-à-dire à six heures, très bien; en partant d'ici à quatre heures et demie, nous arriverons juste à temps. Est-ce tout ce que vous désirez, capitaine?
— Une chose encore : je n'ai pas de Gelin, ici du moins; cela me ferait perdre trop de temps, d'aller en chercher un à mon bord.
— C'est juste.
— Tu dois en avoir, toi?
— Oui, j'en ai cinq ou six, tous excellents.
— Voilà mon affaire; je t'en achète un cent piastres; je compte sur toi pour le choisir.
— Je vous en donnerai un dont vous me ferez compliment, capitaine; par-dessus le marché j'y joindrai dix charges de poudre et les balles.
— Tu es un brave garçon; je te remercie; maintenant, réglons nos comptes.
— Rien ne presse, capitaine.
— Pardon! il se fait tard, je ne serais pas fâché de dormir quelques heures, afin d'être frais et dispos demain: finissons tout de suite; quand il nous faudra partir, nous aurons à songer à autre chose.

— Comme il vous plaira, capitaine.

Bothwell prit alors dans une poche de ses chausses une bourse de soie, à travers les mailles de laquelle brillaient de nombreuses pièces d'or; il l'ouvrit, en retira sept onces d'or à l'effigie du roi d'Espagne, et les présentant au boucanier :

— Voici cent douze piastres, c'est-à-dire cent pour le Gelin que tu me vends; les douze autres sont pour le dérangement que je te cause en te prenant pour guide, le souper que tu m'as servi, et la couverture que tu vas me prêter.

— Mais, capitaine, je ne sais comment vous remercier, en vérité, c'est beaucoup trop.

— Prends, prends, mon vieux camarade, je n'admets pas de refus.

— Puisque vous l'exigez, j'accepte.

Il prit alors les pièces d'or, puis il enleva le couvert, apporta une chaude couverture de laine au capitaine, qui s'en enveloppa et s'étendit sur de moelleux coussins, et enfin il se retira, après avoir souhaité bon sommeil à son hôte, et lui avoir promis de l'éveiller à l'heure convenue.

Cinq minutes plus tard Bothwell dormait à *pierna suelta*, comme disent les Espagnols, c'est-à-dire à jambe libre, ce que nous autres Français nous traduisons par dormir à poings fermés.

Le flibustier était depuis trop longtemps rompu aux exigences de la vie d'aventure, pour avoir besoin d'être réveillé quand il fallait qu'il se levât; à quatre heures précises il ouvrit les yeux, étendit les bras et rejeta la couverture dont il était enveloppé.

Mais au moment où il se mettait sur son séant, il ne put retenir un cri de surprise, en apercevant une femme assise sur une chaise à quelques pas de lui, enveloppée de longs voiles blancs, pâle, immobile comme une statue de marbre et le regardant fixement.

Cette femme, il la reconnut aussitôt, un sourire d'une expression étrange glissa sur ses lèvres; mais se remettant immédiatement :

— Comment, vous ici, Fleur-de-Mai? lui dit-il en adoucissant autant que possible le timbre de sa voix; je ne m'étonne plus d'avoir aussi bien dormi, ajouta-t-il galamment, un ange veillait sur mon sommeil.

— Oui, capitaine, répondit tristement la jeune fille, tu dis bien; je veillais sur ton sommeil, car le démon s'est emparé de ton cœur.

— Que veux-tu dire, enfant? s'écria-t-il avec surprise.

— L'âme bourrelée fait le sommeil bavard.

— Comment?

— Ta conscience murmure; elle se révolte, lorsque le sommeil appesantit tes paupières, et que tu ne peux la contraindre à garder le silence.

— Ce qui veut dire, n'est-ce pas, que j'ai parlé dans mon sommeil?

— Oui, capitaine.

— Tu es là depuis longtemps?

— Depuis près de deux heures.

— Alors tu as entendu les paroles que j'ai prononcées?

— Toutes.

— Rends-toi, misérable ! reconnais tes torts ! s'écria le jeune homme.

Il y eut un silence; Bothwell était pâle, ses sourcils étaient froncés à se joindre; ses yeux lançaient des éclairs, en s'arrêtant sur la jeune fille, dont la position n'avait pas changé.

— Je n'ai pas espionné ton sommeil, capitaine, répondit-elle simplement. Tu criais si haut; tu semblais en proie à une si grande épouvante, que j'ai craint qu'il te fût arrivé je ne sais quel accident; je me suis levée et je suis accourue vers toi, sans savoir ce que je faisais ; je voulais appeler mon père, mais en m'approchant de toi, j'ai reconnu que tu dormais ; je suis demeurée.

— Quelle pensée t'es venue, en m'entendant parler, ou plutôt crier ainsi ?

— Cela m'a fait de la peine, parce que j'ai compris que tu soutenais une lutte contre l'esprit du mal, et que tu devais horriblement souffrir, capitaine.

— Que disais-je donc ?

— Tu parlais très vite ; j'avais beaucoup de difficultés à comprendre ; puis souvent tu ne parlais ni français ni espagnol, mais tu t'exprimais en anglais ; je ne comprends pas cette langue. C'était surtout l'anglais que tu parlais le plus fréquemment ; parfois tu semblais menacer ; d'autres fois on aurait dit que tu priais ; puis, tout à coup, tu criais : « Tue ! tue ! à mort ! pas de grâce ! » après un long silence, tu as dit une phrase que j'ai retenue tout entière.

— Quelle phrase, chère enfant ?

— Celle-ci : « Implacable ! oui, je le serai ! que m'importent leurs tortures, leurs cris d'agonie, c'est de l'or que je veux ! » ton accent était terrible en parlant ainsi ; moi, je tremblais.

— Pauvre enfant si pure et si douce ! tu dois me haïr ?

— Non, je ne te hais pas, Bothwel. Je ne hais personne.

— Mais tu n'es pas mon amie ?

— Non, oh ! non ! car tu me fais peur !

— Je te fais peur, moi ? s'écria-t-il avec une surprise mêlée de tristesse.

— Oui, il me semble toujours voir sur tes mains le sang des victimes que tu as immolées, pour voler leur or.

— Oh ! fit-il plus ému qu'il ne le voulait paraître, suis-je donc un voleur, moi, Bothwell ? le flibustier célèbre, que l'on a surnommé le fléau des Espagnols !

— Oui, dit-elle d'un air pensif, le fléau ; voilà pourquoi j'ai peur et pourtant je voulais te demander une grâce ?

— Une grâce ! toi, Fleur-de-Mai ? Parle, parle, enfant ; tu sais que je ne t'ai jamais rien refusé.

— Je le sais.

— Alors qui te retient ?

La jeune fille sembla réfléchir un instant.

— Pas encore, dit-elle, comme si elle se fût parlé à elle-même ; non, l'heure n'est pas venue de t'adresser ma demande ; bientôt je parlerai, mais pas à présent.

— Dans dix minutes, je serai parti.

— Cela ne fait rien.

— Qui sait si nous ne serons pas longtemps avant de nous revoir ?

— Non, fit-elle en hochant la tête, nous nous reverrons plus tôt que tu ne penses.

— Mais...

— Au revoir, capitaine Bothwell, à bientôt !

Elle s'envola légère comme un oiseau.

— Singulière fille ! murmura le capitaine dès qu'il fut seul.

Un instant plus tard Danican parut.

— Bon! s'écria-t-il, déjà levé, capitaine!
— Tu vois mon camarade, et prêt à partir, répondit gaiement Bothwell.
— C'est affaire à vous, de vous éveiller ainsi à l'heure juste.
— L'habitude d'être toujours sur le qui-vive, pas autre chose. Ah çà! et mon Gelin?
— Le voici, répondit Danican, en lui présentant un long fusil de boucanier; je ne l'ai pas chargé, j'ai préféré vous laisser ce soin.
— Tu as bien fait, dit le capitaine.

Il prit le fusil, l'examina en connaisseur, étudia la couche et fit jouer la batterie.

— C'est une bonne arme, dit-il avec satisfaction; merci, Danican, tu ne m'as pas trompé.

Il chargea le fusil avec la plus sérieuse attention; puis il attacha à sa ceinture le sac à balles et la poire à poudre que, selon sa promesse, le boutcanier lui avait donnés avec le fusil.

— Maintenant, dit-il, que faisons-nous?
— Il est près de quatre heures et demie, répondit Danican, il est temps de partir, mais auparavant, nous boirons un verre de vieille eau-de-vie de France; je ne connais rien de tel pour chasser les brouillards du matin.
— Va pour l'eau-de-vie de France, c'est une excellente liqueur, fit le capitaine.

Les verres furent remplis, choqués et vidés en moins de cinq minutes; puis les deux hommes quittèrent la maison, la laissant sous la garde des engagés de Danican.

Le froid était assez vif, la nuit encore noire.

Mais le boucanier connaissait le pays; sans hésiter une seconde, il tourna à droite et s'engagea à grands pas sous le couvert, suivi de près par Bothwell; si le capitaine ne l'avait pas eu pour guide, il aurait été fort empêché pour se diriger au milieu de ces ténèbres, dans cette partie de l'île, où jamais il n'était venu, bien que le célèbre flibustier eût maintes fois relâché dans presque tous les ports de Saint-Domingue.

Les deux hommes marchèrent ainsi près d'une heure, côte à côte, sans échanger une parole.

Chacun d'eux, sans doute, s'entretenait avec ses propres pensées.

D'ailleurs, les ténèbres, le silence des bois, le murmure contenu du vent à travers les branches des arbres, portent avec eux un sentiment de tristesse mystérieuse, qui pousse l'âme au recueillement; la nature primesautière, vierge encore de la cognée ou de la hache de l'homme, possède un inexplicable prestige dont, malgré elles, les imaginations les plus vives, les organisations les plus énergiques, sont émues, impressionnées et poussées à la rêverie.

Cependant les étoiles s'éteignaient les unes après les autres, dans les vastes profondeurs du ciel; de larges bandes nacrées commençaient à rayer l'extrême limite de l'horizon; l'obscurité devenait moins intense, elle se décomposait peu à peu, et prenait des teintes blafardes, estompées d'une brume grisâtre, permettant de distinguer vaguement encore, à la vérité, les divers accidents du paysage; ce n'était déjà plus la nuit, bien que ce ne fût pas encore le jour; on entendait des piétinements dans les halliers, des frémissements d'aile sous la feuillée; le soleil n'allait pas tarder à paraître et à rendre la vie à cette nature assoupie s'éveillant sous l'influence de son apparition prochaine.

Les voyageurs traversaient alors une vaste savane, où leurs regards pouvaient plonger à de grandes distances dans toutes les directions.

— Approchons-nous? demanda Bothwell.

— Dans une demi-heure, nous serons rendus; êtes-vous fatigué, capitaine?

— Moi? pas le moins du monde.

— Alors nous continuons?

— Pardieu!

Ils reprirent leur marche, un instant interrompue, sous le prétexte de reprendre haleine; mais en réalité pour contempler à travers les branches assez espacées des arbres, le lever majestueux du soleil dans la grande savane; du reste, ils avaient atteint l'extrémité des bois; quelques minutes leur suffirent pour émerger du couvert, et arriver sur le lieu du rendez-vous.

En effet, à peine eurent-ils pénétré dans la savane, qu'ils aperçurent, à une centaine de pas de l'endroit où eux-mêmes se trouvaient, un groupe de Frères de la Côte, causant tout en se promenant, sur le bord d'une étroite rivière.

— Voilà nos hommes, dit Bothwell.

— Ne les faisons pas attendre, dit Danican.

Ils doublèrent le pas; de leur côté les flibustiers les avaient aperçus, et s'avançaient vers eux.

Ces Frères de la Côte étaient : Montbars, Michel le Basque, le beau Laurent, Philippe d'Ogeron et l'Olonnais.

Deux autres flibustiers étaient restés à l'écart.

Sans doute, leur intention était de demeurer simples spectateurs de ce qui allait se passer.

Ceux-ci étaient : Vent-en-Panne et Pitrians.

— Messieurs, dit Bothwell avec une certaine hauteur, après l'échange des premières salutations, je ne suis pas en retard, le soleil se lève.

— Nous avons devancé l'heure, monsieur, répondit courtoisement Montbars; beaucoup plus rapprochés que vous ne pouviez l'être du lieu du rendez-vous, et de plus ayant sur vous l'avantage de connaître le pays, cela devait être.

Bothwell s'inclina.

— Je suis à vos ordres, messieurs; seulement je me permettrai de vous faire observer que nous sommes bien nombreux, pour l'affaire qui nous amène.

— Oui, en effet, monsieur, mais nos amis sont venus ici pour des motifs complètement étrangers à votre querelle, dans laquelle ils ne prétendent en aucune façon intervenir; supposez donc que nous ne sommes ici que quatre : vous, Danican, votre témoin, l'Olonnais, votre adversaire, et moi chargé de défendre les intérêts de mon jeune ami.

— Soit, monsieur, veuillez venir au fait, s'il vous plaît?

— La place où nous sommes vous convient-elle?
— Parfaitement.
— Nous y demeurerons donc; sans doute vous avez donné vos instructions à Danican?
— Oui, monsieur: vous pouvez tout régler avec lui.

En effet, Bothwell avait proposé au boucanier de l'assister; celui-ci n'avait aucun motif pour lui refuser de lui rendre ce service; il avait d'autant plus volontiers consenti, que Bothwell était étranger, et sans aucun ami auprès de lui.

Montbars salua le capitaine, fit à Danican signe de le suivre, et tous deux, après s'être un peu retirés à l'écart, commencèrent à discuter les conditions du duel.

Les rencontres entre boucaniers n'avaient aucune ressemblance avec les duels de nos jours; rencontres pour la plupart élégantes, à l'eau de rose, où l'on s'égratigne à peine l'épiderme, et dont certains journalistes de Paris ou d'autre part, savent dans leurs feuilles respectives, se faire de charmantes réclames, qui ne trompent personne.

Les boucaniers étaient des natures incultes, presque sauvages; des organisations nerveuses et énergiques; poussant tout à l'extrême, la haine comme l'amitié; le courage, surtout, était chez eux de la férocité. Ils n'admettaient aucune concession puérile, aucun raffinement autre que celui de la bravoure; ils ne se battaient que pour des motifs sérieux; mais alors ils se battaient réellement, sans trêve ni merci, avec toute l'implacable cruauté des fauves, auxquels ils ressemblaient sous tant de rapports.

Il y avait deux catégories de duels.

Les duels simples et les duels sérieux.

Les duels simples avaient lieu, lorsque deux Frères de la Côte s'étaient pris de querelle après boire; et emportés par la colère, sans autrement s'en vouloir d'ailleurs, s'étaient jetés à la face certaines injures, exigeant une réparation par les armes.

Les deux adversaires étaient, en ce cas, placés à cent pas l'un de l'autre, le fusil à la main, et à un signal donné, ils tiraient ensemble.

L'adresse des flibustiers était proverbiable; ils coupaient, sur l'arbre, la queue d'une orange, avec une balle, à cent cinquante pas; leurs fusils, fabriqués exprès pour eux, par deux armuriers spéciaux, de Nantes et de Dieppe, Bracchie et Gelin, avaient une portée extraordinaire et une justesse remarquable; de plus ils se servaient d'une poudre excellente, nommée poudre de flibuste, que seuls, ils possédaient; aussi, huit fois sur dix, les duels simples entraînaient-ils mort d'homme.

Le duel sérieux était plus compliqué. Après l'échange des deux balles, si les adversaires restaient debout, ils s'armaient chacun d'une hache d'abordage, et combattaient jusqu'à ce que mort s'ensuivît, pour l'un ou pour l'autre; presque toujours, tous deux restaient sur le terrain.

On citait, comme un véritable miracle, un duel dont le beau Laurent était sorti sans une égratignure, après avoir fendu le crâne à son adversaire.

Cette fois, il s'agissait d'un duel sérieux; Bothwell avait déclaré ne pas en accepter d'autre.

La discussion entre Montbars et Danican fut longue; les deux témoins ne réussissaient pas à s'entendre; enfin, après bien des hésitations, ils parvinrent à tomber d'accord.

Montbars avait apporté deux haches d'abordage; elles furent soigneusement examinées, puis remises aux deux adversaires, dont les fusils furent chargés avec la plus scrupuleuse attention; enfin on convint que les combattants, à un signal donné par Montbars, épauleraient et tireraient sans viser.

Les deux hommes furent placés à quatre-vingts pas l'un de l'autre; Bothwell était pâle, il avait les sourcils froncés; l'Olonnais souriait; ni l'un ni l'autre ne prononça une parole.

Montbars et Danican se tinrent à droite et à gauche des combattants, à une dizaine de pas à l'écart.

L'Olonnais et Bothwell étaient droits et fermes, le fusil au pied.

— Feu! cria Montbars d'une voix stridente.

Les deux détonations se confondirent en une seule.

La balle de l'Olonnais avait brisé le fusil de Bothwell dans ses mains, le flibustier tenait encore entre ses doigts crispés la crosse de son arme. L'Olonnais était livide, il chancelait; il avait laissé tomber son fusil, et de ses deux mains, il se prenait la poitrine avec force, comme s'il étouffait.

Tout ceci s'était passé en quelques secondes à peine.

Le beau Laurent, Michel le Basque, et les autres flibustiers, comme cela avait été convenu, restaient à l'écart; ils ne semblaient aucunement se préoccuper des péripéties du duel, bien qu'en réalité, il les intéressât au plus haut point, à cause de la vive sympathie que leur inspirait l'Olonnais.

— En avant! cria Montbars.

Bothwell tressaillit, un sourire sinistre crispa ses lèvres, il poussa une exclamation étouffée, ressemblant à un rugissement de tigre, et brandissant sa hache, il s'élança en courant sur son adversaire, toujours à demi courbé, et en apparence en proie à une prostration complète.

Mais soudain, l'Olonnais se redressa, un double éclair jaillit de son regard, il saisit son arme et bondit à la rencontre de son ennemi.

On entendit le choc sec et strident des deux haches s'entrechoquant à coups répétés; tout à coup l'Olonnais jeta un cri, enlaça son adversaire de ses bras nerveux, lui fit perdre pied, et tous deux roulèrent sur le sol.

Mais presque aussitôt on aperçut Bothwell, étendu sur l'herbe, maintenu par l'Olonnais dont le genou pesait sur sa poitrine, et lui serrant la gorge de la main gauche, en même temps que de la droite il brandissait sa hache sur sa tête.

— Rends-toi, misérable! reconnais tes torts! s'écria le jeune homme.

Bothwell ne répondit que par un cri de rage, en faisant un effort gigantesque pour échapper à la puissante étreinte de son ennemi, mais sans y réussir.

— Eh bien! meurs comme un chien! reprit l'Olonnais.

Mais tout à coup il sentit son bras retenu.

Instinctivement il se retourna, et poussa un cri de surprise et d'admiration.

Légèrement penchée sur lui, sa main mignonne posée sur le manche de la hache qu'elle effleurait à peine, Fleur-de-Mai, pâle comme un fantôme, mais souriante, l'implorait par un de ses regards expressifs, qu'elle savait si bien laisser glisser entre ses paupières mi-closes, et dont l'éloquence touchante était irrésistible.

— Que veux-tu? balbutia le jeune homme stupéfait et ignorant, dans sa naïve crédulité, s'il avait affaire à une femme, ouà un être en dehors des lois de l'humanité.

Montbars, Danican et les autres Frères de la Côte, intéressés malgré eux par cette scène étrange, s'étaient insensiblement rapprochés, et formaient un cercle attentif autour de ce singulier groupe.

— Tu as vaincu cet homme, répondit la jeune fille de sa voix harmonieuse, dont les notes musicales allaient doucement au cœur du flibustier, sois généreux, accorde-moi sa vie.

L'Olonnais fit un geste, qu'elle arrêta aussitôt.

— C'est Dieu qui t'a préservé de l'atteinte mortelle de cet homme féroce, reprit-elle avec un délicieux sourire, ne sois pas ingrat; le sang versé, ajouta-t-elle en soupirant, fait une tache ineffaçable.

L'Olonnais, à demi subjugué par ces paroles touchantes, laissa anxieusement errer un regard interrogateur autour de lui.

Les Frères de la Côte baissèrent affirmativement la tête.

— Tu ne me réponds pas? murmura-t-elle d'une voix si harmonieusement modulée que le jeune homme sentit un frisson courir dans ses artères.

— Soit! dit-il en adoucissant le timbre un peu rude de sa voix, puisque tu m'en pries, cet homme vivra; mais c'est à toi seule que j'accorde sa vie.

— Merci, ami, répondit la jeune fille avec âme, dis-moi ton nom, afin que je le conserve dans mon souvenir; moi, ajouta-t-elle avec une mélancolie charmante, je suis Fleur-de-Mai, l'enfant de Dieu et la fille des Frères de la Côte.

— Moi, Fleur-de-Mai, répondit le jeune homme d'une voix balbutiante, on me nomme l'Olonnais.

— Bien, reprit-elle en battant des mains, comme une folle enfant n'ayant pas encore conscience de ses actes; l'Olonnais, tu es bon, tu es généreux, je t'aime!

Le jeune homme tressaillit à ces paroles si simples, prononcées avec tant de candeur; un nuage passa sur son front, mais faisant effort sur lui-même :

— Moi aussi je t'aime, comme si j'étais ton frère, dit-il.

— Bien, ami; répondit la jeune fille en se retirant un peu en arrière.

L'Olonnais jeta sa hache loin de lui, en tendant la main au flibustier :

— Bothwell, lui dit-il en souriant, bien que d'un accent assez froid, tout est oublié, relève-toi; un ange te soustrait à ma vengeance, soyons amis!

— Jamais! s'écria le capitaine d'une voix sourde.

Et repoussant d'un geste brusque la main que lui tendait son généreux adversaire, d'un bond, il se remit sur ses pieds.

Pendant deux ou trois minutes, un silence pénible et embarrassé plana sur les témoins de cette scène extraordinaire.

Bothwell, en proie à une rage folle mais contraint de la contenir, se mordait les lèvres jusqu'au sang en jetant des regards farouches sur les Frères de la Côte, dont il était entouré ; Montbars et ses amis, le front pâle, le sourcil froncé sous le poids de quelque pensée secrète, fixaient le flibustier, avec une expression d'indicible tristesse ; l'Olonnais essayait vainement de découvrir Fleur-de-Mai : la jeune fille avait disparu avec la rapidité d'une biche effarouchée, sans laisser de traces de sa fuite.

Bothwell se décida enfin à rompre ce silence, que chaque seconde rendait plus gênant pour tous.

— Il faut en finir, murmura-t-il d'une voix sourde, mais assez haut pour être entendu de toutes les personnes présentes.

Le beau Laurent fit alors un pas en avant, et lui imposant silence, d'un geste empreint d'une majesté suprême :

— Bothwell, dit-il d'une voix ferme, le conseil des douze me charge de t'apprendre la décision, prise par lui, à l'unanimité, à ton sujet, cette nuit à deux heures du matin.

— Le conseil des douze! murmura le flibustier, avec une surprise mêlée d'épouvante, que me veut le conseil?

— Écoute, reprit le beau Laurent toujours impassible, ce n'est pas moi qui parle, c'est le conseil ; moi je ne suis qu'un écho.

— Soit, je suis prêt à t'entendre, Laurent.

— Le conseil, reprit froidement le Frère de la Côte, considérant que tu as, de parti pris, violé les lois de l'hospitalité, en te faisant inviter chez le duc de la Torre, dans le but hautement avoué par toi, de chercher querelle à l'un de tes frères, se trouvant en même temps que toi assis à la table du duc ; le conseil considérant que, sans provocation aucune, tu as insulté l'Olonnais, contre lequel, ne le connaissant pas, tu ne saurais nourrir aucun sentiment de haine ; considérant en sus, qu'en agissant ainsi, tu as manqué à ton serment, par lequel tu es obligé à voir dans tout flibustier, un ami, un frère, avec lequel il t'est interdit formellement d'avoir une querelle, sans l'assentiment du conseil et pour des motifs sérieux ; ledit conseil te déclare chassé de l'association ; comme tel déchu de tous les droits et prérogatives dont tu jouissais en qualité de Frère de la Côte ; ordonne que tous les ports occupés par les flibustiers te seront interdits ; que tous les rapports seront rompus avec toi, comme ayant forfait aux lois et à l'honneur de l'association. Le conseil ordonne, en sus, que tu quitteras Saint-Domingue aujourd'hui, avant midi, pour ne jamais plus en approcher ; et que en sus, tu paieras une amende de quinze mille piastres, laquelle somme sera partagée entre les plus nécessiteux Frères de la Côte ; te déclarant que, faute de solder ladite amende, ton navire mouillé en ce moment sur la rade de Léogane, sera saisi et vendu au profit des mêmes Frères de la Côte malheureux.

— Je suis seul et désarmé au milieu de vous, mes maîtres, répondit le pirate avec un sourire sinistre ; je ne puis vous empêcher de faire de moi ce qui vous plaira. Quant à mon navire, c'est autre chose ; il est solide, fin voilier, bien armé ; j'ai, de plus, un équipage nombreux et fidèle, je vous mets au défi de le saisir, il est hors de votre portée.

— Vous vous trompez, capitaine, répondit le beau Laurent ; votre navire

Ils atteignirent une charmante clairière, les engagés dressèrent les tentes sur les bords du ruisseau.

a été il y a trois heures enlevé par surprise; il est maintenant entre nos mains, placé sous le commandement de notre frère Ourson Tête-de-Fer, que vous connaissez.

— Oh! démons! s'écria-t-il avec rage, c'est bien joué! mais j'aurai ma revanche.

— Qu'à cela ne tienne! nous sommes hommes à vous répondre. Payerez-vous? reprit le beau Laurent toujours de marbre.

— Oui! dit-il, mais je le jure, je me vengerai!
— Je me charge, moi, de vous en fournir l'occasion, dit Vent-en-Panne, en touchant doucement l'épaule du capitaine.
— Vous? fit-il en tressaillant.
— Oui.
— Vous me le promettez? fit-il avec insistance.
— Je vous en donne ma parole, dit froidement Vent-en-Panne.
— Je retiens votre parole. Oh! que Dieu me prête vie, et nous verrons!
— Amen! dirent les flibustiers en ricanant.

Bothwell fit un geste terrible, mais il l'avait dit, il était seul, sans armes; il se contint.

Deux heures plus tard, le capitaine anglais, après avoir, jusqu'au dernier ochavo, payé les quinze mille piastres auxquelles le conseil des douze l'avait condamné, mettait sous voiles, et s'éloignait pour toujours de Saint-Domingue.

XIII

DANS LEQUEL L'OLONNAIS RACONTE SON HISTOIRE A SON MATELOT VENT-EN-PANNE

Par une belle et chaude matinée des derniers jours du mois de septembre, deux hommes cheminaient le fusil sur l'épaule, les chiens sur les talons, suivis à une dizaine de pas en arrière par deux engagés chargé de havresacs extraordinairement gonflés de provisions, sur une sente étroite, tracée à travers les hautes herbes, le long d'un cours d'eau large mais peu profond, affluent assez important de l'Artibonite et qu'on nommait alors le Fer-à-Cheval.

Ces deux hommes étaient Vent-en-Panne et l'Olonnais; ils avaient campé pour la nuit au pied de la montagne Noire; vers trois heures du matin ils s'étaient remis en route, avaient passé entre l'étang du Cul-de-sac et celui de Riquille et depuis une heure environ ils s'étaient engagés sur la sente qu'ils suivaient et qui aboutissait à quelques portées de fusil au plus de la petite ville ou plutôt du gros bourg de San Juan de la Maguana, premier poste avancé occupé par les Espagnols, sur cette partie de la frontière.

La petite troupe n'était séparée de la bourgade vers laquelle elle semblait se diriger, que par une distance de trois ou quatre portées de fusil au plus; cependant, comme la plaine qu'elle traversait était coupée de ravins nombreux, couverte d'une herbe haute de près de six pieds et semée de remises très touffues, ainsi que disent les chasseurs, elle avait pu s'avancer aussi loin, sans être découverte par les sentinelles espagnoles postées sur les murs dans des espèces de poivrières.

De plus, la chaleur commençait à devenir intense; les sentinelles, avec cette nonchalance caractéristique de leur nation, faisaient probablement la *siesta*, sans autrement se préoccuper de ce qui se passait dans la savane.

Bientôt Vent-en-Panne s'arrêta subitement, et après avoir jeté autour de lui, pourtant, un regard investigateur, tout en posant à terre la crosse de son fusil, il se tourna vers son compagnon.

— Matelot, lui dit-il, de cet air narquois, moitié figue, moitié raisin, qui lui était particulier, nous nous sommes avancés aussi loin que la prudence le permet. Si grande que soit la paresse et la sottise des Gavachos, faire un pas de plus en avant serait, à mon avis, commettre une folie insigne ; d'ailleurs, voici le couvert que nous a indiqué notre compagnon comme point de ralliement : ces deux fromagers placés en avant de ces hauts sabliers nous le font parfaitement reconnaître ; attendons d'être mieux renseignés avant que de pousser notre pointe plus loin.

— Tu as raison, matelot, je n'avais pas remarqué ces arbres ; ton avis est donc que nous nous terrions comme des lapins, sous ce couvert, en attendant le retour de notre batteur d'estrade ?

— C'est cela même ; je ne vois pas ce que nous pourrions faire de mieux, quant à présent du moins, surtout par cette effroyable chaleur.

— Oui, le soleil chauffe en diable ; va pour le couvert ; nous déjeunerons et ensuite nous dormirons pendant quelques heures ; cela nous rendra plus dispos, pour ce que nous voulons faire.

Les deux Frères de la Côte firent alors un crochet sur la droite, et toujours suivis pas à pas par leurs chiens et leurs engagés, ils s'enfoncèrent résolument sous le couvert épais, dont ils devaient, jusqu'à nouvel ordre, faire leur demeure.

Après avoir marché dans une obscurité presque crépusculaire, pendant environ dix minutes, ils atteignirent une charmante clairière de médiocre dimension, traversée par un ruisseau limpide, dont les eaux fuyaient en murmurant sur les galets, à travers les euphorbes et les asphodèles ; cet endroit pittoresque et isolé leur parut favorable pour établir leur campement.

Les engagés dressèrent les tentes, sur les bords mêmes du ruisseau.

Les voyageurs ouvrirent leurs bissacs, en retirèrent des biscuits de mer, de longues tranches de viande boucanée, et flibustiers et engagés commencèrent à déjeuner de bon appétit et de compagnie, selon la coutume des Frères de la Côte, arrosant leur frugal repas d'eau-de-vie coupée d'eau pour en enlever la crudité.

Le repas terminé, et il ne fut pas long, ils se privèrent par prudence d'allumer leurs pipes ; mais confiants dans la vigilance de leurs *venteurs*, et leur haine invétérée pour les Espagnols, ils s'étendirent sur l'herbe sans plus de façons ; cinq minutes plus tard, grâce à la chaleur de plus en plus étouffante, tous dormaient ; les chiens exceptés, bien entendu.

Nous profiterons du sommeil de nos personnages, pour expliquer au lecteur ce qui s'était passé depuis le duel de l'Olonnais avec Bothwell ; et pourquoi les deux Frères de la Côte, que nous venons de mettre en scène, se trouvaient embusqués, avec leurs engagés, sur la frontière espagnole.

Afin de rendre cette explication claire, et surtout compréhensible, il nous faut faire reculer notre récit de deux mois et demi environ ; en effet, deux mois et demi s'étaient écoulés depuis les événements par lesquels se termine notre précédent chapitre, jusqu'au moment où nous retrouvons Vent-en-Panne et l'Olonnais, avec leurs engagés, presque en vue du gros bourg fortifié de San Juan de la Maguana.

L'Olonnais avait été blessé, ou plutôt contusionné par Bothwell ; il n'avait échappé à la mort, que grâce à un de ces hasard providentiels, qui ressemblent singulièrement à des miracles.

Voici le fait :

Lorsqu'au signal donné par Montbars, les deux adversaires avaient tiré l'un sur l'autre, l'Olonnais avait, peut-être d'une demi-seconde, prévenu son ennemi, et lâché avant lui la détente de son arme ; ce laps de temps si court, et si inappréciable qu'il paraisse, avait sufli en réalité pour faire dévier légèrement la balle parfaitement dirigée de Bothwell. Au lieu de frapper le jeune homme au cœur, ce qui serait inévitablement arrivé, sans la circonstance que nous signalons, elle s'était aplatie sur le sac à balles suspendu à sa ceinture ; mais le contre-coup avait été terrible ; l'Olonnais avait presque perdu connaissance pendant une minute ou deux, essayant vainement de reprendre sa respiration, et se croyant sur le point d'étouffer : cette contusion lui avait causé une maladie assez sérieuse pour l'obliger à se faire soigner par Olivier Oexmelin, l'engagé de Vent-en-Panne, assez bon chirurgien, ainsi que nous l'avons dit ; celui-ci l'avait saigné plusieurs fois, il lui avait appliqué force ventouses, et bref, à son grand ennui, le jeune homme avait été contraint de garder le lit dix longs jours, pendant lesquels, à la vérité, tous ses amis, et ils étaient déjà nombreux, étaient venus le voir et lui faire compagnie.

Toutes ces preuves de sympathie auraient dû le combler de joie, en lui prouvant en quelle haute estime le tenaient les Frères de la Côte ; bien que nouveau parmi eux, et n'ayant en réalité rien fait encore pour justifier une telle faveur de leur part, au contraire, le jeune homme était triste, soucieux ; ses regards erraient sans cesse sur la plage que de son lit il apercevait facilement ; il attendait une visite, une seule ! Cette visite, il ne la recevait pas ; son cœur se gonflait, les larmes lui venaient aux yeux ; après une longue journée, passée à attendre en vain la venue de cette personne, dont il n'osait prononcer le nom, il se laissait retomber avec désespoir sur ses oreillers, en murmurant à part lui, d'une voix éteinte :

— Peut-être viendra-t-elle demain !

Le lendemain se passait : rien, son espoir était de nouveau déçu.

Un jour, pendant quelques instants, une joie immense envahit tout son être.

Trois personnes, suivies à une distance par deux valets en riche livrée, marchaient lentement le long de la plage ; évidemment elles se dirigeaient vers la maison de Vent-en-Panne, puisque celle-ci était isolée de toutes les autres et que la direction prise par les promeneurs indiquait clairement qu'ils ne pouvaient se rendre autre part.

Ces trois personnes étaient le duc de la Torre, la duchesse et doña Violenta,

L'Olonnais suivit d'un œil anxieux les trois promeneurs, jusqu'à ce qu'ils fussent trop rapprochés de la maison, pour qu'il lui fût possible de les voir encore ; alors son regard se riva obstinément sur la porte de sa chambre. Une rougeur fébrile couvrait son visage ; le sang, en refluant violemment vers le cœur, faisait battre ses artères à se rompre ; un frisson nerveux courait dans tout son corps ; il prêtait l'oreille au moindre bruit, essayant d'en comprendre la signification. Des pas se firent enfin entendre dans la chambre précédant la sienne ; le jeune homme aspira l'air avec force, la respiration lui manquait ; quelques mots furent échangés à voix contenue, puis la porte s'ouvrit et un homme entra dans la chambre du malade.

Cet homme était le duc de la Torre : il était seul.

Derrière lui entra Vent-en-Panne, mais l'Olonnais ne le vit pas : il était retombé presque sans connaissance sur son lit.

Cependant le jeune homme réagit avec une indomptable énergie contre cette faiblesse passagère ; sa volonté, plus forte que sa douleur, lui rendit la vigueur nécessaire pour se redresser, et accueillir le sourire sur les lèvres, le noble visiteur, qui n'avait rien remarqué et s'approchait de lui d'un air d'affectueux intérêt.

L'entrevue fut ce qu'elle devait être : cordiale, mais sans aucune nuance d'intimité. Pendant tout le temps qu'elle dura, Vent-en-Panne demeura à l'écart, muet, pensif, les yeux fixés sur le malade, avec une expression singulière.

Après dix minutes ou un quart d'heure au plus de conversation, le duc de la Torre s'excusa de ne pouvoir, à son grand regret, demeurer plus longtemps, sur ce que la duchesse et sa fille étaient restées se promenant sur la plage, en l'attendant ; il prit congé et se retira.

L'Olonnais se retourna aussitôt vers la fenêtre, se pencha autant que cela lui fut possible, et ses regards se fixèrent opiniâtrément sur le groupe formé par les trois personnes, qui retournaient lentement vers le gouvernement.

Tant que le jeune homme put apercevoir ces trois personnes, il resta immobile, les suivant avidement des yeux ; puis lorsqu'enfin elles eurent disparu dans l'éloignement, il se laissa retomber avec découragement en arrière, poussa un soupir semblable à un sanglot, et ferma les yeux en murmurant d'une voix faible comme un souffle, qui entr'ouvrait à peine ses lèvres décolorées, ce seul mot :

— Partie !...

Vent-en-Panne avait épié tous ses mouvements avec la plus sérieuse attention ; il avait entendu le mot prononcé par son matelot ; le vieux Frère de la Côte hocha la tête à plusieurs reprises d'un air de mauvaise humeur.

— Quelque sotte femelle lui trotte certainement dans la cervelle, grommela-t-il ! Au diable les femmes ! mordieu ! elles ne sont bonnes qu'à tourner à l'envers les têtes les mieux organisées ! Je veux savoir à quoi m'en tenir sur ce mystère ! il est temps de mettre ordre à cela ; ce sot enfant serait capable d'en mourir, et cela me ferait peine ; je l'aime, moi, ce brave compagnon !

Il s'approcha alors à pas lents du lit sur lequel gisait le jeune homme et lui posa la main sur l'épaule.

Celui-ci ouvrit immédiatement les yeux.
— Que veux-tu? demanda-t-il.
— Savoir ce que tu as?
— Rien, je souffre.
— Tu mens, tu as un secret.
— Un secret? moi! s'écria-t-il en tressaillant.
— Oui; et ce secret, je l'ai deviné.
— Toi? c'est impossible!
— Tu crois? fit-il avec ironie ; veux-tu que je te le dise?
— Non! reprit-il brusquement.
Vent-en-Panne haussa les épaules.
— Tu es amoureux! reprit-il.
Le jeune homme se redressa, comme si un serpent l'eût piqué, les traits contractés, le visage d'une pâleur mortelle, les regards pleins d'éclairs.
— Quand cela serait! s'écria-t-il d'une voix sourde.
— Cela est, répondit paisiblement le Frère de la Côte.
— Eh bien? reprit l'Olonnais avec hésitation.
— Eh bien! fit Vent-en-Panne avec bonhomie, tu souffres, tu es mon matelot, c'est-à-dire plus que mon frère; par ton âge tu pourrais être mon fils; sur toute la Côte, tu n'as que moi d'ami ; je ne veux pas te voir malheureux, sans prendre la moitié de tes peines.
— Pardonne-moi, matelot, dit le jeune homme en lui tendant la main.
— Oui, mais à une condition.
— Laquelle?
— Confesse-toi à moi; dis-moi tout. Oh! ne crains rien; tu trouveras en moi un confesseur peu sévère pour les peccadilles que tu as sur la conscience, et tout prêt à t'absoudre.
— Oh! s'écria le jeune homme en cachant sa tête dans ses mains et fondant en larmes; si tu savais comme je souffre! vois, je pleure.
— Oui, dit le flibustier avec émotion, tu dois bien souffrir en effet, pour pleurer ainsi; les larmes retombent sur le cœur et le brûlent; il est vrai, ajouta-t-il avec une expression étrange, qu'elles le dessèchent, et qu'au bout de quelque temps le cœur n'est plus qu'un viscère insensible.
— Que veux-tu dire?
— Rien, fit-il en hochant la tête; oublie cela; parfois je ne sais ce que je dis. Revenons à toi.
— Comme il te plaira, matelot; que veux-tu savoir?
— Tout d'abord ton histoire. Je ne te connais pas, moi, fit-il avec un sourire.
— Hélas! matelot, je ne me connais pas moi-même; je suis un enfant trouvé, ou plutôt perdu; je n'ai pas d'autre histoire.
— Bah! tu te figures cela! peu ou prou, tout le monde a une histoire.
— Soit; je te dirai ce que je sais; ce n'est pas grand'chose.
— Bon! va toujours; je le verrai bien.
— Écoute donc, puisque tu le veux.
— Attends! et élevant la voix : Tributor! cria-t-il.

Le géant parut.

— Voici quatre gourdes : allez, toi et tes camarades, vous régaler au cabaret, jusqu'au coucher du soleil; vous fermerez toutes les portes en sortant; si quelqu'un vous demande des nouvelles, vous répondrez que l'Olonnais dort, que je suis sorti, et que vous profitez de l'occasion pour faire la noce, d'autant plus que je vous ai mis dehors en emportant les clés; c'est compris?

— Pardi! fit l'engagé avec un gros rire épanoui sur sa large face; faut pas être malin. Où sont les quatre gourdes?

— Les voilà, et maintenant file en double, et patine-toi sous tes basses voiles; il n'est que temps!

— Tout est paré, capitaine, soyez calme; il n'y a pas de soin!

Le géant salua, tourna sur les talons avec une précision géométrique, sortit de la chambre, dont il referma la porte derrière lui; quelques minutes plus tard, lui et ses camarades apparurent sur la plage, se dirigeant d'un air très satisfait vers le cabaret le plus proche, qu'ils ne tardèrent pas à atteindre, et dans lequel ils entrèrent gaillardement, en hommes dont la poche est bien garnie.

Vent-en-Panne, penché à la fenêtre, surveilla pendant quelques instants les mouvements de ses engagés; puis certain que ses ordres avaient été exécutés à la lettre, il prit une chaise, la porta près du lit; après s'être assis, et avoir bourré et allumé sa pipe avec le plus grand calme :

— A présent, parle tout à ton aise, matelot, personne ne nous dérangera.

— Puisque tu le veux, écoute: ce que je vais te dire m'a été raconté, lorsque j'étais encore bien jeune, par la femme du pauvre pêcheur qui m'a élevé; c'est tout ce que je sais de mon histoire; si cela t'intéresse, tant mieux.

Vent-en-Panne fit un geste d'assentiment.

L'Olonnais reprit :

— Connais-tu la ville des Sables-d'Olonne, matelot?

— Un peu, répondit Vent-en-Panne d'une voix rauque, en s'enveloppant d'un nuage de fumée, au milieu duquel il disparut presque complètement.

— A une portée de fusil environ des Sables-d'Olonne, sur les bords de la mer, se trouve un misérable hameau de pêcheurs, composé d'une douzaine de feux tout au plus; et si peu important, qu'il n'a même pas de nom; on l'appelle le Hameau, voilà tout. Or, une certaine nuit de la fin de l'hiver, qui cette année-là avait été fort rigoureux...

— Est-ce que tu ignores la date exacte? interrompit le flibustier.

— Non pas, mais cela est de si peu d'importance...

— Peut-être; mais dis-la toujours, une date donne de l'authenticité à une histoire, fit-il en riant.

— Soit : c'était pendant la nuit du 24 au 25 mars 1648; le vent...

— Sacré mille millions de tonnerres! s'écria Vent-en-Panne d'une voix étranglée.

— Hein? qu'est-ce que tu as encore?

— Rien, rien, répondit-il presque inintelligiblement, j'ai manqué de casser ma pipe; continue, matelot.

— Si tu m'interromps toujours, je n'en finirai jamais.

— Non, non, je ne soufflerai plus mot ; je serai muet comme un cachalot. Tu disais donc que c'était dans la nuit du 24 au 25 mars 1648, et que le vent...

— Oui ; depuis plusieurs jours le vent soufflait en foudre ; plusieurs naufrages avaient eu lieu sur la Côte ; les habitants du hameau dont je parlais tout à l'heure étaient dans la désolation, parce que, depuis quatre jours, ils n'avaient pu prendre la mer. Dans une des plus misérables cabanes du hameau, cette désolation était surtout extrême. Deux personnes, l'homme et la femme, la tête cachée dans les mains, assises sur des escabeaux, pleuraient silencieusement. Les sanglots de la pauvre femme étaient surtout déchirants ; le mari avait une somme de soixante francs à payer le 25 au collecteur, somme énorme pour ces braves gens : ils n'avaient encore pu en amasser que la moitié ; la veille le mari avait voulu aller à la pêche ; le collecteur était un homme dur, sans pitié ; il avait menacé de jeter la famille hors de sa misérable chaumière, s'il n'était pas intégralement payé le 25 ; les pauvres gens savaient qu'il n'hésiterait pas à exécuter cette menace ; voilà pourquoi, malgré les observations de sa femme et de ses amis, sur le danger terrible auquel il s'exposait, le mari s'obstina à sortir en mer avec son fils, beau et brave garçon de seize à dix-sept ans. Ce que tout le monde avait prévu arriva. La barque, prise par une lame sourde, avait chaviré ; le fils du pêcheur s'était noyé, et lui-même n'avait échappé que par miracle à la mort. Mais la barque était brisée, les filets perdus ; les pauvres gens ruinés ; et dans quelques heures le collecteur arriverait. Leur désespoir était grand. Ce n'était plus le collecteur qu'ils redoutaient maintenant ; c'était leur enfant, leur fils unique, si bon, si dévoué, qu'ils aimaient avec passion ; c'était lui seul qu'ils pleuraient à chaudes larmes ; ils comprenaient qu'ils n'avaient plus qu'à mourir ! Que feraient-ils seuls, tous deux sur terre?

— Oui, oui, dit Vent-en-Panne, la misère est dure, dans notre beau pays de France ; elle pousse les pauvres au suicide ; l'excise est impitoyable ; d'ailleurs, ajouta-t-il avec un rire ironique, qui pourrait se plaindre? le peuple n'existe pas ; il n'y a que des manants corvéables et taillables à merci ; il en a toujours été ainsi ; quoi qu'il arrive, il en sera toujours de même ; ne faut-il pas que les petits engraissent les grands? continue, matelot, continue.

— Il était près de cinq heures du matin ; la nuit s'était écoulée tout entière, sans que les deux époux, tout en mêlant leurs larmes, échangeassent une parole. Que se seraient-ils dit? depuis vingt ans qu'ils vivaient côte à côte, ils avaient appris à se comprendre d'un geste, d'un regard. Un galop pressé se fit entendre au loin ; parfois le bruit cessait pendant quelques minutes, puis il reprenait et allait toujours se rapprochant ; bientôt il devint assez fort ; les deux pauvres gens prêtèrent machinalement l'oreille.

« — Serait-ce déjà le collecteur? murmura la femme avec amertume.

« — Le soleil n'est pas levé, répondit le pêcheur avec ironie, nous avons une heure encore.

« — Écoute ; reprit la femme.

« Un cheval venait de s'arrêter devant la porte de la chaumière.

« — Qu'est-ce que cela? murmura l'homme.

— Pauvre chérubin! s'écria-t-elle, à présent qu'il n'a plus que moi, je serai sa mère...

« — Eh! fit la femme avec un ricanement terrible, le roi est pressé! il a besoin de nos soixante francs! entends-tu?

« En effet, comme pour lui donner raison, deux coups avaient été frappés rudement à la porte.

« Le pêcheur tressaillit; son visage pâle devint livide; ses traits se contractèrent horriblement, mais se remettant aussitôt:

« — Va ouvrir, femme, dit-il d'une voix calme; tôt ou tard, ne faudra-il pas qu'il entre? ne le fais pas attendre plus longtemps; tu le vois, il s'impatiente.

« Deux autres coups, plus forts que les premiers, avaient été frappés sur la porte, dont les vieilles serrures avaient gémi.

« La femme se leva, essuya ses larmes, se dirigea lentement vers la porte et l'ouvrit d'une main ferme.

« — Qui que vous soyez, dit-elle d'une voix douce et plaintive, soyez le bienvenu au nom de Notre-Seigneur Jésus-Christ.

« — Amen ! braves gens; répondit une voix mâle.

« Un homme pénétra alors dans la chaumière, dont il referma la porte derrière lui.

« L'étranger était un homme de haute taille; un peu gras, bien qu'il parût encore ingambe; il s'enveloppait frileusement dans les plis d'un large manteau, qui lui cachait le bas du visage; un feutre à larges bords, rabattus sur son front, ne laissait pas voir ses yeux.

« — Vous êtes Yves Markouf le pêcheur ? dit-il sans attendre d'être interrogé.

« — Hélas ! oui, monsieur, je suis ce misérable, répondit humblement le pauvre homme.

« — Je me suis renseigné dans ce hameau, continua l'inconnu ; vous êtes de braves et dignes gens, d'après ce que tous vos voisins m'ont rapporté.

« — Les pauvres n'ont pas grande gloire à être honnêtes, dit le pêcheur avec amertume ; l'honnêteté est la seule richesse qu'on ne puisse leur enlever.

« — Dieu vous a durement éprouvés; le malheur et la ruine se sont appesentis sur vous.

« — Hélas ! murmurèrent-ils en baissant la tête avec tristesse.

« — Je ne veux pas insulter à votre douleur ; je veux au contraire vous venir en aide.

« Le mari et la femme hochèrent la tête ; le malheur rend incrédule.

« — A défaut de bonheur, je puis et je veux vous donner une aisance relative; vous mettre à l'abri du besoin, pour le reste de vos jours.

« — Ne nous tentez pas, monsieur, notre douleur est trop grande, nous pourrions nous laisser entraîner à quelque mauvaise action, répondit tristement la femme.

« — Pauvres gens, murmura l'inconnu, le malheur rend-il donc si soupçonneux, qu'on ne puisse comprendre un bienfait qu'au prix d'une mauvaise action ? Rassurez-vous, ajouta-t-il à haute voix, je ne veux rien vous demander que d'honnête ; prenez cette bourse, elle contient cent doubles pistoles ; tous les ans, à la même époque, vous recevrez égale somme.

« — Que faut-il faire pour cela ? demanda le pêcheur, en repoussant doucement la bourse, que lui tendait l'étranger.

« Celui-ci, sans paraître remarquer le geste du brave homme, posa la bourse sur une table, placée à sa portée, et entr'ouvrant délicatement son manteau, il laissa voir un enfant, soigneusement enveloppé, qu'il portait sous son bras gauche.

« — Servir de mère à cette pauvre créature abandonnée en naissant, par celle qui lui a donné le jour, dit-il avec tristesse, en présentant l'enfant à la femme du pêcheur.

« Celle-ci s'en empara avec un élan de joie; cet enfant réveillait en elle l'instinct maternel; le premier besoin de la femme est d'aimer, le second de se dévouer; la vue de cet enfant donnait le change à sa douleur; déjà elle se sentait moins malheureuse, elle redevenait mère.

« — Il est à moi ! s'écria-t-elle avec un accent auquel l'étranger ne put se tromper.

« — Hélas ! oui, répondit-il avec un sourire navrant, jamais il ne connaîtra d'autre famille que la vôtre.

« — Nous tâcherons qu'elle lui suffise, répondit simplement le pêcheur.

— Quel est son nom ? demanda la femme tout en berçant l'enfant qu'elle couvrait de baisers.

« — Il n'en a pas; reprit l'inconnu; il est né depuis une heure à peine; vous le ferez baptiser sous le nom de Sanzio; et comme je viens de la ville des Sables-d'Olonne, à ce nom vous ajouterez celui d'Olonnais.

Vent-en-Panne fit un mouvement tellement brusque que le jeune homme se retourna vivement vers lui.

Le flibustier était pâle comme un suaire, ses traits étaient décomposés, son visage inondé de larmes.

— Qu'est-ce à dire ? s'écria l'Olonnais avec surprise, te sens-tu mal ? parle donc, matelot !

— Ce n'est rien, rien du tout ! répondit Vent-en-Panne, d'une voix que l'émotion faisait trembler malgré tous ses efforts. Sacré vingt mille tonnerres ! j'ai cassé ma pipe à laquelle je tenais tant, et il m'est entré de la cendre dans les yeux.

— C'est étrange, murmura le jeune homme en l'examinant attentivement, je ne t'ai jamais vu ainsi !

— Ni moi non plus, répondit le flibustier en éclatant d'un gros rire, ressemblant à un sanglot. Diable soit de la cendre ! ajouta-t-il, en se frottant les yeux avec fureur; vrai, cela me fait un mal de chien ! Mais voilà que cela commence à passer, fit-il en ramassant d'un air piteux les morceaux de sa pipe. Continue, matelot, c'est intéressant en diable, ce que tu me racontes !

— Je n'ai plus grand'chose à t'apprendre, matelot.

— C'est égal, va toujours, je tiens à tout savoir.

— Puisque tu le veux, je ne demande pas mieux. L'inconnu dit à la femme du pêcheur de se présenter le 25 de chaque mois de mars, c'est-à-dire tous les ans à pareille époque, chez un négociant de Luçon nommé Pierre Langlois, et que la même somme de cent doubles pistoles lui serait remise; puis il embrassa l'enfant, en murmurant quelques mots que personne n'entendit, remonta à cheval et partit.

— Les braves pêcheurs le revirent-ils ? demanda Vent-en-Pane.

— Jamais il ne reparut; tous les ans la femme du pêcheur se présentait au négociant, celui-ci lui remettait l'argent et tout était dit; l'aisance était rentrée dans la chaumière; j'étais aimé et choyé par le mari et la femme, comme si j'eusse été réellement leur fils; ils m'aimaient à cause du bonheur que je leur avais apporté; cela dura huit ans. Quelques jours avant l'époque fixée pour le voyage de ma mère adoptive à Luçon, elle reçut une lettre de M. Langlois; celui-ci lui disait de venir au plus vite, qu'il avait à l'entretenir de choses sérieuses; la brave femme partit aussitôt, elle était assez inquiète; comme j'étais déjà grand et fort pour mon âge, bien que je n'eusse que huit ans, j'en paraissais dix, elle m'emmena avec elle. M. Langlois la reçut le sourire sur es lèvres.

« — C'est le petit? demanda-t-il en me prenant le menton.

« — Oui, dit-elle.

« — Il est bien venu le gars; cela fera un bon matelot.

« Puis, au lieu de cent doubles pistoles, il lui en remit mille, et comme elle lui témoignait son étonnement :

« — Cet argent est le dernier que vous recevrez de moi, dit-il; le docteur est mort il y a dix jours; mais, comme vous le voyez, il ne vous a pas oubliée; maintenant vous êtes libre d'agir à votre guise. Si j'étais que vous, je me débarrasserais de ce gaillard-là, en l'embarquant comme mousse, sur quelque navire, et je garderais l'argent.

« La pauvre femme fit un geste d'horreur, et me serrant à m'étouffer dans ses bras :

« — Comme il vous plaira, dit le négociant en haussant les épaules; et lui tournant le dos : Ma foi, ajouta-t-il en se parlant à lui-même, ce drôle de docteur ne s'était pas trompé; définitivement, mon vieil ami Guénaud connaissait les hommes... et les femmes, ajouta-t-il à demi-voix.

« Puis il prit congé poliment de ma mère adoptive, et tout fut fini avec lui.

Vent-en-Panne s'était levé, il se promenait avec agitation à travers la pièce. L'Olonnais ne remarqua pas, ou feignit de ne pas remarquer l'état extraordinaire dans lequel se trouvait le Frère de la Côte, et il continua imperturbablement son histoire jusqu'à son arrivée à Saint-Domingue. Nous ne répéterons rien de cette confidence, tous ces événements étant déjà connus du lecteur; ce récit, souvent interrompu par le flibustier, se prolongea assez avant dans la nuit; lorsqu'enfin il fut terminé, Vent-en-Panne ouvrit ses bras au jeune homme et, les yeux pleins de larmes :

— Embrasse-moi, matelot, lui dit-il avec émotion, je t'aime encore davantage, depuis que tu m'as tout avoué; continue à ne jamais rien me cacher, tu t'en trouveras bien; c'est entendu, n'est-ce pas?

— Certes! s'écria le jeune homme, ne t'ai-je pas aimé depuis le premier moment que je t'ai vu?

— C'est comme moi, dit Vent-en-Panne.

Et tous deux murmurèrent en aparté :

— C'est étrange!

XIV

COMMENT VENT-EN-PANNE ET L'OLONNAIS EURENT UNE EXPLICATION ET CE QUI S'EN SUIVIT

Plusieurs heures s'étaient lentement écoulées depuis que l'Olonnais avait terminé son récit; la nuit tirait à sa fin, l'aube commençait à faire pâlir la lueur rougeâtre de la lampe qui éclairait la chambre du malade; pas une parole n'avait été échangée entre les deux matelots.

L'Olonnais, étendu sur son lit, la tête tournée du côté du mur, demeurait immobile comme s'il eût été endormi.

Peut-être l'était-il en effet. Le long récit que son ami l'avait contraint à lui faire, en ravivant toutes les douleurs depuis si longtemps enfouies au fond de son cœur, l'avait plongé dans une prostration extrême qui semblait avoir, sinon anéanti, du moins paralysé temporairement ses forces.

Vent-en-Panne, appuyé sur le rebord de la fenêtre ouverte, laissait errer sans but ses regards sur l'immense panorama qui se déroulait devant lui, et dont les accidents divers, agrandis et déformés par les rayons blafards de la lune, prenaient les apparences les plus fantastiques et les plus étranges; le bruit monotone et continu des flots brisant sur les galets, semblait, par sa mélancolique mélodie, accompagner les tristes et sombres pensées bouillonnant dans l'esprit bourrelé du vieux Frère de la Côte.

Cinq heures furent *piquées* à bord d'un navire mouillé en rade, et presque aussitôt répétées sur tous les autres.

Vent-en-Panne tressaillit, il passa nerveusement sa main sur son front moite d'une sueur glacée, se retira de la fenêtre, la ferma; et se tournant vers son ami :

— Dors-tu, matelot? lui demanda-t-il après l'avoir silencieusement examiné pendant quelques minutes.

— Non, matelot, répondit aussitôt le jeune homme, en se retournant, je suis éveillé.

— Depuis longtemps?

— Mes yeux ne se sont pas fermés une seconde de toute cette nuit.

— C'est comme moi, murmura Vent-en-Panne.

— Pourquoi ne t'es-tu pas couché? demanda le jeune homme, qui avait entendu.

— Je ne me suis pas senti envie de dormir; et puis, pourquoi ne te l'avouerai-je pas? tout ce que tu m'as dit m'a très impressionné, et m'a donné fort à réfléchir.

— Ah! fit le jeune homme d'une voix distraite, que démentait l'éclat de son regard.

— Oui; comment te sens-tu ?

— Bien.

— Cette longue insomnie ne t'as pas fatigué?

— Loin de là, matelot; il me semble, au contraire, que je suis complètement guéri; l'air rafraîchissant de cette fenêtre ouverte a calmé ma fièvre; ma tête est froide, mes idées nettes et claires; je sens mes forces renaître, ma respiration soulève régulièrement ma poitrine sans me causer la moindre douleur; j'ai faim, ajouta-t-il en souriant, tu vois que je suis guéri.

— En effet, dit Vent-en-Panne d'un ton de bonne humeur; tant mieux, matelot, cette nouvelle me ragaillardit; ainsi, tu vas te lever?

— Pardieu! après nous déjeunerons; et puis, si cela ne te contrarie pas trop, nous irons de compagnie faire une longue promenade dans la Savane; j'ai hâte de respirer l'air embaumé des grands bois, cela complétera ma guérison.

— A la bonne heure! qu'il soit donc fait comme tu le désires; quelques heures d'exercice te rendront toutes tes forces; ce soir tu seras redevenu un homme; je l'avoue, matelot, que j'avais hâte de te revoir debout.

— Est-ce que tu as quelque projet?

— Peut-être, matelot; mais il ne s'agit pas de cela, quant à présent; le soleil ne se lèvera pas avant une demi-heure, rien ne nous presse. Veux-tu que nous causions un peu avant que tu te lèves?

— Comme il te plaira, matelot; il s'agit donc d'une affaire sérieuse?

— C'est selon comment tu la comprendras; dans tous les cas, c'est une affaire entre toi et moi seuls, tu m'entends?

— Parfaitement, matelot; file ton loch, je t'écoute.

— Bon! tu sauras donc, sans plus de préambules, que ce que tu m'as dit m'a donné beaucoup à réfléchir; cela m'a trotté dans la tête pendant toute la nuit.

— Bah!

— Mon Dieu, oui.

— C'est singulier!

— Au contraire, c'est bien simple; il ne pouvait en être autrement.

— Pourquoi donc?

— Pour mille raisons.

— Oh! oh! fit le jeune homme en se redressant, donne-m'en donc une?

— Tu y tiens?

— Je t'avoue que ça me fera plaisir.

— Je t'en donnerai cent, si tu veux.

— Non, une seule me suffira.

— Eh bien! écoute, curieux; d'abord tu es mon matelot, et tout ce qui te touche m'intéresse.

— C'est vrai, matelot, merci; ensuite?

— Ensuite?

— Oui; ce n'est pas une raison, cela; ou du moins elle n'est pas suffisante.

— Hum! tu es difficile à satisfaire, sais-tu?

— Je suis comme cela, reprit l'Olonnais en riant.

— Alors en voilà, non pas une, mais deux autres.
— J'écoute.
— Tu sais que nous sommes pays ?
— C'est vrai, tu es de Luçon, je crois ?
— Des environs ; un petit village, près de Tallemont.
— Je vois cela d'ici, va toujours.
— Or, en qualité de pays et de matelots, nous devons doublement nous intéresser l'un à l'autre.
— Oui, je comprends cela, mais...
— De plus...
— Quoi ?
— A force de penser et de me creuser la tête, je suis parvenu à réveiller mes souvenirs.
— Ah ! fit l'Olonnais, en fixant un regard anxieux sur Vent-en-Panne, et de quoi t'es-tu souvenu, matelot ?
— De ceci : que précisément à l'époque dont tu parles, je me trouvais moi aussi aux Sables d'Olonne.
— Ou aux environs ? demanda le jeune homme en riant.
— Ma foi oui, à peu près ; je faisais alors le grand cabotage, j'étais embarqué comme lieutenant à bord d'un côtier ; trois jours auparavant, nous nous étions réfugiés aux Sables, à cause de la tempête.
— Voilà qui est singulier, murmura l'Olonnais, en regardant Vent-en-Panne en face.

Celui-ci, nous devons le constater, ne parlait pas avec son laisser-aller ordinaire ; il cherchait ses mots, semblait tâtonner, comme un homme peu sûr de ce qu'il dit ; parfois même il hésitait, enfin il paraissait bien plus forger une histoire que raconter un fait dont il avait été témoin.

— N'est-ce pas ? reprit-il, et pourtant la chose est ainsi ; cette affaire d'enfant causa beaucoup de bruit dans le pays à cette époque ; on en parla longtemps ; d'autant plus que le docteur Guénaud était le médecin de la reine-mère Anne d'Autriche et de M. le cardinal Mazarin ; les bonnes gens du pays soutenaient qu'un homme si haut placé que le docteur, ne se serait pas ainsi mêlé d'une affaire comme celle-là, si de grands personnages ne s'y étaient pas trouvés compromis ; les langues marchèrent un train du diable ; chacun essayait de percer le mystère.
— Et on découvrit ?
— Rien du tout.
— Comment rien ?
— Absolument rien ; tu arrives de France, par conséquent tu sais quelle puissance d'investigation possèdent les provinciaux, quand il s'agit de découvrir un secret pouvant perdre l'honneur ou la réputation d'un ami ou d'un voisin ! Eh bien ! tous leurs efforts furent inutiles, les combinaisons les plus machiavéliques, et Dieu sait ce que l'on inventa ! demeurèrent sans résultats. Il fut constaté que dans un réseau de trente lieues à la ronde, pas une seule femme n'avait accouché cette nuit-là. Le docteur était venu directement de Paris aux Sables, sans s'arrêter nulle part. Et puis, ce qui confondit tous les

calculs, c'est que tu étais né depuis à peine une heure, quand tu fus confié, par le docteur, aux pauvres gens qui se chargèrent de toi.

— Tout cela est vrai, murmura l'Olonnais devenu pensif.

— C'était un écheveau véritablement embrouillé par le diable, reprit Vent-en-Panne; il y avait de quoi donner de désespoir sa langue aux chiens; ce que malheureusement se gardèrent bien de faire les curieuses commères des Sables.

Le jeune homme demeura un instant la tête basse; il réfléchissait profondément.

Vent-en-Panne l'observait ou plutôt l'épiait à la dérobée.

— Et toi, matelot, demanda l'Olonnais en relevant la tête, et fixant son clair regard sur le flibustier, tu n'as rien appris de plus?

— Peut-être ai-je découvert quelque chose, fit-il en hochant la tête.

— Ah!

— Oui, mais ce que j'ai su ne pourra te servir à rien.

— Qui sait? dis toujours?

— Tu le veux?

— Je t'en prie ; tu comprends combien cette affaire m'intéresse?

— C'est juste; tu sauras donc que cette nuit-là, le vent soufflait en foudre; le navire que je montais était vieux; l'ancrage où il se trouvait était mauvais, de sorte que l'inquiétude me tenait éveillé; vers minuit ou une heure du matin, j'étais penché sur l'avant, en train d'examiner le câble pour m'assurer qu'il tenait toujours et que nous ne chassions pas, lorsque, tout à coup, j'aperçus un grand lougre noir, aux voiles rouges, portant un fanal à l'avant; malgré le vent et la mer, il entrait dans la baie, et courait aussi légèrement sur le dos des lames, que s'il eût navigué sur un lac, sans un souffle de brise. Il y avait quelque chose d'effrayant dans les allures de ce sombre bâtiment, à bord duquel on n'apercevait personne; où l'on ne voyait d'autre lumière que celle de l'habitacle et du fanal allumé à son avant, glissant comme un fantôme, à travers les navires mouillés sur la rade, et dont la plupart étaient presque en perdition.

— Quel était donc ce navire?

— Personne ne l'a jamais su; il alla non pas mouiller, mais se ranger audacieusement bord à quai; puis il fit des signaux, auxquels on répondit d'une maison de la ville.

— Eh bien, cette maison?

— Attends; cette maison passait pour être hantée, personne n'aurait osé l'habiter, elle était déserte : d'ailleurs, vers quatre heures du matin, le lougre inconnu largua son amarre, remit sous voiles, et au même instant cette maison s'alluma comme un phare. Au matin, ce n'était plus qu'une ruine fumante; un monceau de cendres chaudes encore, mais que l'on fouilla vainement; toutes les traces de ce qui s'était accompli pendant la nuit avaient été consumées.

— Et le navire?

— Il était parti, comme il était venu : personne ne le connaissait, personne ne le revit jamais; il avait disparu sans laisser de traces.

Cette syncope fut courte, le jeune homme reprit presque aussitôt ses sens.

Le jeune homme pencha tristement la tête sur la poitrine, et s'abîma dans ses pensées.

Il y eut un long silence entre les deux hommes.

Vent-en-Panne bourra mélancoliquement la pipe neuve, destinée à remplacer celle cassée quelques heures auparavant, et l'alluma.

Enfin l'Olonnais releva la tête.

— C'est tout ? demanda-t-il.

— Tout ! répondit le flibustier entre deux bouffées de fumée et en hochant la tête.

— Et jamais tu n'as cherché à savoir ?

— Jamais ! A quoi bon me mêler d'une affaire qui ne me regardait pas ? n'avais-je pas assez des miennes ?

— C'est juste.

Il y eut un nouveau silence.

— Matelot... reprit l'Olonnais au bout d'un instant.

— Que me veux-tu ?

— T'adresser une question.

— Parle.

— Tu me répondras ?

— Sur l'honneur.

— Pourquoi m'as-tu raconté cette histoire ?

— Parce qu'elle est vraie.

— Tous ces détails sont exacts ?

— De la plus rigoureuse exactitude.

— Tu en as été témoin ?

— Ces faits se sont passés devant moi.

— Merci, matelot, dit-il en lui tendant la main ; mais ce n'était pas la peine de chercher ainsi dans tes souvenirs, et peut-être de raviver d'anciennes blessures ; je ne suis pas un enfant qui se livre à de faux mirages, mais un homme accoutumé à souffrir.

— Que veux-tu dire, matelot ? je ne te comprends pas.

— Alors je m'expliquerai, reprit-il avec tristesse. Je t'ai remercié, parce que en me parlant ainsi que tu l'as fait, ton intention était bonne ; tu as voulu me prouver la folie de mon amour ; me donner d'une manière détournée le conseil d'y renoncer, en me faisant voir clairement que le mystère dont ma naissance est enveloppée ne se dissipera jamais ; que toujours je serai un misérable, sans nom, sans famille, sans patrie ; que du fond de l'ignominie où je suis plongé sans espoir d'en sortir, à moins d'un miracle impossible, je suis un insensé d'oser lever les yeux sur la fille d'un homme que sa noblesse et sa fortune ont presque assis sur les marches d'un trône.

— Matelot ! s'écria Vent-en-Panne.

— Tout cela, et plus encore, je me le suis dit, matelot, continua le jeune homme avec un sourire navrant ; jamais, sache-le bien, je ne me suis fait la plus légère illusion sur le sort réservé à cet amour ; j'aime cette jeune fille, comme un avare aime son trésor, pour l'adorer et la contempler à distance ; pour m'enivrer des sourires qu'elle sème sur son passage, des parfums qui s'exhalent de sa personne, du son harmonieux de sa voix qui me cause des éblouissements. Oui, tout cela est vrai ; cet amour, c'est ma vie, c'est ma force ; mais je l'aime sans espoir, parce que je sais qu'elle ne sera jamais à moi ; que, quoi que je fasse, une barrière infranchissable s'élève entre nous et nous séparera toujours ; que du sommet où elle plane radieuse, elle ne peut m'apercevoir, moi infime, perdu aux derniers rangs de ceux qui l'admirent ; je sais tout cela et je l'aime ! je l'aime ! que te dirai-je de plus ?

Vent-en-Panne se leva, fit deux ou trois tours dans la chambre avec agitation, essayant de maîtriser l'émotion poignante qui lui serrait la gorge; enfin, lorsqu'il se crut assez calme pour répondre froidement, il se rapprocha du jeune homme, lui prit la main, et la serrant dans la sienne, avec une tendresse réellement paternelle :

— Tu t'es trompé sur le sens que je donnais à mes paroles, matelot, lui dit-il d'un ton de doux reproche; nous autres Frères de la Côte, désespérés de la civilisation du vieux monde, nos pensées ne peuvent ni ne doivent plus être celles que nous avions en Europe. Nous sommes venus ici pour retremper nos cœurs flétris par la souffrance et la douleur des temps passés; le désespoir ne nous est plus permis; il ne saurait exister pour nous; le seul bien qui nous reste, souviens-toi de cela, c'est l'espoir ! Toute plaie peut se guérir toute douleur s'oublier ; seules la trahison et la lâcheté ne s'oublient pas. Tu n'as point de famille? tous ici, nous sommes comme toi; que signifie un nom quand on a un noble cœur? Tu aimes et tu te plains? enfant ingrat, le plus grand bonheur qui pouvait t'arriver était d'éprouver cet amour, pur, désintéressé, vivace, pour un être immaculé, que tu crois ne jamais pouvoir atteindre. Cet amour, c'est ta foi, ton égide ; c'est lui qui t'empêchera de te laisser dominer par tes passions et de t'avilir ; c'est lui seul qui te fera accomplir de grandes choses, et illustrer ce surnom dont tu feras une auréole grandiose, qui attirera sur toi l'attention et l'admiration de tous! Tu es un enfant perdu? soit. Eh bien! que signifie cela? qui te prouve que malgré les ténèbres dont ta naissance est enveloppée, ces ténèbres ne se dissiperont pas un jour? et alors, ajouta-t-il avec un indicible sentiment de mélancolie, peut-être regretteras-tu d'avoir retrouvé cette famille vers laquelle tu espères aujourd'hui, et rejetteras-tu loin de toi avec mépris ce nom que tu ambitionnes pour reprendre le modeste, mais si honorable surnom que tu portes aujourd'hui, et que tu auras fait glorieux?

Le jeune homme secoua tristement la tête à plusieurs reprises.

— Non, matelot, dit-il avec découragement, je ne crois pas à ces éblouissants mirages! C'est en vain que tu essaies de ressusciter un cadavre; mon parti est pris; ma vie entière se résume en ses trois mots : « souffrir sans espérer; » pourquoi essayer de faire luire devant mes yeux ces radieuses folies? j'aime ma douleur, je ne veux pas être consolé, parce que ma vie n'aurait plus de but.

— Et quel est ce but? voyons, entêté que tu es! s'écria Vent-en-Panne avec une impatience fiévreuse.

— Me dévouer pour celle que j'aime, à chaque heure, à chaque seconde, sans que jamais elle se doute qu'il y a près d'elle, perdue dans la poussière, une créature humaine ne vivant que pour elle, sans ambitionner d'autre récompense que de la savoir heureuse, même avec un autre amour! s'écria-t-il avec élan. Comprends-tu maintenant, matelot, la portée de mon dévouement et jusqu'à quel point je fais abnégation de moi-même!

Vent-en-Panne regarda un instant le jeune homme avec une stupéfaction profonde.

— C'est bien, dit-il enfin d'une voix sourde, si cette femme que tu aimes ainsi, et que je ne connais pas encore, est réellement telle que tu l'as dépeinte, s'il n'existe entre vous d'autres différences que celles du nom et de la fortune, je te le jure, tu l'épouseras !

L'Olonnais à ces mots fit un bond de panthère, la poitrine haletante, les traits enflammés, il s'élança vers Vent-en-Panne, sombre, immobile au milieu de la pièce.

— Prends garde, matelot ! s'écria-t-il ; prends garde à ce que tu viens de dire ! j'étais résigné, je courbais humblement la tête, je ne demandais rien, et maintenant...

— Maintenant, je te le répète, s'il n'existe pas d'autres empêchements que ceux que je t'ai signalés, tu l'épouseras !

— Oh ! s'écria le jeune homme en cachant sa tête dans ses mains.

Et, succombant à son émotion, il tomba à la renverse sur son lit.

Mais cette syncope fut courte, le jeune homme reprit presque aussitôt ses sens.

— Sois fort dans la joie, comme tu l'as été dans la douleur, lui dit doucement Vent-en-Panne ; l'homme énergique ne se laisse jamais surprendre ; espère, te dis-je, et souviens-toi, ajouta-t-il avec une émotion étrange chez un pareil homme, que tu as un ami, presque un père.

— Oh ! oui, oui ! un père ! s'écria le jeune homme en fondant en larmes.

Un doux et mélancolique sourire errait sur les lèvres pâlies du Frère de la Côte ; sans répondre, il ouvrit les bras à l'Olonnais qui se précipita sur sa loyale poitrine, et cacha en sanglotant sa tête dans son sein.

Les deux hommes demeurèrent longtemps embrassés, confondant leurs larmes et leurs caresses, puis Vent-en-Panne repoussa doucement son jeune compagnon et le replaça sur son lit, sans que celui-ci essayât la moindre résistance.

— Maintenant que nous nous entendons, car nous nous entendons, n'est-ce pas ? dit le flibustier.

— Oui, oh ! oui, mon ami, mon père ! répondit le jeune homme avec âme.

— Maintenant, continua le flibustier, toute explication devient inutile entre nous ; il n'est plus nécessaire de revenir sur ce sujet ; compte sur moi dans l'occasion, comme de mon côté, je compterai toujours sur toi.

— Je te le promets.

— Je reçois ta parole, matelot ; des hommes comme nous savent ce qu'ils valent réciproquement et s'entendent à demi-mot ; laisse-moi faire, tu t'en trouveras bien.

— Je t'obéirai en tout.

— J'y compte. Le soleil se lève : dans dix minutes, il fera grand jour ; te sens-tu assez fort pour quitter ce lit, sur lequel, à mon avis, tu es resté étendu trop longtemps ?

— Je souffrais, j'étais lâche ; à présent j'espère : quoi ? Je n'ose le dire encore ; mais cet espoir me rend heureux ; je me sens fort. Plus de honteuses faiblesses, me voici redevenu un homme ; quoi qu'il advienne, compte sur moi, matelot.

— Bien, matelot, voilà comme j'aime à te voir ; habille-toi. A propos, je n'ai pas besoin, n'est-ce pas, de t'avertir que tout ce que nous avons dit cette nuit doit mourir entre nous.

— Sois tranquille, je l'ai déjà oublié, répondit l'Olonnais avec un fin sourire.

— A la bonne heure, reprit Vent-en-Panne sur le même ton ; il y a plaisir avec les gens qui comprennent à demi-mot. Hâte-toi, après déjeuner nous sortirons.

Les engagés furent très surpris, quand ils virent l'Olonnais déjeuner de bon appétit, en véritable convalescent, et boire rasade sur rasade sans en paraître incommodé.

Vent-en-Panne souriait.

— Que faisons-nous? demanda le jeune homme en se renversant sur son siège, lorsque la dernière bouchée fut mangée, le dernier verre vidé rubis sur l'ongle.

— Donc tu te sens fort et disposé à la promenade? dit le flibustier.

— Extraordinairement! répondit en riant le jeune homme.

— Eh bien! si tu veux, nous chasserons toute la journée; la chasse est un exercice salutaire.

— Va pour la chasse!

Vent-en-Panne ordonna à Tributor, à Six-Deniers et à Mouffetard de prendre leurs armes pour les accompagner; puis les deux flibustiers s'équipèrent, et dix minutes plus tard, suivis des trois engagés et de deux venteurs, ils quittèrent la maison.

A l'époque où se passe notre histoire, le Port de Paix ne faisait que de naître à la vie sociale; c'était plutôt un camp retranché, qu'une ville régulière; les derniers contreforts des forêts vierges venaient mourir à portée de fusil de ses remparts.

Aussitôt qu'on avait franchi les ponts-levis et mis le pied dans la campagne, on se trouvait en plein désert; toute trace de civilisation disparaissait brusquement pour faire place à la barbarie; la flore luxuriante de ces magnifiques climats se développait sans entraves, avec son exhubérance grandiose et échevelée; quelques sentiers étroits, où quatre ou cinq personnes pouvaient à peine marcher de front, couraient sous bois, en formant les plus capricieux méandres, se croisant et s'enchevêtrant, à chaque détour, avec les sentes des animaux sauvages.

Ces chemins, les seuls existant alors, conduisaient soit à de larges clairières, soit à quelques rares plantations ébauchées, plutôt que sérieusement établies, par certains habitants, qui se risquaient à tenter de faibles essais de culture; soit aux boucans des chasseurs de taureaux sauvages et de sangliers; soit, enfin, aux autres points de la Côte occupés par les flibustiers, tels que Léogane, Port-Margot, etc., mais ces chemins étaient peu fréquentés, les flibustiers préférant de beaucoup la voie de mer.

De plus, il n'était pas prudent de se risquer seul dans ces chemins enfouis au fond des bois; les Espagnols les parcouraient sans cesse, dans tous les sens, guettant les malheureux qui se hasardaient sans précaution sous le couvert. Parfois même, ils venaient enlever les habitants paisibles jusque sous les canons de la ville; puis ils fuyaient avec leur proie; il était presque impossible de rejoindre les ravisseurs dans ce dédale inextricable, où les pas de l'homme ne laissaient qu'une trace aussitôt effacée.

La plus grande partie de la journée s'était écoulée, les deux flibustiers avaient fait une excellente chasse; comme ils s'étaient un peu plus avancés qu'ils n'en n'avaient eu d'abord l'intention, déjà ils se préparaient à retourner sur leurs pas et à regagner la ville, lorsque tout à coup, au moment où ils allaient se lever, car ils s'étaient assis, depuis une demi-heure, au pied d'un arbre, pour se reposer du violent exercice auquel depuis plusieurs heures ils s'étaient livrés, lorsque tout à coup, disons-nous, ils entendirent plusieurs détonations mêlées à des cris d'angoisse, des appels au secours, des menaces et des malédictions proférées en espagnol.

— Qu'est cela? s'écria l'Olonnais en saisissant son fusil, et bondissant sur ses pieds.

— Quelques pauvres diables que les *Gavachos* ont surpris et qu'ils égorgent, répondit philosophiquement Vent-en-Panne, en examinant l'amorce de son fusil.

— J'entends des cris de femme! reprit l'Olonnais.

— Ces drôlesses se fourrent partout! fit le flibustier de son air tranquille; cordieu! celle-là a une belle voix; elle crie comme un aigle! Bah! que nous importe? à quoi bon nous mêler de ce qui ne nous regarde pas?

— Comment, ce qui ne nous regarde pas!

— Dame! nous ne connaissons pas ces gens-là, il me semble?

— Qu'en sais-tu? puisque nous ne les avons pas vus? ce sont peut-être de nos amis?

— Peuh! cela n'est pas probable.

— Je t'assure, matelot, que je suis certain d'avoir reconnu la voix qui appelle si désespérément au secours!

— Alors c'est autre chose; tu es donc d'avis?

— De leur porter secours sans perdre un instant.

— Comme tu voudras; mais souviens-toi qu'on se repent toujours de s'être mêlé des affaires des autres.

— On ne se repent jamais d'avoir fait son devoir.

— Ce que tu dis là est très beau; allons! Dieu veuille que je me trompe!

— Merci, matelot, dit l'Olonnais en lui serrant la main.

Vent-en-Panne hocha la tête, et s'adressant à ses engagés :

— Attention, dit-il, nous avons changé de gibier; couplez les chiens, vous ne les larguerez qu'au bon moment; en route et silence.

Les cinq Français se dirigèrent alors avec les plus grandes précautions vers l'endroit où les cris et les coups de feu continuaient à se faire entendre.

Après avoir marché pendant sept ou huit minutes, Vent-en-Panne s'arrêta; ses compagnons l'imitèrent.

Un rideau de feuillage séparait seul les flibustiers des combattants, car la lutte continuait toujours.

Quels qu'ils fussent, les gens assaillis par les Espagnols résistaient avec acharnement.

— Ne bougez pas jusqu'à mon retour, dit le flibustier, en confiant son fusil à Tributor.

Puis se courbant presque en deux, Vent-en-Panne se glissa comme un serpent au milieu des broussailles, où il disparut presque aussitôt.

L'absence du flibustier fut courte; elle dura à peine trois ou quatre minutes.

— Eh bien? lui demanda l'Olonnais aussitôt qu'il l'aperçut.

— L'affaire est chaude, dit Vent-en-Panne, en secouant la tête.

— Que se passe-t-il, au nom du Ciel?

— Je n'ai vu que les Espagnols; il y en a au moins deux cinquantaines, auxquelles se sont adjoints une vingtaine de bandits Espagnols, de ceux qui prétendent nous disputer la Savane, et boucaner sur nos brisées; les nôtres sont entourés de toutes parts, je n'ai pu les reconnaître à cause de la fumée, mais ce sont de rudes gars; ils se défendent comme des démons! ils doivent être de nos amis. Que faisons-nous? il est encore temps de reculer.

— Reculer? non, non! en avant au contraire!... Sauvons nos amis!

— Nous pouvons y rester : nous sommes bien peu contre tant d'ennemis!

— Les Frères de la Côte ne comptent pas leurs ennemis, ils les tuent! En avant! nous n'avons que trop tardé déjà!

— C'est comme cela? eh bien, en avant! puisque tu le veux, matelot! nous allons nous *égayer*, comme on dit en Bretagne, puis nous ferons feu tous ensemble et nous chargerons l'ennemi aux cris de : « Flibuste! flibuste! » Chacun doit faire sa trouée; est-ce compris?

— Oui, répondirent-ils d'une seule voix.

— Eh bien, larguez les chiens! à la grâce de Dieu et en avant!

Il fit un geste; les engagés s'écartèrent aussitôt à droite et à gauche, et bientôt ils eurent disparu sous bois, emmenant les deux venteurs avec eux.

Ces venteurs étaient d'énormes molosses, d'une férocité extraordinaire; descendant de ceux amenés dans le Nouveau-Monde par les Espagnols, pour chasser les Indiens.

Par un juste retour des choses d'ici-bas, les boucaniers s'étaient emparés d'un grand nombre de ces chiens, dont ils se servaient pour la chasse aux taureaux sauvages et aux sangliers, et que, de plus, ils avaient dressés à attaquer les Espagnols; les flibustiers avaient acquis ainsi de rudes auxiliaires, dans leurs continuelles escarmouches avec leurs ennemis dans les savanes, car ces chiens étaient excessivement redoutables.

Lorsque les engagés eurent disparu au milieu des fourrés, Vent-en-Panne se tourna vers son matelot.

— Y sommes-nous?

— Oui!

— Viens!

Ils firent quelques pas en avant.

Alors, à travers le feuillage, ils aperçurent à portée de pistolet au plus de l'endroit où ils se tenaient embusqués, une troupe d'Espagnols, forte de cent cinquante hommes au moins, dont une trentaine avaient des fusils, tandis que les autres étaient armés de longues lances.

Ces Espagnols cernaient de tous côtés un petit groupe d'individus, dont à travers la fumée il était impossible de distinguer les traits, mais qui évidemment était des Frères de la Côte.

Ils avaient tué leurs chevaux, derrière lesquels ils s'étaient abrités : de là ils faisaient un feu continuel et surtout bien dirigé contre les Espagnols; ceux-ci, sans la honte qu'ils éprouvaient d'être ainsi tenus en échec par une poignée d'hommes, se seraient déjà depuis longtemps retirés, car ils avaient éprouvé des pertes sérieuses.

— Écarte-toi un peu, dit Vent-en-Panne à voix basse, et ouvre l'œil.

L'Olonnais obéit.

— Eh ! Michel le Basque ! le Potelais ! Pitrians ! l'Olonnais ! cria alors le flibustier d'une voix tonnante, par ici ! par ici ! nous les tenons !

— Nous voici ! nous voici ! répondirent aussitôt l'Olonnais et les engagés de différents côtés.

— Feu sur les *Gavachos!* feu ! ils sont pris !

Cinq coups de feu éclatèrent ; cinq hommes tombèrent.

— En avant ! Flibuste ! Flibuste ! tue ! tue ! aux *Gavachos !*

Cinq autres coups de feu tonnèrent, faisant cinq autres victimes, et les flibustiers se ruèrent la crosse haute sur les Espagnols.

Cependant les Frères de la Côte, qui depuis si longtemps combattaient avec un si grand courage, avaient compris qu'un secours leur arrivait ; sans attendre davantage, ils bondirent par-dessus leurs chevaux morts et se jetèrent dans la mêlée.

Alors commença une de ces luttes homériques, un de ces combats à outrance, comme les Espagnols et les Boucaniers s'en livraient, chaque fois que le hasard les mettait en présence.

Surpris à l'improviste, mal armés, croyant avoir affaire à des forces supérieures, les Espagnols, déjà ébranlés par l'énergique résistance de leurs premiers adversaires, perdirent complètement courage et prirent la fuite, dans toutes les directions, en jetant leurs armes et poussant des cris d'épouvante.

Un grand nombre de soldats des deux cinquantaines n'essayèrent même pas de se dérober à leur sort ; ils s'agenouillèrent, et tendirent les bras, en implorant la pitié de leurs féroces ennemis.

Au plus fort de la lutte, l'Olonnais aperçut un groupe d'une dizaine d'hommes, reculant sans cesser de combattre, mais en essayant d'atteindre le couvert de la forêt, dont en effet, ils ne se trouvaient plus qu'à une faible distance.

Au milieu d'eux, ces hommes s'efforçaient d'entraîner deux femmes, qui se débattaient et imploraient du secours avec désespoir.

Ces deux femmes, l'Olonnais les avait reconnues : c'étaient la duchesse de la Torre et sa fille.

Oubliant tout, pour ne plus songer qu'à ces infortunées dont l'une lui était si chère, le jeune homme bondit vers l'endroit où elles se trouvaient, et poussant un cri de rage terrible, il se rua au milieu des Espagnols, sans calculer leur nombre, se servant du fusil comme d'une massue, et abattant un homme à chaque coup.

Cependant la partie n'était pas égale ; l'Olonnais, affaibli par la maladie, n'avait pas sa vigueur habituelle ; malgré ses efforts désespérés peut-être aurait-il succombé sous le nombre, si Vent-en-Panne, qui de loin veillait sur son matelot, ne se fût aperçu du péril dans lequel il se trouvait.

Il se hâta d'accourir suivi de deux ou trois de ses compagnons.

Il fixa ses regards avec une expression singulière sur cet homme étendu pâle et muet à ses pieds...

Les Espagnols, désespérant alors de conserver leurs captives, les abandonnèrent et se jetèrent en toute hâte sous le couvert.

Les deux dames étaient sauvées !

L'Olonais se pencha sur elles pour les aider à se relever.

La terreur leur avait fait perdre connaissance

XV

COMMENT VENT-EN-PANNE ET LE CHAT-TIGRE SE TROUVÈRENT EN PRÉSENCE ET CE QUI SE PASSA ENTRE EUX

La lutte était terminée.

Il ne restait plus un seul Espagnol dans la clairière.

Tous s'étaient enfuis, comme une troupe de loups effarés, dans les profondeurs inexplorées de la forêt.

Les engagés s'occupaient déjà activement à creuser de larges fosses, dans lesquelles devaient être jetés pêle-mêle, les cadavres des Français et des Espagnols tués pendant le combat.

Malheureusement le nombre des morts était considérable, il dépassait soixante.

Selon leur habitude, les boucaniers n'avaient pas voulu faire de prisonniers. Tous les pauvres diables de soldats tombés entre leurs mains avaient été impitoyablement égorgés, malgré la présence de la duchesse et de sa fille, dont les efforts pour sauver un de ces malheureux furent vains.

Dès que la première animation, causée par le succès presque miraculeux de cette lutte de géants, fut un peu calmé, on se reconnut de part et d'autre.

La surprise fut grande des deux côtés.

L'Olonnais et Vent-en-Panne virent avec une joie indicible, que les Frères de la Côte auxquels ils étaient venus si à propos en aide, étaient non seulement leurs meilleurs amis, mais encore les chefs les plus célèbres de l'association.

Voici comment avait été causée cette rencontre fortuite :

Le duc de la Torre devait, d'un moment à l'autre, s'embarquer avec sa famille sur le *Robuste*, que M. de Colbert avait, par ses dépêches à M. d'Ogeron, mis gracieusement à sa disposition pour le conduire à la Vera-Cruz, d'où il lui serait facile de se rendre au Pérou, sur un navire espagnol.

Le duc avait beaucoup entendu parler des boucaniers et de leurs chasses merveilleuses dans les savanes : il avait témoigné le vif désir de ne pas quitter Saint-Domingue, où, probablement, il ne reviendrait jamais, sans visiter un boucan et assister à une grande chasse aux taureaux sauvages et aux sangliers.

Le gouverneur, désirant être agréable à son hôte, saisit avec empressement cette occasion qu'il lui offrait : il lui promit de satisfaire sa curiosité, sous deux jours au plus tard, pour tout délai.

Cette singulière partie de plaisir avait été concertée entre le duc et M. d'Ogeron, devant Montbars, le beau Laurent, Ourson Tête de fer, Pitrians et Michel le Basque.

Les hardis flibustiers s'étaient alors offerts tout naturellement, pour escorter l'hôte de la colonie, et lui faire les honneurs de la savane.

Précisément le Poletais, un des plus célèbres boucaniers de l'île, chassait en ce moment dans le grand fond.

Montbars se fit fort de conduire le duc au boucan du Poletais, où il lui assura une bonne réception.

L'offre était des plus gracieuses; une escorte d'honneur, composée de Montbars et de ses compagnons, n'était nullement à dédaigner; nul n'oserait s'attaquer à d'aussi redoutables champions; le duc accepta avec joie, pour lui et pour sa famille. Les dames, encore plus curieuses que le duc, en leur qualité de femmes, avaient positivement déclaré qu'elles voulaient faire partie de cette expédition.

Mais M. d'Ogeron était un homme prudent; il ne voulait pas que ses hôtes fussent exposés au plus léger péril; il savait de longue date le mépris profond que les boucaniers professaient pour les Espagnols, et leur obstination à ne croire à aucun danger venant de leur part; il exigea qu'en cette circonstance toutes les précautions de prudence fûrent rigoureusement prises, ne fût-ce, ajouta-t-il, que dans le but de rassurer les dames, et leur enlever toute inquiétude pendant leur excursion.

Les Frères de la Côte protestèrent vainement de la sûreté complète de la savane; le gouverneur tint bon; la suite prouva combien il avait eu raison. Enfin, à bout d'arguments, les flibustiers cédèrent aux instances de M. d'Ogeron; et tout en riant de ses craintes qu'ils traitaient de chimériques, ils consentirent, en haussant dédaigneusement les épaules, à se faire accompagner par une quinzaine de leurs engagés les plus résolus, armés de fusils et de baïonnettes.

Lorsque les chasseurs, ou plutôt les promeneurs; car le duc de la Torre, M. d'Ogeron et leurs serviteurs ne devaient être que spectateurs de la chasse, quittèrent la ville, un peu avant le lever du soleil, ils formaient une troupe de trente-cinq hommes, tous bien armés et dont une partie était à cheval.

Les Frères de la Côte et leurs engagés avaient préféré marcher; prétendant qu'ils passeraient plus facilement, à pied, à travers les hautes herbes et les épais taillis des savanes, mais en réalité, pour, en cas d'événements imprévus, être plus libres de leurs mouvements.

Les premières heures de la promenade furent très agréables; les dames habituées aux points de vue étriqués, froids et uniformes qui se succèdent sans cesse, les uns après les autres, en Europe, étaient émerveillées des aspects imposants, majestueux et saisissants, que prenait à chaque pas la campagne abrupte qu'elles traversaient, et dont les accidents grandioses, jamais les mêmes, se déroulaient incessamment sous leurs yeux, comme dans un immense kaléidoscope.

Vers dix heures du matin, on avait fait halte, à l'ombre d'immenses fromagers, non loin d'un épais taillis de liquidembars, pour déjeuner, faire reposer les chevaux, et laisser passer la plus grande partie du jour.

D'après les calculs de Montbars, le boucan du Poletais n'était plus éloigné que de deux lieues à peine; il suffisait d'y arriver vers deux heures de l'après-dîner, il était donc inutile de se presser.

A une heure environ, on était remonté à cheval, les voyageurs riaient et causaient entre eux; leur sécurité était complète. Que pouvaient-ils craindre?

A peine la petite troupe s'était-elle remise en marche depuis dix minutes, tout à coup, au moment où elle traversait une clairière assez vaste, sans que rien fît soupçonner le danger terrible dont elle était menacée, à un signal donné sous le couvert, elle avait été, à l'improviste, attaquée de tous les côtés à la fois, avec une vigueur peu commune, par un nombre considérable d'Espagnols, semblant surgir de terre, et qui se ruèrent sur les Français en poussant de grands cris.

Selon toutes probabilités, ces Espagnols étaient depuis longtemps embusqués près de là, et guettaient les voyageurs au passage.

Bien que les Espagnols semblassent beaucoup plus nombreux qu'ils ne l'étaient en réalité, à cause de la position qu'ils occupaient, au milieu des taillis et des fourrés, ce qui leur donnait le double avantage d'être presque à l'abri des balles, et de dissimuler leur nombre, après un instant de désordre inévitable, les flibustiers reprirent tout leur sang-froid et leur assurance ordinaire ; loin de se décourager et de témoigner le moindre effroi, ils résolurent aussitôt de se défendre vaillamment : convaincus qu'au bruit connu des détonations des Gelins, ceux des leurs, disséminés dans la savane, accourraient à leur aide.

Après une courte discussion, le commandement fut, d'un commun accord, donné à Montbars.

Le célèbre flibustier se mit froidement et le sourire aux lèvres à organiser la défense, sous le feu même de l'ennemi.

Le duc de la Torre voulut alors intervenir : il proposa de se faire connaître des assaillants, convaincu que lorsque ceux-ci sauraient son nom, ils cesseraient leur attaque et se retireraient.

— Non, lui répondit nettement M. d'Ogeron, nous ne devons pas vous exposer à ce danger ; ces hommes sont peut-être des brigands ; d'ailleurs vous êtes sous la sauvegarde de notre honneur ; nous saurons vous défendre.

— Quels que soient ces gens, ajouta Montbars, ce ne sont pas des rôdeurs de savane, comme nous sommes habitués à en rencontrer journellement. Ils connaissent parfaitement votre présence parmi nous. Leur résolution peu ordinaire, la façon dont ils ont dressé cette embuscade, le prouvent. Il y a dans cette affaire quelque chose de sombre et de mystérieux que je ne m'explique pas. Qui sait, monsieur le duc, continua-t-il avec un sourire sardonique, peut-être est-ce à vous surtout que ces drôles en veulent, et devez-vous redouter, plus encore que nous-mêmes, de tomber entre leurs mains ?

— Je ne sais que vous répondre, dit le duc en hochant la tête d'un air pensif ; peut-être avez-vous raison, et cette attaque, si bien combinée, cache-t-elle un ténébreux complot, qu'il importe de déjouer. Faites donc à votre guise, messieurs, et comptez sur moi, comme je compte sur vous.

— Voilà qui est parler. Ces coquins ne nous tiennent pas encore ; dit Montbars en riant. Vive Dieu ! il leur en cuira d'avoir osé s'attaquer à nous ! mais comme il est inutile que vous vous compromettiez dans une querelle qui, en apparence du moins, vous est étrangère, mes compagnons et moi, nous vous supplions de rester neutre pendant la bataille.

— Cela ne saurait être, monsieur ! s'écria vivement le duc. Ces hommes sont des brigands hors la loi, ils ne sont pas plus mes compatriotes que les vôtres ; je manquerais à mon devoir, en ne combattant pas à vos côtés ; je vous prie donc, tout en vous remerciant sincèrement, de ne pas insister sur ce sujet, ma résolution est irrévocable.

— Soit, monsieur le duc, nul mieux que vous ne connaît les questions d'honneur.

Et se tournant vers ses compagnons, Montbars ajouta :

— Frères! ces hommes ne sont que deux cent cinquante au plus, il nous faut donc abattre chacun six ennemis ; ce n'est rien pour nous!

— Pardieu! Vive Montbars! crièrent les flibustiers.

— Maintenant, reprit Montbars, agissons et vivement, nous n'avons perdu que trop de temps déjà; et d'abord, pas de fausse pitié : égorgez les chevaux, leurs cadavres nous serviront de retranchement; cet abri-là en vaut bien un autre !

La situation était critique, presque désespérée; tous les Frères de la Côte le savaient. Ils étaient tous trop véritablement braves, pour ne pas envisager leur position telle qu'elle était réellement. L'ordre cruel de leur chef fut exécuté sans hésitation; les malheureux chevaux, égorgés par les engagés, furent amoncelés et formèrent bientôt, avec leurs cadavres pantelants, un abri derrière lequel les flibustiers s'agenouillèrent et ouvrirent un feu d'autant plus terrible contre leurs ennemis, que, grâce à leur adresse extraordinaire, chaque coup abattait un homme.

Cette fusillade causa en quelques minutes des pertes si sérieuses aux assaillants qu'elle calma leur ardeur première, et les contraignit à se réfugier derrière les arbres, de façon à diriger leur attaque avec plus de prudence, et éviter ainsi d'être décimés par ces indomptables ennemis, qui, malgré leur petit nombre, semblaient les narguer, et sans s'exposer eux-mêmes, les tenaient si fièrement en échec.

On sait le reste.

Cependant Vent-en-Panne, après avoir dégagé son matelot, ainsi que nous l'avons dit plus haut, s'était hardiment enfoncé sous le couvert, et sans s'occuper s'il était suivi ou non par ses amis, avait continué à poursuivre les Espagnols.

Ses engagés l'avaient aperçu, et comme ils l'aimaient beaucoup, ils n'avaient pas voulu l'abandonner.

Tributor, tout en courant, avait même rallié quelques Frères de la Côte ; ceux-ci n'avaient pas hésité à se joindre à un chef aussi célèbre que Vent-en-Panne; de sorte que le flibustier se trouvait en réalité accompagné d'une douzaine de boucaniers, mais il n'y songeait guère.

Dans le groupe au milieu duquel les deux dames étaient entraînés, tout en combattant, Vent-en-Panne avait cru tout à coup entrevoir deux sombres physionomies, dont l'expression froidement cruelle, ne lui était pas inconnue.

Une lueur traversa son souvenir ; un doute entra dans son esprit.

Sans se rendre compte de l'émotion qu'il éprouvait, sans même essayer de l'expliquer, il voulut à tout prix s'assurer s'il s'était trompé ou non ; si à une époque troublée de sa vie, époque dont le souvenir enfoui au plus profond de son cœur y restait encore comme une de ses plus cruelles blessures, ces deux hommes qu'il avait tout lieu de croire morts, avaient échappé par un miracle du démon à la condamnation qu'il avait prononcée contre eux, et revenaient aujourd'hui, implacables et plus terribles que jamais, pour se venger des maux horribles que, sans doute, ils avaient soufferts.

A cette seule pensée, le flibustier avait senti se réveiller en lui son ancienne haine, vivace comme au premier jour.

— Ce n'est pas, ce ne peut pas être eux, grommelait-il entre ses dents serrées, tout en continuant activement sa poursuite : je m'abuse, je me laisse égarer par une ressemblance trompeuse; ces misérables sont morts, tout me le prouve. Pourtant si je me trompais ! si, malgré mes préventions, ils avaient échappé ? s'ils n'avaient gardé un si long silence que pour mieux me surprendre ? Tout est possible, même qu'ils aient pénétré mon secret, bien que seul j'en sois possesseur ! Quoi qu'il en soit, je veux approfondir cette affaire; aujourd'hui surtout, après les confidences que j'ai reçues, j'ai des raisons sérieuses pour exiger que la lumière se fasse; je ne puis conserver ce doute dans mon cœur, cette épée de Damoclès suspendue sur ma tête et sans cesse menaçante, non pas contre mon bonheur, le bonheur n'est plus fait pour moi, mais contre celui de l'homme que j'ai si providentiellement retrouvé; il doit être heureux, quoi qu'il arrive; je l'ai juré et jamais je n'ai manqué à une seule de mes promesses.

Tout en se disant ceci, et bien d'autres choses encore; le vieux flibustier redoublait d'efforts pour atteindre ceux qu'il apercevait au loin glisser sous le couvert comme des fantômes.

Soudain, sans que Vent-en-Panne en comprît les motifs, les fugitifs firent halte, s'embusquèrent derrière les arbres, et préparèrent leurs armes, comme s'ils s'attendaient à avoir bientôt à se défendre; cette manœuvre étonna d'autant plus Vent-en-Panne que ce n'était pas contre lui et ses compagnons que les Espagnols prenaient ces précautions ; ils ignoraient qu'ils fussent poursuivis de si près.

Vent-en-Panne s'arrêta, rallia son monde; au lieu de courir, comme ils avaient fait jusqu'à ce moment, les flibustiers continuèrent leur marche en prenant toutes sortes de précautions pour ne pas être découverts.

De l'endroit où se trouvaient les flibustiers, les Espagnols étaient parfaitement visibles, ainsi que nous l'avons dit. Vent-en-Panne en compta vingt-sept ; tous paraissaient des hommes résolus ; ils étaient armés de fusils; parmi eux, il distinguait, sans pouvoir cependant les reconnaître positivement, les deux hommes à la poursuite desquels il s'était si fort acharné, et qu'il suivait depuis plus d'une heure.

Tout à coup plusieurs décharges éclatèrent et quatre ou cinq Espagnols roulèrent sur le sol.

— Bon ! fit Vent-en-Panne avec un sourire railleur, le diable s'en mêle ; ces imbéciles ont été donner tout droit dans le boucan du Poletais; ils seront bientôt entre nos mains.

Cependant la fusillade s'étaient vigoureusement engagée; elle continuait toujours, entre les Espagnols et leurs invisibles ennemis.

Vent-en-Panne et les siens se rapprochaient rapidement; ils ne furent bientôt plus qu'à une portée de fusil des fugitifs.

— Il est temps de venir en aide au Poletais, mes gars, dit Vent-en-Panne; mais avant tout, écoutez bien ceci : vous voyez ces deux hommes, n'est-ce pas?

c'est pour eux seuls que j'ai fait cette longue course ; c'est donc à eux surtout qu'il faut vous attacher ; je ne veux pas m'être essoufflé à courir en vain pendant si longtemps à leur poursuite ; il me les faut, je les veux, morts ou vifs, peu m'importe, pourvu que vous me les donniez ; c'est bien entendu et bien compris, n'est-ce pas ?

— Oui, oui, répondirent les flibustiers d'une voix contenue.

— Eh bien ! mes gars, maintenant feu, et tirons en plein corps !

L'effet de cette décharge fut terrible pour les Espagnols ; les malheureux combattaient avec toute l'énergie du désespoir, pour échapper aux balles du Poletais ; attaqués à l'improviste par derrière, ils se sentirent perdus ; sans essayer plus longtemps une résistance inutile, ils jetèrent leurs armes et tombèrent à genoux en implorant piteusement la pitié de leurs ennemis.

Deux d'entre eux seulement ne prirent pas ce parti.

Ces deux hommes étaient ceux dont Vent-en-Panne voulait à toute force s'emparer.

Après avoir déchargé leurs fusils contre les flibustiers, ils échangèrent quelques rapides paroles à voix basse ; et se séparant brusquement ils s'élancèrent à corps perdu dans les broussailles, en ayant soin de prendre chacun une direction différente.

Vent-en-Panne, sans plus s'occuper du Poletais qui dès ce moment n'avait plus besoin de son secours, partagea sa troupe en deux parties et se lança sur les traces des deux hommes.

Cette fois, ce ne fut plus une poursuite mais une véritable chasse à l'homme ; chasse implacable, sans trêve ni merci, dans laquelle les fugitifs devaient, à moins d'un miracle, tomber, morts ou vivants, entre les mains des chasseurs.

L'homme auquel Vent-en-Panne s'était attaché, parce qu'il se trouvait plus près de lui, détalait avec une vélocité véritablement extraordinaire ; tout en profitant de tous les accidents de terrain, des rochers ou des buissons qu'il rencontrait sur son passage, pour charger son fusil et faire feu, presque au juger, avec une adresse remarquable, sur les flibustiers acharnés à la poursuite.

Quel qu'il fût, il y avait quelque chose de grand et de noble dans cette fuite hautaine de cet individu, qui ne s'abandonnait pas, lorsque tout lui manquait, continuait à combattre seul et à protester à chaque pas par ses coups de feu, sans songer à se rendre.

Le fugitif avait blessé déjà trois ou quatre flibustiers plus ou moins grièvement ; il se rapprochait rapidement des rives de l'Artibonite ; s'il réussissait à franchir cette rivière, son salut devenait presque certain ; en admettant que ses forces ne le trahissent pas, il lui serait alors facile de s'engager dans les mornes, et de s'y cacher au fond de retraites inconnues, où il serait à l'abri de toutes poursuites.

Vent-en-Panne, malheureusement pour le fugitif, avait deviné son projet ; aussi jusque-là, il avait conservé son feu, laissant ses compagnons tirer sur le fugitif, et attendant avec cette patience, que seule peut donner la haine, que l'occasion lui fût offerte de mettre fin à cette lutte folle d'un homme contre quinze.

Au moment où l'Espagnol atteignait le bord de l'eau, il se retourna une dernière fois, épaula son fusil, et fit feu sur le boucanier le plus rapproché de lui.

Au même instant le fusil de Vent-en-Panne se leva, une détonation retentit et l'Espagnol roula sur le sable; en moins de cinq minutes les flibustiers furent sur lui; ils le garrottèrent sans résistance de sa part : il était évanoui.

Vent-en-Panne s'était rapproché à petits pas de cet homme, dans lequel il avait cru reconnaître un ennemi.

Quand il fut près de lui, il s'arrêta, posa à terre la crosse de son Gelin, et appuyant les deux mains sur l'extrémité du canon, il fixa ses regards avec une expression singulière, sur cet homme étendu pâle et muet à ses pieds.

Le visage du flibustier prit une teinte livide; ses sourcils se froncèrent à se joindre et il murmura d'une voix étranglée, en hochant tristement la tête :

— Je ne m'étais pas trompé, c'est lui! bien que vingt-six ans se soient écoulés depuis le jour fatal, où pour la dernière fois nous nous sommes rencontrés, il m'est impossible de ne pas le reconnaître : c'est bien lui!

Quelques minutes s'écoulèrent pendant lesquelles le flibustier, dont sans doute les souvenirs s'éveillaient en foule, sembla complètement oublier le lieu où il se trouvait et les hommes dont il était entouré.

Enfin il releva péniblement la tête, passa sa main sur son front comme pour en chasser des pensées douloureuses, et s'adressant à ses compagnons :

— Frères, dit-il, laissez-moi seul avec cet homme; rendez-vous au boucan du Poletais, je vous y rejoindrai bientôt.

— Mais?... voulut répondre Tributor.

Vent-en-Panne fixa sur lui un regard plein d'éclairs.

— J'ai dit que je voulais être seul! reprit-il avec un accent terrible.

Les flibustiers courbèrent la tête et s'éloignèrent sans insister.

Seul, Tributor, sachant l'amitié de son maître pour lui, n'hésita pas à reprendre :

— Si nous rencontrons l'autre, que faudra-t-il en faire?

Vent-en-Panne tressaillit; mais se remettant aussitôt :

— Tu as raison, dit-il, si vous réussissiez à le prendre, amenez-le ici, j'y serai pendant une heure. Va, ne m'ennuie pas davantage.

Cette fois Tributor ne se fit pas répéter l'invitation.

Vent-en-Panne suivit ses compagnons du regard, jusqu'à ce qu'ils eussent disparu sous le couvert; puis il se pencha sur le corps de l'étranger, et pendant quelques secondes il examina attentivement sa blessure; le vieux flibustier n'avait pas voulu tuer son ennemi, il avait seulement essayé de l'arrêter dans sa course, ce à quoi du reste il avait parfaitement réussi; aussi la blessure n'était-elle pas autrement dangereuse. La balle avait tracé un long sillon le long des côtes, sans pénétrer dans le corps; la force du coup avait seule causé l'évanouissement.

Vent-en-Panne lava la plaie, rapprocha les chairs; selon la coutume caraïbe, il délaya de la terre dans de l'eau; fit une espèce de pâte compacte, la posa sur la blessure en l'y assujettissant solidement; puis il jeta quelques gouttes d'eau sur le visage du blessé.

Il conduisaient Chanteperdrix au milieu d'eux en lui bourrant les reins à grand coups de crosse...

Ces quelques gouttes d'eau suffirent pour le faire revenir à lui.

Une légère rougeur empourpra son visage, il poussa un profond soupir et ouvrit les yeux.

Dans le premier moment, son regard erra autour de lui sans expression ; mais bientôt l'ordre se remit dans ses idées ; la mémoire revint nette ; son regard plein d'éclairs se riva avec une expression de haine implacable sur le

Liv. 29.

visage de Vent-en-Panne ; celui-ci avait repris sa première position, et l'observait avec un mélange de pitié et de colère.

— Pourquoi ne m'as-tu pas tué? dit le blessé en essayant de se mettre sur son séant, ce qu'il ne put réussir à faire, à cause des liens dont il était garrotté.

— Pourquoi es-tu venu ici? répondit Vent-en-Panne.

— Si nous continuons longtemps de cette façon, nous aurons peine à nous entendre, reprit le blessé avec ironie.

— Nous sommes-nous jamais entendus? fit amèrement Vent-en-Panne; l'homme dont tu es accompagné et que mes engagés poursuivent est ton frère, n'est-ce pas?

— C'est mon frère, oui.

— Ainsi tous deux vous vivez? tous deux vous avez trompé ma vengeance; après tant d'années, vous essayez de recommencer une lutte, dont cependant vous avez été les premières victimes?

— Qu'importe cela? le passé n'existe plus, si cruel qu'il ait été; qui peut dire cette fois que nous ne réussirons pas à t'abattre à ton tour?

— Tu seras donc toujours le même, Gaston? reprit Vent-en-Panne avec un rire sardonique; tu parles de lutte, de victoire, et tu oublies que tu es là à mes pieds, blessé et en mon pouvoir, que rien ne me serait plus facile, si je le voulais, et peut-être le voudrai-je, que de me débarrasser de toi; qui peut m'empêcher, ajouta-t-il en rechargeant tranquillement son fusil, de te loger une balle dans la tête?

— Toi-même. Si tu avais voulu me tuer, ce serait fait déjà : tu n'es pas homme à te reprendre à deux fois, pour te venger d'un ennemi; n'essaie pas de m'effrayer, Ludovic : je te connais mieux que tu ne te connais toi-même; malgré mes précautions, tu m'as reconnu, ou cru me reconnaître, tu as voulu t'assurer que tu ne t'étais pas trompé, et tu t'es lancé à ma poursuite. Lorsque tu as tiré sur moi, rien ne t'était plus facile que de me tuer raide; tu ne l'as pas fait, parce que tu ne l'as pas voulu; parce que tu supposes que j'ai un secret, et que ce secret, tu veux le connaître.

— C'est vrai, Gaston; je vois, avec plaisir, que tu n'as rien perdu de ta finesse première; c'est très agréable d'avoir à lutter contre un ennemi aussi fort.

— Ne raille pas, Ludovic. Si, au lieu d'être blessé et garrotté comme un veau qu'on mène à l'abattoir, j'étais debout devant toi, les armes à la main, ces paroles pourraient avoir un certain sel dans ta bouche; mais dans la situation présente, ce n'est qu'un misérable sarcasme, indigne de toi et de moi : ne me donne pas le coup de pied de l'âne; tu me tiens, venge-toi, mais venge-toi en gentilhomme, non en bandit.

— Pour cette fois, tu as raison, on ne doit jamais frapper un ennemi à terre; mais toi-même l'as dit, tu as un secret; ce secret, je veux le connaître.

— Et si je refuse de te le révéler?

— Oh! alors!... dit Vent-en-Panne, en serrant avec force le canon de son fusil...

— Allons, ne retombons pas dans les menaces et les personnalités; tu admets, n'est-ce pas, que tu ne m'inspires aucune crainte; que je suis parfaitement résigné au sort, quel qu'il soit, que tu me réserves? Eh bien! ceci posé, je veux te prouver que je suis de meilleure composition que toi. Ce secret, tu vas le savoir; connais-tu le duc de la Torre?

— Je le connais de nom, c'est un parfait gentilhomme, m'a-t-on dit; un Espagnol, élevé à la cour de France, où même il a épousé une Française, par les soins de la reine-mère et du cardinal de Mazarin.

— C'est cela même; tu n'as pas vu ce gentilhomme?

— Jamais, je te le répète.

— Eh bien! moi, je connais le duc de la Torre; je l'ai vu plusieurs fois ; j'ai été, d'une façon indirecte, en rapport avec lui; j'ai entrevu sa femme et sa fille.

— On les dit charmantes, mais je ne les ai jamais vues.

Un éclair passa dans le regard du blessé, ou plutôt du Chat-Tigre, pour l'appeler par son nom de guerre, mais il se contint et reprit froidement :

— Eh bien! Ludovic, tu es maître de mon secret. C'est au duc de la Torre, à la duchesse et à sa fille, que j'en veux.

— Ainsi tu n'es pas venu pour moi à Saint-Domingue?

— Si je te disais cela, je mentirais ; l'occasion me semblait belle, pour me venger de toi, tout en me vengeant du duc de la Torre.

— Tu le hais donc aussi, ce gentilhomme?

— Oui, dit-il d'une voix sourde, plus peut-être que je ne te hais toi-même; pour que tu en sois bien convaincu, j'ajouterai que je consentirais volontiers à renoncer à toute vengeance contre toi, si le duc de la Torre et sa famille m'étaient livrés.

— Oh! oh! que signifie cela?

— Que t'importe! ce n'est pas ton affaire? tu n'as le droit de me demander aucun éclaircissement à ce sujet.

— C'est vrai, aussi n'insisterai-je pas ; d'ailleurs, je n'ai rien à voir avec le duc de la Torre, ni avec ceux qui lui appartiennent.

— C'est le hasard seul, qui t'a conduit aujourd'hui à l'endroit où je me tenais en embuscade; sans ton arrivée, j'aurais réussi à m'emparer de cette famille ou du moins de la duchesse et de sa fille ; ce fait seul doit te prouver que tu n'entrais qu'en seconde ligne dans ces projets que j'ai conçus, et que je fais bon marché de ma haine contre toi.

— En effet, tu ne pouvais prévoir que j'arriverais si à propos, puisque moi-même, un instant auparavant, j'ignorais la situation dans laquelle se trouvaient mes amis.

Il y eut un court silence.

Les deux hommes s'observaient à la dérobée.

Vent-en-Panne reprit la parole.

— Finissons-en, dit-il.

— Je ne demande pas mieux, répondit le Chat-Tigre.

— Si bandit que tu sois devenu, il doit te rester encore au cœur quelques bons sentiments. Je te l'avoue franchement, il me répugnerait de te tuer comme un chien, sur le bord de cette rivière.

— Merci de la comparaison, fit le blessé avec amertume.

— Cependant, continua Vent-en-Panne, je n'hésiterais pas à le faire. Puis-je compter sur ta parole d'honneur?

— Oui, si je te la donne; ne suis-je pas gentilhomme?
— Hum! tu l'es si peu à présent; enfin, cette parole, je l'exige.
— Il s'agit de savoir à quelles conditions?
— Eh quoi! dans la situation où tu es, tu oses encore marchander ta vie?
— Pourquoi pas? que peux-tu me faire? me tuer? eh bien! après? Tout d'abord je t'avertis que, quoi qu'il arrive, quoi que tu décides de moi, tant qu'il me restera un souffle de vie, je ne renoncerai à aucune de mes haines ; elles sont, pour ainsi dire, le souffle de mes narines: c'est dans l'espoir de les assouvir que j'ai accepté la vie misérable que tu m'as faite; maintenant, parle: quelles sont tes conditions?

— Ces conditions sont bien simples. Je te l'ai dit et je te le répète: je m'intéresse très médiocrement au duc de la Torre et à sa famille; il est Espagnol, pour moi, cela suffit; seulement, cet homme est en ce moment l'hôte des Frères de la Côte. Comme tel, tant qu'il lui plaira de demeurer dans l'île, il doit être respecté et à l'abri de toute insulte; je t'avertis loyalement, Gaston, que ce soir même, ou demain au plus tard, le duc sera mis par moi en garde contre toi et ton frère. Me promets-tu de ne rien tenter contre lui, tant qu'il sera à Saint-Domingue que, du reste, il doit quitter d'un moment à l'autre?

— Oui, je te le promets, je t'en donne ma parole de gentilhomme.
— C'est bien; en supposant que je te laisse libre, t'engages-tu à quitter dans les vingt-quatre heures la partie française de Saint-Domingue, et à ne jamais y remettre les pieds?

— Je m'y engage, non seulement pour moi, mais encore pour mon frère; je compte qu'il est compris dans notre traité, n'est-ce pas? au cas, bien entendu, où il serait pris par tes gens?

— Soit, j'y consens; tu vas être libre.
— Eh quoi! dit en ricanant le Chat-Tigre, tu ne stipules rien pour toi-même?

— Qu'ai-je à stipuler? à présent que je t'ai démasqué, mon pauvre Gaston, tu n'es plus à redouter pour moi; libre ou prisonnier, ta vie sera toujours entre mes mains. Puis il y a autre chose encore; moi aussi, je suis possesseur d'un secret qui te touche; d'un secret que seul je possède; celui-là même qui me l'a révélé, en ignore toute la portée; un secret enfin dont dépend ton bonheur, si le bonheur peut encore être fait pour toi. Suis ta voie, comme je suis la mienne, Gaston, mais écoute un conseil, le dernier : je possède contre toi des armes d'autant plus terribles, qu'elles sont toutes morales; que d'un mot, je puis briser ce stoïcisme de convention dont tu fais parade, et te réduire au plus affreux désespoir. Ainsi, crois-moi, fais bien attention à tout ce que tu feras; surtout évite de te rencontrer de nouveau face à face avec moi, ou de t'attaquer à une seule des personnes auxquelles je m'intéresse. Tu es trop fin pour ne pas comprendre que tout ce que je te laisse entrevoir est vrai, je n'insiste donc pas; d'ailleurs, j'ai ta parole.

Vent-en-Panne s'agenouilla alors auprès du blessé, le délivra de ses liens, et l'aida à se mettre sur son séant et à s'appuyer le dos contre un tronc d'arbre.

En ce moment, un bruit assez fort se fit entendre sous le couvert.

Vent-en-Panne se retourna : il aperçut Tributor et ses compagnons. Ils s'avançaient à grands pas, conduisant Chanteperdrix au milieu d'eux, et lui bourrant les reins à grands coups de crosse pour accélérer sa marche.

— Voilà l'oiseau, dit Tributor ; le gredin nous a fait courir ; mais c'est égal, il est pris ; vous pouvez en faire ce que vous voudrez.

— Merci, dit Vent-en-Panne ; j'ai obtenu de son compagnon tous les renseignements dont j'avais besoin : ces deux hommes sont libres ; rendez-leur leurs armes, et partons.

En entendant ces paroles, Chanteperdrix jeta un regard effaré autour de lui ; le fait est qu'il ne comprenait rien à ce qui se passait.

Il regardait son frère ; celui-ci souriait.

— J'ai votre parole, messieurs, reprit Vent-en-Panne : d'ici à vingt-quatre heures, vous devez avoir quitté l'île.

— Dans vingt-quatre heures nous serons partis, répondit le Chat-Tigre.

— Alors, adieu, mais prenez garde !

Il se détourna et s'adressant à ses compagnons :

— Nous n'avons plus rien à faire ici, mes enfants, dit-il ; en route.

Une heure plus tard, Vent-en-Panne atteignait le boucan du Poletais, où celui-ci le recevait à bras ouverts.

XVI

OU TOUT EN SE PROMENANT AU CLAIR DE LUNE, VENT-EN-PANNE APPREND CERTAINES CHOSES FORT INTÉRESSANTES

Le premier soin de Vent-en-Panne en arrivant au boucan du Poletais, fut d'expédier Tributor et Olivier Oexmelin en batteurs d'estrade dans la direction où la caravane avait été attaquée, afin d'obtenir, si cela était possible, des renseignements positifs sur les événements écoulés depuis qu'il s'était si brusquement séparé de ses compagnons pour se lancer à la poursuite du Chat-Tigre et de Chanteperdrix, et surtout informer l'Olonnais de l'endroit où se trouvait son matelot ; sans lui rien dire cependant, sur la façon dont s'était terminée la poursuite.

Lorsque les deux batteurs d'estrade se furent éloignés, les Frères de la Côte tendirent leurs tentes, se glissèrent dessous et ne tardèrent pas à s'endormir.

Il était environ trois heures de l'après-midi ; le Poletais, après avoir si vertement châtié les fugitifs, qui étaient venus à l'improviste donner dans son boucan, avait repris sa chasse, avec cette insouciance que rien ne pouvait émouvoir, et qui formait le fond de son caractère.

Nous ne ferons pas ici le portrait du Poletais ; ceux de nos lecteurs qui ont lu nos précédents ouvrages sur les flibustiers connaissent depuis trop longtemps cette figure originale, pour qu'il soit nécessaire de la peindre de nouveau.

Lorsque Vent-en-Panne était arrivé au boucan du Poletais, celui-ci s'y trouvait seul avec celui de ses engagés spécialement chargé de la cuisine, cuisine à la fois des plus modestes et des plus primitives. Une baguette en fer sur laquelle un sanglier tout vidé, mais conservant sa peau, et attaché par les quatre pattes, étaient posée sur deux bâtons plantés en X à une certaine distance l'un de l'autre, et entre lesquels brûlait un feu de braise. Le sanglier, dont les intestins avaient été enlevés, était bourré de condiments et d'aromates de toutes sortes. Une lèchefrite recevait la graisse de l'animal, graisse dans laquelle on exprimait le jus de plusieurs citrons, on coupait du poivre long et on jetait à foison de ce poivre rouge nommé aujourd'hui poivre de Cayenne. Cette sauce, appelée pimentade, et inventée par les flibustiers, était d'un très haut goût, elle jouissait d'une grande réputation parmi eux.

Quelques ignames, cachées sous la cendre, devaient remplacer le pain, et compléter ce repas des plus primitifs.

Lorsque le Poletais aperçut Vent-en-Panne, il vint à lui, lui serra la main, lui présenta sa gourde, remplie d'une excellente eau-de-vie, et sans plus de conversation il se remit au travail.

Nulle réception ne pouvait être plus cordiale et moins emphatique que celle-là; Vent-en-Panne le comprit; il s'assit au pied d'un énorme fromager, but une large rasade, alluma sa pipe et suivit avec intérêt le travail du Poletais.

Celui-ci était occupé à *brocheter* une peau; voici en quoi consistait cette opération, véritablement très simple.

Quand un boucanier avait tué un taureau, son premier soin était de lui enlever la peau; cette peau était provisoirement roulée et attachée aux basses branches d'un arbre, puis le boucanier continuait sa chasse. Lorsque dix ou douze animaux avaient été tués à balle franche, car les boucaniers ne connaissaient pas d'autre méthode, les chasseurs déroulaient les peaux et les chargeaient sur leurs épaules, parfois ils en portaient trois ou quatre chacun, et cela souvent pendant deux ou trois lieues, ce qui était excessivement pénible.

En arrivant au boucan, on commençait par *brocheter* les peaux, c'est-à-dire qu'on les étendait sur le sol le poil du côté de terre, on les tendait le plus possible, au moyen de broches de bois très affilées, enfoncées dans le sol à une profondeur de cinq ou six pouces; ceci fait on répandait de la cendre de Gayac sur les peaux, et au moyen d'une pierre ponce, on les frottait à tour de bras pendant près d'une heure, puis on enlevait la cendre et on couvrait la peau du sel gemme; la peau ainsi *brochetée* restait tendue vingt-quatre heures; elle était considérée comme tannée et bonne à être vendue.

Voilà quel était le travail du Poletais, à l'arrivée de Vent-en-Panne.

Peu à peu les engagés du boucanier le rejoignirent; ils étaient au nombre de quatre; chacun d'eux portait trois peaux, la chasse avait été bonne; leur arrivée au boucan fut annoncée bien avant qu'ils parussent, par une dizaine de venteurs à mine famélique, accourant en hurlant à qui mieux mieux.

Une animation singulière régna alors dans le boucan; chacun avait sa tâche à accomplir, et s'en donnait à cœur joie.

Le Poletais était bon pour ses engagés, il ne les surchargeait pas de travail, ne les maltraitait pas injustement, et surtout il n'hésitait pas à prendre sa part des fatigues et des ennuis du métier; aussi tous l'aimaient-ils; ils se seraient sans hésiter fait tuer pour lui.

Vers cinq heures du soir, au moment où le cuisinier, après avoir confectionné la pimentade, en la transvasant dans une calebasse, annonçait que le sanglier étant cuit à point, il était temps de prendre le repas du soir, Tributor et son compagnon parurent.

Ils avaient rencontré la caravane, à une lieue au plus du boucan, mais elle retournait sur ses pas. Les dames avaient été tellement effrayées, qu'elles ne s'étaient senti ni la force ni le courage de continuer leur promenade, interrompue d'une façon aussi tragique.

Aussitôt après le combat, M. d'Ogeron avait expédié un engagé à Port-Margot, avec l'ordre de ramener des chevaux le plus promptement possible; puis les chevaux arrivés, malgré les instances de Montbars et de ses compagnons, toute la troupe avait repris le chemin du Port-Margot, où sans doute, ajoutait Tributor avec cette logique qui le caractérisait, elle devait être arrivée déjà, ou du moins en être fort près.

Quant à l'Olonnais, il n'avait pas voulu, sous aucun prétexte, se séparer de ses nouveaux compagnons; mais il chargeait Tributor de rassurer son matelot, et de lui dire qu'il n'avait jamais été si heureux; phrase qui fit froncer les sourcils aux vieux flibustier, et sembla lui donner fort à penser; il eut même un moment d'hésitation et parut vouloir reprendre le chemin du Port-Margot.

Le Poletais ne réussit que très difficilement à obtenir de lui de passer la nuit au boucan; il ne s'y décida que lorsque son ami lui eut donné à entendre qu'il considérerait presque son départ comme une insulte.

Cette affaire vidée, et faisant contre mauvaise fortune bon cœur, Vent-en-Panne se mit à table avec ses compagnons; c'est-à-dire qu'il s'assit sur l'herbe, une feuille de bananier posée devant lui en guise d'assiette, une igname à sa droite, de la pimentade dans une calebasse, et le sanglier exhalant un fumet délicieux, posé au centre du cercle.

Le repas fut ce que sont les repas de boucaniers; chacun, armé d'un couteau, coupa un morceau à sa convenance, mangea à son appétit, sans prononcer une parole; puis lorsque chacun fut repu, les restes furent impartialement partagés entre les venteurs, qui, assis sur leurs queues et les regards flamboyants, avait assisté au repas, en se léchant, faute de mieux, désespérément les babines.

Dans les Antilles, les jours et les nuits sont égaux, le soleil se lève à six heures et se couche à six heures; il n'y a pas de crépuscule, à peine le soleil a-t-il disparu que la nuit est faite.

Les boucaniers, dont l'existence était excessivement rude, se couchaient avec le soleil et se levaient avec lui.

Le Poletais voulut, par politesse, fumer quelques pipes avec son vieux camarade; mais au bout d'une demi-heure, il fut contraint de renoncer à lui faire plus longtemps compagnie; il dormait littéralement debout. Vent-en-Panne le pria de se livrer au repos, et comme le boucanier s'en défendait, il lui objecta que lui-même se sentait fatigué et que le sommeil lui fermait déjà les yeux; sur ce, il se séparèrent et chacun se glissa sous sa tente.

Ce n'était pas dans une idée de confort que les Frères de la Côte portaient sans cesse en bandoulière une tente en toile très fine; cette tente leur était indispensable; il leur eût été impossible de rester une seule journée dans les grands bois ou les savanes s'il ne l'avaient pas eue pour se garantir des myriades de moustiques dont ils étaient assaillis et qui, sans cette précaution, les auraient dévorés tout vivants.

Les voyageurs qui ont parcouru l'Amérique et généralement les pays chauds, conservent encore un souvenir cuisant des supplices que leur ont infligés ces horribles diptères; entrant partout, se glissant sous les couvertures, pénétrant dans les vêtements et suçant le sang sans relâche; causant une douleur que rien ne peut calmer; gonflant la peau et, en moins d'une heure, rendant leurs victimes méconnaissables, par les bouffissures de toutes sortes dont le corps et le visage sont couverts. Les cousins, les guêpes, les abeilles de nos climats du nord, ne sont que d'innocents insectes, comparés à ces effroyables moustiques, des atteintes desquels il est impossible de se défendre.

Vent-en-Panne avait menti comme un bulletin, lorsqu'il avait dit au Poletais qu'il se sentait envie de dormir; jamais, au contraire, il n'avait été plus éveillé. Il était en proie à une inquiétude sourde, sans cause apparente: espèce de pressentiment indéfinissable, qui lui serrait les tempes, lui oppressait le cœur et l'empêchait de demeurer un instant en place.

Quand les boucaniers furent endormis, le flibustier se glissa hors de sa tente, prit son fusil et quitta le boucan, marchant à l'aventure sans but déterminé.

Les venteurs, dont il était connu, se contentèrent de dresser les oreilles, sans aboyer; l'un d'eux se leva, vint le caresser, et, sans y être autrement invité, se mit de sa propre volonté à la suite du flibustier.

La nuit était splendide; la lune, presque dans son plein, nageait dans l'éther; le ciel, d'un bleu sombre, était semé à profusion d'innombrables étoiles scintillantes; c'était une de ces nuits américaines, douces et tièdes, pendant lesquelles on voit presque comme en plein jour; où les objets, aux rayons blanchâtres de la lune, prennent des formes presque fantastiques; où l'athmosphère est d'une si incomparable pureté, que les regards peuvent s'étendre à une distance considérable; une de ces nuits enfin pendant lesquelles les organisations d'élite sentent leur âme s'attendrir et se laissent aller, sans y songer, à une douce rêverie; les lucioles bourdonnaient dans l'air, on entendait, sous chaque brin d'herbe, le susurrement mystérieux des infiniment petits, dont le travail ne s'arrête jamais. La brise nocturne faisait parfois doucement vibrer les larges feuilles des liquidembars, des fromagers, des sabliers, et de tous ces géants de la création qui s'épanouissent au désert dans toute leur majesté; à de courts intervalles, l'oiseau diable, caché dans quelque excavation, au plus haut des mornes, lançait sa note stridente à travers l'espace, comme un coup de sifflet, auquel répondait, sur les plages lointaines, le cri mélancolique, presque humain, du lamantin, couché sur la grève.

Tous ces bruits réunis, dont beaucoup n'avaient pas de cause appréciable

Sur un geste muet de Bothwel le Chat-Tigre prit la parole.

ou connue, se réunissaient pour former une basse continue, semblant être la respiration de la nature endormie.

Vent-en-Panne continuait sa promenade, tout en s'absorbant de plus en plus dans ses pensées. La rencontre qu'il avait faite, quelques heures auparavant, avait réveillé dans son esprit des souvenirs sinistres, assoupis et presque engourdis, depuis de longues années, au fond de son cœur.

Il se revoyait à vingt ans, beau, riche, bien en cour; fortune, gloire, amour, tout lui souriait ; puis tout à coup, sans que rien eût pu le faire prévoir, une effroyable catastrophe détruisait à jamais cet avenir radieux, et, du faîte des grandeurs, le plongeait pour jamais dans une vie d'abjection et de déboires.

Il récapitulait dans sa pensée toutes les douleurs qu'il avait souffertes, toutes les péripéties étranges qui tour à tour avaient obscurci son existence, et, les regards tournés vers le ciel avec une expression, non de reproche, mais de résignation, il se disait mentalement :

— Je n'ai pas mérité cet excès de torture; Dieu a voulu m'éprouver; mais son bras s'est appesanti trop lourdement sur moi; je me révolterais contre les coups dont il me frappe, si je n'avais pas foi dans sa justice.

Depuis plus de deux heures, sans s'en apercevoir, le flibustier marchait ainsi à l'aventure, étranger à tout ce qui l'entourait et conversant avec son cœur, lorsque soudain il s'arrêta, ou plutôt son chien l'arrêta, en venant se placer devant lui.

Le flibustier releva la tête, sembla s'éveiller en sursaut, et jeta autour de lui un regard presque effaré.

Il avait sans y songer traversé la savane du grand fond, franchi une forêt assez épaisse; maintenant, il se trouvait arrêté, sans comprendre comment il était arrivé jusque-là, sur le bord même de l'Artibonite.

— Où diable ai-je la tête? murmura-t-il, selon la coutume des gens accoutumés à vivre seuls, et pour lesquels le monologue est devenu presque un besoin; où diable me suis-je fourré? Je suis au moins à quatre lieues du boucan! Eh bien! voici par exemple une triomphante idée! Heureusement que ce brave Gavacho m'a prévenu, — Gavacho était le nom du venteur; — sans lui, j'allais tout bêtement me jeter dans la rivière; allons, il faut retourner. C'est égal, je ne regrette pas ma promenade!

Tout en se parlant ainsi, il laissait errer ses regards sur le magnifique paysage qui se déroulait sous ses yeux.

Soudain, il tressaillit; ses yeux se rivèrent pour ainsi dire sur un point assez éloigné de l'horizon, où scintillait, perdue dans l'espace, une lumière tremblotante.

— Qu'est-ce que cela veut dire? reprit-il; ce sont les mornes de *Penses-y bien*, que j'ai devant moi; d'après ce que j'ai entendu dire, les derniers *marrons* ont été chassés et arrêtés il y a trois jours; on a même fait une battue générale dans ces mornes; comment s'y trouve-t-il quelqu'un? Ce ne sont pas des Caraïbes; ils ont, depuis longtemps déjà, abandonné ces parages; de plus, ils ne se hasarderaient pas à venir si près de nous. Que diable cela peut-il être? Ma foi, puisque je suis venu jusqu'ici, j'ai bien envie de pousser jusque là-bas? Qui sait si ce n'est pas la volonté de Dieu qui m'a conduit ici! Pardieu! je n'en aurai pas le démenti! je veux voir quels sont les drôles qui campent en cet endroit; il est neuf heures du soir à peine, il me faudra tout au plus une heure pour atteindre les mornes, ce n'est rien. Peut-être ferai-je une découverte intéressante; on ne sait pas ce qui peut arriver. Allons, Gavacho, mon ami, il faut que tu traverses la rivière, dit-il en s'adressant au molosse. — Celui-ci fit aussitôt frétiller sa queue comme un balai. — Cela ne te déplaît pas trop? Eh bien! en avant, mon bon chien!

Vent-en-Panne entra alors résolument dans la rivière, sans plus se préoccuper de se mouiller que si l'eau n'eût pas existé.

On était à l'époque des grandes chaleurs, les rivières se trouvaient presque à sec.

Cependant, vers le milieu du courant, l'eau montait, si bien que le flibustier en eut presque jusqu'aux aisselles ; malgré cela, il continua à marcher en avant, sans prendre d'autre précaution que de lever les bras en l'air, afin de garantir son fusil et ses munitions de tout contact avec l'humidité.

Du reste, la profondeur de la rivière diminua aussi rapidement qu'elle avait augmenté ; lorsque Vent-en-Panne aborda la rive opposée, l'eau ne lui venait plus qu'à mi-jambe.

L'homme et le chien firent une halte de deux ou trois minutes : l'homme, pour tordre tant bien que mal ses habits, le chien, pour se secouer ; puis tous deux reprirent leur course vers la lumière qu'ils apercevaient toujours devant eux, et qui leur servait de phare.

Malheureusement, la nuit, il est preque impossible de se rendre compte des distances.

Le flibustier marchait déjà depuis une demi-heure, sans qu'il se fût, en apparence, beaucoup rapproché de l'endroit qu'il voulait atteindre. Le chemin devenait de plus en plus difficile ; le sentier s'escarpait, et prenait d'instant en instant, des pentes plus raides ; puis tout à coup, après avoir franchi un ravin assez profond, la lumière disparut.

Ce fut en vain que Vent-en-Panne essaya de l'apercevoir de nouveau, en prenant différentes places ; il ne vit rien.

De guerre lasse, il allait probablement renoncer à une recherche qui lui semblait devoir rester infructueuse, et retourner au boucan, lorsqu'il crut entendre, à une distance assez rapprochée, le bruit des pas pressés de plusieurs hommes.

Le flibustier, ignorant à qui il aurait affaire, et ne voulant pas être pris à l'improviste, se jeta derrière un quartier de roc, et s'y embusqua, de manière à voir, sans être vu lui-même, les gens dont les pas se rapprochaient rapidement, et qui n'allaient pas tarder à passer devant lui.

En effet, quelques minutes s'étaient à peine écoulées, que quatre individus portant le costume espagnol, et marchant à la suite les uns des autres, débouchèrent d'un chemin creux ; ils passèrent si près du flibustier que leurs manteaux frôlèrent le roc derrière lequel il était tapi ; ces hommes étaient armés, ils paraissaient appartenir à la classe supérieure de la société ; ils allaient d'un pas presque gymnastique, sans échanger une parole.

Le flibustier leur laissa quelques toises d'avance, puis il les suivit ; mais cependant d'assez loin pour ne pas être découvert, si l'un d'eux se retournait par hasard.

Après un quart d'heure de cette poursuite singulière, Vent-en-Panne aperçut de nouveau la lumière, que vainement il avait cherchée quelques instants auparavant ; cette fois elle était si rapprochée, qu'il était impossible de la perdre de nouveau.

Cette lumière provenait d'un feu assez ardent, allumé à l'entrée d'une de ces cavernes, que l'on rencontre si souvent dans les mornes ; seulement, pour bien la distinguer, il fallait être placé directement en face d'elle ; plusieurs bouquets d'arbres très touffus, épars çà et là, empêchaient de la voir obliquement.

Deux hommes étaient assis près du feu; Vent-en-Panne éprouva en les reconnaissant une surprise fort peu agréable.

Le premier était le Chat-Tigre, le second Bothwell.

Accroupis en face l'un de l'autre, ils fumaient silencieusement, en laissant errer leurs regards dans l'espace, comme des gens qui cherchent et attendent à la fois.

Les quatre inconnus pénétrèrent dans la grotte; sans prononcer un mot, ils prirent place autour du feu.

Vent-en-Panne se rapprocha le plus possible, en se glissant d'arbre en arbre, suivi pas à pas par son venteur, qui semblait, la bonne bête, avoir deviné qu'il s'agissait d'une embuscade, et que par conséquent, le silence et la prudence étaient de rigueur. Lorsqu'il se fut complètement dissimulé au milieu d'un fourré de goyaviers et de chirimoyas, poussés à l'aventure autour d'une dizaine de liquidembars, le flibustier fit un geste, coucher le chien à ses pieds; puis il pencha la tête en avant et inspecta curieusement les étranges compagnons que lui fournissait le hasard.

Parmi les quatre nouveaux venus, se trouvait Chanteperdrix; les trois autres personnages, Vent-en-Panne ne les connaissait pas. Ce fut en vain qu'il se tortura la mémoire pour se rappeler leurs traits; force lui fut de s'avouer que jamais il ne les avait vus jusqu'à ce moment; seulement il acquit la certitude qu'ils étaient Espagnols; leur costume, leurs manières, leurs traits anguleux, leur teint olivâtre, tout enfin dénotait clairement leur origine castillane.

Les six hommes semblèrent s'examiner à la dérobée pendant deux ou trois minutes, puis sur un geste muet de Bothwell, le Chat-Tigre prit la parole.

Le fourré, au milieu duquel était blotti Vent-en-Panne, se trouvait si rapproché de la caverne, que le flibustier ne perdit pas un mot de cet entretien, dont bientôt toute l'importance lui fut révélée.

— Señor don Antonio Coronel, dit le Chat-Tigre, je regrette vivement que vous arriviez si tard au rendez-vous, indiqué par vous-même; la distance n'est pas tellement grande, il me semble, de San-Juan de la Maguana, pour que vous vous soyez fait si longtemps attendre.

— Señor Francés, répondit avec hauteur celui des Espagnols qui paraissait être le chef des autres, vous m'adressez, je crois, un reproche; si telle est votre intention, je le regrette d'autant plus vivement pour vous, caballero, que je ne vous reconnais en aucune façon le droit de vous poser ainsi vis-à-vis de moi; afin que vous n'en n'ignoriez, et pour couper court à toute velléité nouvelle de votre part, je vous apprendrai que je suis *Christiano Viejo*, hidalgo de la Vieille-Castille, sans mélange de sang maure dans mes veines; que de plus je suis gouverneur de cette ville de San-Juan, et qu'en cette qualité, je ne reconnais d'autre supérieur que le señor conde de la Cerda, gouverneur général de l'île de Santo-Domingo, et Sa Majesté le roi Charles II, que Dieu garde!

— Cordieu! répondit le Chat-Tigre en s'inclinant ironiquement devant le hautain gentilhomme, j'aurai garde, croyez-le bien, señor, d'oublier à quel puissant seigneur j'ai affaire; il n'y a pas à plaisanter avec vous autres Espagnols, sur les questions nobiliaires. Tudieu! comme pour un mot échappé par mégarde, vous rabrouez les gens! Merci, señor, la leçon me profitera!

— Brisons là, s'il vous plaît, señor Francés, reprit don Antonio avec hauteur; si l'entretien devait continuer plus longtemps sur ce ton, je me verrais, à mon grand regret, contraint de me retirer.

— Cependant, caballero, ce ne serait pas, toutefois, avant d'avoir pris connaissance de cette cédule, que j'ai l'honneur de vous présenter, et que je vous prie de lire avec toute l'attention dont vous êtes capable; lisez, señor, lisez, je suis convaincu que cela vous intéressera.

Tout en parlant ainsi, le Chat-Tigre retira d'une des poches secrètes de son vêtement, un sachet en velours; il l'ouvrit, en sortit un papier auquel pendaient plusieurs sceaux, et s'inclinant avec ironie devant le gouverneur de San-Juan de la Maguana :

— Lisez, caballero, lui dit-il.

L'Espagnol tendit le bras et regarda le Chat-Tigre d'un air interrogateur.

— Lisez, lisez, reprit celui-ci en appuyant avec intention sur le mot.

Il se passa alors une chose singulière.

Jamais changement plus rapide et plus complet, ne s'opéra non seulement dans les traits, mais encore dans les manières d'un individu.

Autant l'Espagnol avait été hautain et méprisant jusque-là, autant il se fit petit, rampant et servile, après avoir rapidement parcouru des yeux la cédule qui tremblait dans ses mains

— Señor duque, dit-il avec un sourire obséquieux...

Mais l'autre lui coupa la parole.

— Pardon, señor don Antonio Coronel, dit-il avec le même accent railleur, qu'il semblait affectionner particulièrement, il est possible que je sois ou que j'aie été duc et peut-être plus encore, à une autre époque de ma vie; mais aujourd'hui, pour des raisons personnelles, il me plaît de mettre provisoirement sous le boisseau ces titres redondants; continuez à me parler comme si vous ne me connaissiez pas; traitez-moi de señor Francés, ainsi que vous l'avez fait jusqu'à présent; quant à moi, ajouta-t-il avec un accent ressemblant au sifflement d'une vipère, soyez convaincu que je n'oublierai pas quelle distance nous sépare; je me ferai un devoir de vous traiter avec tous les égards que mérite non seulement votre haute position, mais encore une noblesse aussi immaculée et aussi bien établie que la vôtre.

— Señor, vous me voyez confus, excusez-moi, je vous en supplie, j'ignorais...

— Oui, vous ignoriez; et en conséquence, avec cette insupportable morgue de la race à laquelle vous appartenez, vous vous êtes cru autorisé à me parler ainsi que vous l'avez fait. Que ceci vous serve de leçon, señor don Antonio; et maintenant que cet incident est vidé, revenons, si vous le voulez bien, à notre affaire; comment se fait-il que m'ayant donné rendez-vous à neuf heures du soir, vous n'arriviez ici qu'à onze heures? Remarquez que ces renseignements, je pourrais les demander à mon frère, mais je préfère m'adresser directement à vous.

— Señor, trois cinquantaines ont été attaquées aujourd'hui par les Ladrones, qui réunis en grand nombre, les ont, malgré une résistance héroïque, contraintes à la retraite; du moins tel est le rapport que m'ont fait les officiers de ces cinquantaines.

— Eh bien! ils ont menti sur tous les points, señor gouverneur; ce sont eux qui ont attaqué une trentaine de Ladrones, et qui, bien qu'ils fussent plus de deux cents, se sont fait battre honteusement par ces quelques hommes.

— Puisque vous le dites, señor, cela doit être vrai; quand votre très honoré frère s'est présenté à moi, j'étais non seulement occupé à faire distribuer des vivres aux fugitifs, mais encore à leur assigner des logements, et à prendre les mesures nécessaires, pour mettre la place à l'abri d'un coup de main, au cas où les Ladrones tenteraient quelque chose contre elle; de là le retard que vous me reprochez.

— Soit; vous avez vu par cette cédule, señor, que vous êtes tenu d'obéir à tous les ordres que je vous donnerai, dans l'intérêt, bien entendu, de la monarchie espagnole, au service de laquelle je suis en ce moment.

— Je l'ai lu en effet, señor.

— Et vous êtes résolu à m'obéir?

— Tel est mon devoir, je n'y faillirai pas.

— Très bien, caballero; vous êtes-vous occupé de vous procurer les renseignements que je vous ai demandés, il y a quelques jours, sur le compte d'une certaine personne, arrivée il y a quelque temps, dans la partie française de Saint-Domingue?

— Oui, señor.

— Quels sont ces renseignements?

— Señor...

— Oh! vous pouvez parler sans crainte; les personnes dont vous êtes accompagné ont sans doute votre confiance, de mon côté, je suis sûr de celles qui sont avec moi.

— Eh bien, señor, ces renseignements sont d'une espèce toute particulière.

— Ah bah! voyons donc cela?

— La personne dont il est question n'a été nommée au poste éminent qu'elle doit occuper, que par l'influence, alors toute prépondérante, du roi Louis XIV à la cour d'Espagne; mais cette personne, dont il est inutile, n'est-ce pas, de prononcer le nom...

— Oui, señor, parfaitement inutile.

— Mais cette personne, dis-je, compte un grand nombre d'ennemis puissants auprès de S. M. Catholique; ces ennemis, contraints de se courber provisoirement devant la volonté royale, ont accepté en frémissant cette nomination; tout en se promettant, en secret, de saisir la première occasion favorable, pour se venger du tort qu'ils avaient souffert. La France et l'Espagne sont ennemies de nouveau; la guerre est déclarée entre les deux nations; elle se poursuit avec acharnement. Les ennemis de la personne que vous savez ont relevé la tête; leur influence, un instant effacée, est redevenue plus grande que jamais; voici ce que je suis chargé de vous dire textuellement : « Le nouveau vice-roi du Pérou débarquera à la Véra-Cruz ainsi que le font tous les grands personnages se rendant dans le Pacifique, pour y attendre le galion de Chagrès, traverser l'isthme et, à Panama, s'embarquer pour Callao, port situé à deux lieues de Lima de los Reyes, capitale du Pérou. Or, des mesures ont été prises pour que cette personne soit, avec les plus grands égards, bien entendu, et le plus profond respect, retenue à la Véra-Cruz, jusqu'à ce que le navire qui doit apporter non seulement sa révocation, mais son ordre d'exil en Californie, soit arrivé d'Europe.

— Fort bien, dit le Chat-Tigre, cela est parfaitement combiné ; à moins de hasards impossibles, la réussite est évidente.

— Je suis chargé de plus, señor, de vous remettre cette lettre de la part de Son Excellence le gouverneur général.

Le Chat-Tigre prit la lettre et la parcourut rapidement du regard.

— Dites à Son Excellence, reprit-il au bout d'un instant, que ses ordres seront exécutés. Tout navire français partant de Saint-Domingue sera arrêté dans les débouquements, s'il est porteur de dépêches pour la France, et scrupuleusement visité par le capitaine que je vais avoir l'honneur de vous présenter, et dont le nom vous inspirera toute confiance. Señor don Antonio Coronel, le capitaine Bothwell ; capitaine Bothwell, le señor don Antonio Coronel.

Les deux hommes s'inclinèrent avec une certaine raideur, et sans échanger une parole.

— Il ne me reste plus qu'à ajouter, reprit le Chat-Tigre, que je me propose de me rendre dans quelques jours à San-Juan, où sans doute sont arrivés pour moi certains papiers importants.

— En effet, caballero, ces papiers sont arrivés ; je vous les aurais apportés, mais j'ai craint de les exposer dans une course de nuit à travers la savane.

— Vous avez eu parfaitement raison, señor ; du reste rien ne pressait ; il est donc bien entendu, que demain ou après, vous recevrez ma visite.

— Et vous serez bien reçu, señor, pour tout le temps qu'il vous plaira de demeurer avec nous.

Don Antonio se leva ; les autres l'imitèrent ; il y eut un échange rapide de politesse ; puis les quatre Espagnols s'éloignèrent, du même pas pressé, qu'ils avaient adopté pour venir.

Vent-en-Panne hésita un instant s'il suivrait don Antonio Coronel, où s'il demeurerait encore dans son embuscade, un mot prononcé par le Chat-Tigre lui fit prendre ce dernier parti.

— Vous avez donc été maltraité par les Frères de la Côte, mon cher capitaine ? dit-il,

— Maltraité, *God bless me!* s'écria Bothwell, en grinçant les dents, c'est-à-dire qu'ils m'ont infligé les plus ignobles avanies ; qu'ils m'ont déshonoré aux yeux de tous ! mais, vive Dieu, je me vengerai !

— Ah ! ah ! reprit le Chat-Tigre en riant, vous qui vous prétendiez invulnérable, capitaine, vous avez donc enfin été mordu au talon ?

— Oui, fit-il avec amertume, et la blessure est incurable.

— Vous le voyez, les rôles sont changés ; aujourd'hui c'est vous qui réclamez mon appui ; mais je serai plus généreux que vous, je ne vous imposerai pas de conditions trop dures.

— Faites comme il vous plaira ; je vous le dis nettement, si dures que soient ces conditions, je les accepte d'avance.

— Ah ! diable ! vous devez avoir été rudement sanglé pour leur garder une si vive rancune ; mes conditions, les voici : alliance offensive et défensive ; de plus nous confondrons nos deux vengeances en une seule.

— J'accepte ; il n'y a qu'un point, je vous en avertis tout d'abord, sur lequel je ne vous servirai pas ; c'est une question d'honneur et d'amour-propre, avec laquelle je ne transigerai jamais.

— Quelle est donc cette question ?

— La prise de l'île de la Tortue ; je sais bien que je ne manquerais pas de raisons spécieuses pour revenir sur cette détermination, et vous aider à tenter ce coup de main ; mais quoi qu'il advienne de moi, je me souviendrai toujours que j'ai été flibustier, l'un des principaux chefs des Frères de la Côte. Je me dois à moi-même, de ne pas trahir aussi vilainement ceux aux côtés desquels j'ai si longtemps et si vaillamment combattu.

— Ces sentiments vous honorent, mon cher capitaine, répondit le Chat-Tigre avec une mordante ironie ; rassurez-vous, je vous ai fait une promesse, je ne reviens jamais sur une parole donnée ; ainsi que vous l'avez dit vous-même, il ne faut jamais chasser deux lièvres à la fois, on risque de n'en attraper aucun ; la vengeance que nous méditons, si elle réussit, a de quoi pleinement nous satisfaire ; ainsi c'est bien entendu entre nous, pour ne plus y revenir, l'affaire de la Tortue est complètement abandonnée ; à présent que nous n'avons rien de mieux à faire, contez-nous donc ce qui vous est arrivé avec vos ex-amis les Frères de la Côte, et pourquoi ils vous ont si indignement chassé de leur confrérie.

— Vous le voulez, soit ; j'y consens d'autant plus, que j'ai besoin de fouetter ma haine.

Vent-en-Panne jugea inutile de demeurer davantage ; il se retira à pas lents avec précaution, et il reprit le chemin du boucan ; chemin fort difficile à suivre ; il aurait couru grands risques de s'égarer, sans la sagacité de son venteur.

Vers deux heures du matin, le flibustier atteignit le boucan, se glissa sous sa tente, et malgré ses préoccupations, la fatigue qu'il éprouvait lui procura bientôt un sommeil profond et salutaire.

www.ingramcontent.com/pod-product-compliance
Lightning Source LLC
Chambersburg PA
CBHW070621170426
43200CB00010B/1877